教育社會學

Sociology of Education

Sociology of Education Sociology of Education Sociology of Education Sociology of Education Sociology of Education

Sociology of Education

Sociology of Education Sociology of Education Sociology of Education Sociology of Education Sociology of Education

葉至誠 ◎著

Sociology of Education Sociology of Education Sociology of Education Sociology of Education Sociology of Education

序

　　一個社會的維繫或是持續的發展，除了經濟、技術、資源等物質條件之外，尚須重視社會、心理等精神層面，瞭解自己所處的位置，所應扮演的角色，同時也瞭解別人所處的立場，所要承擔的職責，如此除了可以圓融彼此的人際互動，並且提高個人對於環境的適應能力，增進社會的和諧發展。這些社會運作的機制無不須依賴教育，是以，教育與社會二者息息相關。

　　社會學（sociology）是一門對人類社會進行總體性綜合研究的社會科學。具體說，社會學是把社會作為一個整體，來研究社會各個組成部分及其相互關係，探討社會的結構、功能、發生、發展及其規律的一門綜合性的科學知識。在當今世界上，許多國家都在社會研究上投入相當的人力、物力和財力。具體體現在：(1)進行社會發展探討研究，為政府決策提供科學的基礎；(2)參與社會現代化的規劃、實施和檢驗工作；(3)能夠提供社會工作和行政、企業管理所需的知識；(4)人們日常生活進行學理思索以提出貢獻；(5)普及社會知識，使人們更加自覺地參與社會生活。黑格爾（Hegel）的名言——「理性就是根據現實來思考。」闡明理想並非空洞冥思，也不是全然遙不可及的桃花源。只要運用理性，認清現實背後的客觀發展邏輯，掌握環境與個人之間運作的法則，則將可對人類的未來寄予樂觀的期待。哈佛大學教授梭羅（L. Thurow）也強調，在競爭激烈的當今世界，新知識的創造與運用比傳統的因素更加重要。

　　隨著人類社會的發展，尤其是二十世紀以來科學技術的迅速變革，有識之士宣稱：二十一世紀將是屬於知識經濟為主軸的社會，現代教育在提高生活素養、增進和諧互動、持續經濟發展亦顯得重要，教育與社會關係亦顯得緊密。這使得人們不得不思及社會學界的導師英國史賓塞、法國涂爾幹皆強調教育與社會發展的關聯性，以引為社群導進的脈絡。亦使得許多教育學者將教育施為的目光轉向廣闊的社會，希望透過

教育以引導社會發展的機制。這使得筆者嘗試將所學的社會學知識與所從事的教育實務為必要的整合，並以「教育為經，社會為緯」論述「教育與社會」的內涵，將探討的內容上區分為：

第一，教育社會學的基本概念：定義、起源、發展、重要學者、研究方法。

第二，教育與社會的微視分析：教育與社會化，教育與人類行為，教育與人際互動。

第三，教育與社會的鉅視分析：教育與文化，教育與組織，教育與階層，教育與變遷。

第四，教育社會學的運作制度：教育與社會問題，教育與網際網路，教育與社會發展。

社會學之父孔德曾言：「社會科學所研究的對象，無論是政治、經濟、法律等，它的最底層均為社會學；而研究此共同知識的領域，正是社會學的主要內涵。而學習社會學的知識絕非僅止於熟悉社會運作的法則，而是期盼經由對該知識的理解，為共同建構一個理想的社會而善盡社會成員一己的本分。」

本書的撰述即是期盼能以清晰簡要的筆調，以概括性、通論性及整體性的方式，以說明教育與社會的主要內涵，期望提供閱讀者達到：能運用社會學的知識，檢視我們生活的教育現象，達到「學與思」的緊密結合，進而共為理想社會身體力行。倘使人人如此，在理性的剖析及積極的參與之下，自然能夠改善人類的生活，增進人群的幸福。

筆者任教於大學校院已近二十載，常期能將此專業知識擴及教室之外的社會大眾，以能對社會教育略盡棉薄的貢獻。幸賴威仕曼文化公司的玉成，方能完成這本著作。惟知識分子常以「金石之業」、「擲地有聲」，以形容對論著的期許，本書距離該目標不知凡幾。唯因忝列杏壇，雖自忖所學有限，腹笥甚儉，然常以先進師長之著作等身，為效尤的典範，乃不辭揣陋，敝帚呈現，尚祈教育先進及諸讀者不吝賜正。

葉 至 誠 謹序

目錄

 教育社會學概述

「學惡乎始？惡乎終？曰：其數則始乎誦經，終乎讀禮；其義則始乎爲士，終乎爲聖人。」──荀子，《勸學篇》

第一節　教育社會學的起源

　　教育社會學（Sociology of Education）是研究教育的社會性質、社會功能以及教育制度、教育組織、教育發展規律的一門社會學分支學科。於探求教育社會學時應瞭解社會學發展的濫觴，社會學知識並非是社會學家所構築的空中樓閣，而是深植在歷史的脈絡之中。社會學從社會中產生出來，必然會受到社會環境和文化意識的影響。中古時代的歐洲，因爲封建影響，整體社會是靜態的，變遷速度慢，自十五世紀開始的四、五百年間，在歐洲發生了一系列的變動，封建制度的破壞，莊園經濟的解體，皇冑貴族的沒落，科學技術的進步與工業社會的展開，一個新的社會的到來。人本主義之風逐漸興起，「人」的地位日漸提高，同時人們日益關懷周遭及現世問題，人類試圖對於所處的社會，進行瞭解的期待，也就愈形迫切，因此有社會學之出現。至於教育社會學的形成則是隨著西方工業社會的發展，尤其是二十世紀以來科學技術的迅速進步，現代教育在提高生產、促進經濟發展方面顯示出更爲重要的作用，教育與社會的關係更加密切，社會學家也希望藉由教育來解決社會問題。教育社會學就是在這種情況下產生和發展起來的。

　　最早從事教育社會學研究的是歐美社會學家。一八八三年，美國社會學家沃德在《動態社會學》一書中探討了教育與社會進步的關係，首先使用了「教育社會學」一詞。一八八九年，美國教育學家杜威在《學校與社會》一書中將學校視爲一種社會制度，論述了學校與社會的關係；一九一六年，他又在《民主與教育》中進一步強調了教育的社會功能。法國社會學家涂爾幹被譽爲教育社會學的鼻祖，不僅是因爲對教育

社會學作了比較全面的論述，同時運用社會學方法研究教育的議題，分別在《社會分工論》（1893）、《社會學方法的規則》（1895）、《道德教育論》（1902-1906）、《教育與社會學》（1922）等皆已經論述教育社會學的內涵；尤其是在《教育與社會學》中指出，教育的性質、起源和功能是社會性的，社會學家應該：(1)研究教育的現狀及其在社會學意義上的功能；(2)研究教育與社會變遷和文化變遷之間的關係；(3)對不同類型的教育制度進行跨文化的比較研究；(4)把課堂和學校作為一個不斷發展的社會系統來研究；該書被視為早期教育社會學的經典。

二十世紀上半葉，歐美社會學家主要從事「傳統的教育社會學」的研究。它強調為教育工作者提供社會學知識，強調解決教育中的實際問題，帶有較濃厚的實用性質。從二十世紀三〇年代起，以研究社會為中心的「新興的教育社會學」興起。教育社會學逐漸把研究重點從教育本身，轉向分析教師在師生關係和社區關係中的角色地位，分析學校的社會結構和文化、社區狀況與教育系統行使其功能的關係，並從單純用社會學的理論緩解教育中的問題，轉向研究如何增進人們對教育行為的理解，研究教育與社會的關係以及教育在整個社會發展中的地位和作用。

第二次世界大戰後，教育在世界大多數國家內日益受到重視，教育社會學也逐漸被公認為一門重要的教育基礎理論學科。五〇～六〇年代，教育社會學開始從注重應用議題向純理論研究轉變，並開拓了新的研究領域，在理論和方法上取得了新的進展，社會學家與教育學家的相互影響和合作增強。當代教育社會學已成為教育科學體系中不可缺少的組成部分。它的研究領域已從研究中、小學教育擴大到高等教育和各種成人教育，從微觀研究發展到宏觀研究，跨國、跨地區的比較教育社會學研究也日益受到重視。而且，由於政治學、經濟學等多種學科的援引，教育社會學已成為一個十分活躍的跨學科研究領域，並在教育決策、教育立法、對教育理論和教育行政的發揮等方面產生不可忽視的作用。

第二節　教育社會學的發展

　　受到社會科學發展與建置的影響，使得教育社會學逐漸萌芽；一般學者認為教育社會學的學科化、制度化最早是受美國的影響，這一過程可以分為六個階段：

　　第一個階段是一九〇〇年～一九二〇年期間：被稱為「將教育社會學的知識傳授給教師」的「教師的社會學」（Sociology for Teacher）時期，其主要特徵是從社會學的研究成果中提煉和整理出一些能被教師用來拓展思想、啟迪觀念和指導實踐的知識。羅斯於一八九九年在史坦福大學開設了「為教師的社會學」講座；一九〇一年，該大學也最先開設了教育社會學課程；一九一七年，第一本教育社會學專著問世，即史密斯（W. R. Smith）的《教育社會學概論》。

　　第二個階段是一九二一年～一九三〇年期間：被稱為「規範教育社會學」，或「教育的社會學」（Sociology for Education），這種教育社會學主張透過對社會成員在生理的、職業的和文化的活動等方面進行客觀的調查和分析，以此來確定教育的目的和內容。一九二三年，美國教育社會學學會成立，一九二八年，該學會出版了專業刊物《教育社會學雜誌》。

　　第三個階段是一九三〇年～一九四五年期間：被稱為「教育問題社會學」（Sociology of Educational Problem），也被稱為「應用教育社會學」。這一時期主要關心的是從社會學研究中演繹出來的教育問題的診斷技術與矯正方法。因此，關注重點在於社會學應用的實際議題，如對教育社區的背景研究，對青少年犯罪的研究等。這些研究基本上都是對個別教育問題進行的社會學研究探討。

　　第四個階段為一九四六年～一九六〇年期間：第二次世界大戰後，教育的社會作用引起了廣泛的認同，這表現在歐美各國集中大量的人力、物力和財力發展教育，進行智力開發，教育成為各國經濟發展和政

治穩定所不可或缺的手段。一方面，青少年犯罪、大學考試競爭以及大眾傳播媒介等引起的問題日益增加，社會問題與教育問題交織在一起，引起了社會的普遍關心。人們認為，教育社會學的研究會幫助人們找到解決社會問題的辦法，有益於社會政策的制定和規劃，因而對教育社會學的研究提出了新的要求。另一方面，社會學、社會心理學和文化人類學等學科不斷湧現的理論和研究成果，加之統計學和社會調查方法實用技術的不斷提高，所有這一切均為教育社會學新的研究方向提供了有利與周延的基礎。

　　第五個階段為一九六一年～一九七〇年期間：衝突理論學派在美國異軍突起。這一學派認為，在社會中，具有不同身分的團體之間總是存在著利益上的衝突，衝突必然引起爭鬥，爭鬥導致了團體間地位的變遷，而變遷後取得優勢地位的團體必然強制那些處於劣勢地位的團體，這種強制既可以是武力的，也可以是宣傳或教育的。衝突理論立論分為新韋伯主義和新馬克思主義。新韋伯主義的社會衝突論觀點，認為學校教育的作用在於傳授社會支配團體的身分文化，學校發展的動力來自於不同身分團體之間的爭鬥。新馬克思主義則試圖以馬克思思想的觀點來研究教育，認為學校是階級衝突的產物，資本主義社會的教育只能是維護社會不平等的工具。

　　第六個階段為一九七一年～二〇〇〇年期間：受到一九七〇年代，發軔於英國的「新教育社會學」運動影響，呈現反對結構功能理論，在研究取向上採取知識社會學的理論模式，關注教育內容的社會政治屬性和教師與學生互動意涵的概念，而不是教育制度的結構；在政治態度上反對保守主義的和諧理論，傾向於激進主義的衝突理論。新教育社會學的理論流派主要有：(1)強調符號互動論：主張採用實際觀察法研究學校與課堂情境中，師生透過不同語言、表情和姿勢等符號進行互動所產生的不同功能；(2)強調俗民研究方法論：主張運用參與觀察法來研究學校及班級中日常的互動形態，包括師生互動過程。

　　從理論發展的軌跡上看，一九六〇年代以前的教育社會學主要是以結構功能理論為取向。結構功能理論認為，社會是由許多相互獨立又彼

此承擔不同社會功能的部分組成的有機體，只有每個部分都能充分發揮好自己的功能，才能維持和促進整個社會的穩定與和諧。教育的主要功能是幫助個體有效地完成社會化過程，使每個成員都具有共同的價值觀念，都能遵守共同的行為規範，以達到社會和諧；教育還具有傳播技術與選拔人才的功能，可以把人培養成為相應的角色，並把他們分配到社會結構的相應部分中去，以維持社會結構穩定。至於一九六〇年代之後，則衝突理論及批判理論導入教育社會學的討論之中，為這門學問開拓更寬廣的空間，此種趨勢實與社會科學的思維有許多雷同的發展脈絡。

　　教育社會學一詞出現於學術領域之中，至今才百餘年歷史，受到第二次世界大戰後，由於人類社會對於此知識的需求日漸殷切，加以科際整合研究方法的推陳出新等因素影響，使得教育社會學的成果，有著長足的進步，時至今日該知識已發展成為社會科學中重要的學科。

第三節　教育社會學的意涵

　　「社會」一詞已成為人們廣泛使用的一個用語，根據社會學家戴維斯（K. Davis）的說法，「社會是指社會關係的體系。」現今對「社會」的定義，可分為廣義與狹義兩種。廣義的社會：是指人類關係的體系，包括人類所有直接的和間接的關係而言。它的範圍可大可小，大至包括全人類，小至幾十人所組成的鄉村。狹義的社會：是指「一種特殊的和比較具體的人類結合而言。凡是一群人有某些共同的觀念、態度和行為習慣，或是在一起共同生活的群體，都叫社會。」至於社會學是什麼？根據社會學家的定義，可以說：「社會學是把社會當作一個整體來研究的綜合性科學，是運用科學的方法來認識人類社會組織形態、社會結構方式和群體活動規律，並且探討社會現象、社會關係、社會生活、社會問題、社會變遷等的一門科學。」而教育社會學根據教育學者林清江教

授認爲「是研究教育和社會之間關係的一門學科，並強調是以社會學爲觀點探討教育與社會制度之間的關係的學科」。

任何一門學科都有自己特定的研究對象，教育社會學也是如此，不同學者從各自的立場、觀點和角度出發，作出了多種的界定和表述，這裡僅列舉幾種有代表性的觀點：

1.美國教育社會學之父培尼（E. G. Payne）認爲，教育社會學是「研究教育的社會功能的學科，教育是社會化的別名」。
2.美國學者蘇則洛（H. Suzzallo）認爲，教育社會學是「研究教育的社會價值的學科」。
3.美國學者史密斯（W. R. Smith）指出，教育社會學是「社會學原理應用於教育的一門學科」。
4.英國的鄧肯‧米契爾（G. D. A. Mitchell）認爲，「教育社會學是研究教育與其他社會制度之間關係的學科」。
5.我國教育學者陳奎熹教授對教育社會學定義爲「探討教育與社會之間相互關係的科學，是運用社會學的觀點與概念分析教育制度，以充實社會學與教育學理論，並藉以改善教育制度，促進社會進步」。

從以上列舉關於教育社會學的定義中可以看出，其中均強調教育社會學是介於教育學與社會學的綜合性學科；即以教育爲一種社會現象、社會制度和社會過程，並運用社會學的原理和方法來研究教育與社會的基本關係及其交互影響；以社會學觀點分析教育制度以解決教育問題；探討教育與社會之間相互關係的科學，以充實社會學與教育學理論，並藉以改善教育，促成社會進步。

教育社會學既是以科學方法、客觀態度來研究教育議題與社會關係的科學。就其性質概可分爲下列數端：

1.強調實證經驗的科學：教育社會學的理論建構，係經由研究者對

教育現象加以探討，然後抽離出其中的原理原則。在探討事實時，採取實證性及尊重事實的態度，擺脫哲學思辨與特定的思想邏輯的束縛，得以採客觀的科學方法進行探討。

2. 著重科學方法的科學：教育社會學對於它所研究的對象，除了採取嚴密客觀的觀察之外，對所設定的命題，必須透過驗證的手續，才能確立其法則。如果脫離了科學驗證的程序，則教育社會學的知識，恐將無法建立原則性，而且無法併入科學的行列。

3. 運用量化處理的科學：近年來教育社會學隨著研究工具的逐步發展，更趨向兼及於量化研究，對於教育的社會現象用數字加以表示，納入統計、計量、數理的方向發展，成為重要的趨勢。

4. 注重科際整合的科學：教育的社會現象在研究時，同時參酌相關學科的實證知識，以科際整合的方式，提高研究水準。

5. 強調理論建構的科學：教育社會學對於教育現象所做的說明，並非僅對現象進行敘述而已，而是更進一步闡明形塑教育的社會事實的各因素間的因果關係，並經由理論命題的假設與概念的設定，以嘗試建立教育社會學理論。教育社會學既為一門科學，其基本目標與科學的一般目標是相同的。這個目標包括「描述」、「解釋」、「預測」教育的社會現象。教育社會學在現代學術應用領域中扮演著重要的角色。經過科學有系統的驗證，人們得以明白社會現象中教育的真實面貌，並且經由知識以提供解決教育問題的有效方案；另外，教育社會學亦協助人們建立周全的政策以為教育發展的基礎。這些目標彼此交織不僅有助於社會的建構，也同時是教育進步的動力。

為了達到對教育現象的理性論述和教育問題的解決，教育社會學的探討內容可區分為：

1. 教育社會學的基本概念：定義、起源、發展、重要學者、研究方法。

2.教育與社會的微視分析：教育與社會化，教育與人類行為，教育與人際互動。

3.教育與社會的鉅視分析：教育與文化，教育與組織，教育與階層，教育與變遷。

4.教育社會學的運作制度：教育與社會問題，教育與網際網路，教育與社會發展。

教育社會學知識對於教育人員（包括教育研究者、教育行政人員與教師）均有相當的重要性，其理由如下：

1.充實教育理論基礎：教育社會學的研究，著重在探討社會化過程，闡明教育與社會的關係，進而分析學校內部組織與班級社會體系，以及教師角色、學生次級文化等問題。這些重要內容的科學研究對於教育學理論體系的建立，均有極大助益。因為教育工作無法離開人類社會，教育學理論體系亦不能忽略社會學之基礎。

2.建立周延教育制度：在現代社會中，文化、政治、經濟等因素都可能影響教育制度，而教育功能則在傳遞並更新文化，促進經濟發展，培養民主信念等，藉以配合當前社會的需要。教育決策者對於這種教育與社會之間交互影響的作用，應該有相當的認識；而教育社會學的研究成果，可提供教育決策者有關此一方面的知識。

3.善盡教育專業角色：教育社會學不但有助於其對學校、社區與學生的認識，而且更能瞭解其在學校內外所應履行的角色任務，進而尋求有效途徑改善校內外人際關係，提高學校行政效率，增進教學效果。學校人際關係和諧與否對於達成學校組織目標影響甚鉅。

第四節　教育社會學的學者

　　教育社會學的開創與發展固然有其歷史背景及因素，但亦與學者的思維與理論建構息息相關。早期的社會學家，例如，法國的孔德、英國的史賓塞、美國的沃德都非常重視教育的社會作用。這些重要且深具代表性的學者包括：

✳ 孔德

　　孔德（Auguste Comte, 1798-1857）的成長正逢法國大革命之後，因傳統的社會秩序遭受破壞而解體，社會極端混亂，經濟受到英國工業革命的衝擊，社會面臨著必須重建的階段。為著使法國社會恢復秩序，他引用了科學的概念，以進行對社會現象的研究。強調使用客觀、經驗科學的方法，由此研究所得的知識，對社會學的創建有很大的貢獻，因此被譽為社會學之父，同時是他於十九世紀初首先提出社會學一詞，並於《實證哲學講義》一書，運用實證主義的方法，對於社會的重整進行研究，將社會學的內涵加以體系化。實證的內涵具有現實性、有用性、確實性、正確性、建設性、相對性等六種意義。他認為人類的精神，經由神學、哲學、科學的三個階段向前邁進，而對應此三種階段的是軍事型、法律型、工業型的社會型態。

　　社會學的主要內容，由社會靜學與社會動學等二種部門所組成，社會靜學的內容，主要在於闡明社會秩序的原理，使用社會有機體理論，分析社會的結構；社會動學則著重於說明社會進步的法則，運用知識進步的三階段以說明社會變遷。他認為教育和社會進步有關，社會是集體性質的有機體，只有集體的所有成員同時得到發展，社會才能得到發展。從這一觀點出發，他認為教育是關係和組成社會機體的重要因素，教育的任務是協調社會，學校的普及是社會穩定的基礎。孔德系統地探討了教育與社會進步的關係。他提出社會導進原則，主張用有目的的社

會行動來引導社會進步，這一目標的達成主要是經由教育的作為而落實。

❋ 馬克思

馬克思（Karl Marx, 1818-1883）生於德國。曾受業於福爾泰、盧梭、洛克等思想家。馬克思天資聰穎，一八四一年由耶那（Jena）大學獲博士學位，與普魯東、恩格斯等人結識，並與恩格斯創立共黨同盟。馬氏著作甚多，包括：《共產黨宣言》、《政治經濟批判》、《資本論》等。馬氏思想以經濟為重心，他認為，整個社會組織係由經濟狀況所決定，一切人類意識與制度只是經濟狀況的反映。在這種以經濟關係為基礎的社會上，再產生教育、法律、政治、文化等上層結構。同時，社會亦配合此種經濟結構，產生相適應的社會意識。換言之，物質生活中的生產方式決定社會的、政治的和精神的性質，不是人們的意識決定它們的生存，相反的，是它們的社會生存決定其意識。而整個社會結構，隨著經濟基礎之變遷而改變。馬克思相信，人類的觀念、信仰、價值、教育與制度等，大體上都是經濟狀況的反映。愛爾華（C. A. Ellwood）稱此學說為「經濟決定論」。

馬克思對教育的分析強調「直接再製理論」的觀點，教育有助於「再製」或維持資本主義的經濟制度。這些直接再製理論當中有些包含經濟決定論的概念。教育扮演資本主義制度永存的任務。因此，教育不能作為一種促進平等與社會正義的改革力量。誠如其所說：「在資本主義經濟的架構裡，教育與國家政策其無法改正社會的問題。」

馬克思強調「教育是一種社會的再製」，教育是社會的一部分，因而不能被獨立於社會之外來瞭解，由於資產階級為了其既有的優勢必須運用教育作為工具，以對抗由於勞工聯合行動所帶來的可能反對。教育是達成「偽意識」建構主要工具之一。是以：「教育制度是現代社會階級結構再製不可或缺的因素。」它以兩種主要的方式來做這件事：首先，它藉著培養「經濟的成功是有賴於擁有能力與教育」將階級結構與

不公平合法化；其次，它藉著創造那些適合資本主義經濟的能力、資格、觀念與信仰，來教導年輕人使他們準備進入本身在階級支配的、異化的工作世界中的職位。換句話說，教育的功能是再製，而這些藉著合法化與社會化而產生的。

1. 合法化：教育制度傳遞「技術專家主義及功績主義的意識形態」。收入、財富與地位的獲取，被「社會上最有才能的人擔任」這種事實所合法化。這種人必須經歷為這些職業而安排的教育，為了勸誘人們接受這些教育，社會必須以高收入、高聲望的形式來提供誘因，因此不平等是必須且為人們所盼望的。

2. 社會化：這些信仰、價值等在既有的社會系統裡發展。包括家庭的教養以及學校的教育均強調其重要性。馬克思對教育所提出批判是「使個人的自我概念、期望以及社會階級認同，適合社會分工的要求。」更特別的是「學校獎勵溫順、被動與服務……（而且）處罰創造性和自發性。」學校嘗試教育人們成為「適當的部屬」，它們企求破壞自我決定與自我發展的進取心和能力，而且學校企圖使個人不能聯合行動，以便控制他們的經濟行動與社會行動。再者，他們之所以做這些，是因為資本主義經濟制度「需要教育」，異化的工作世界需要「單面向的人類發展型態」。

✳ 史賓塞

史賓塞（Herbert Spencer, 1820-1903）為英國人，在史氏出生前二十～三十年的歐洲，正是自然科學興起的時代，著名的達爾文（Charles Darwin, 1809-1881）〈物種起源論〉，史蒂芬遜的蒸汽機（1814），亞當‧史密斯（A. Smith）《古典經濟學理論》均在此期間發表。一八四三年史賓塞受孔德的影響，對於社會學的方法有相當的貢獻，於一八五〇年出版的《社會靜學》一書，展開了對於社會學所從事的系統性探討。史賓塞所持的基本觀點為：我們所能夠瞭解到的世界，

主要是經由經驗、觀察、接觸的世界；超越此範圍的深奧世界，則為所謂「形上學」的世界，屬於絕對無法瞭解的「不可知的世界」。我們對於世界的根本存在（神、或者絕對者）無法完全地瞭解，這些範疇必須委由宗教的領域加以探討，至於其他的部分可經由教育所獲得。

他認為社會為一個生物有機體，個人和社會的關係，有如細胞之於生物體。他的主要著作充滿著理性與科學的態度，《綜合哲學體系》（1862-1893年）從第一卷的〈第一原理〉開始，接著的〈生物學原理〉、〈心理學原理〉、〈社會學原理〉、〈倫理學原理〉等，其全體思想均採進化論的立場。史賓塞認為經由與生物有機體的類比，生物體在成長的過程中增加細胞的數量，進而隨著量的增大，結構產生分化與複雜化，人類社會的結構情況亦復如此，同時由於彼此之間的相互依存，產生連帶關係。而提倡「社會有機體說」（social organism）。有機體的運作要靠組織各個單元充分發揮其功能，方能克盡全功；而教育即是社會系統的一項機制，具有社會運作中不可或缺的功能。在社會進化論說中，史賓塞認為教育協助社會經由軍事型社會（原始社會）往產業型社會（近代的商業社會）改變，以達成社會的進化。

✳ 沃德

沃德（L. F. Ward, 1841-1913）是美國社會學家。出身於美國伊利諾斯州的一個貧苦家庭，青年時參加過美國的南北戰爭。一八七一年畢業於哥倫比亞學院。一八八一～一九〇五年從事於社會學的研究。一九〇六年出任布朗大學社會和政治系教授，並被選為美國社會學會第一任主席。曾被稱為美國「社會學的亞里斯多德」。沃德借鑒了孔德和史賓塞的思想並有所發展，他斷言進化的四個階段是：宇宙發展期、生物發展期、人類發展期和社會發展期。個人慾望是推動社會前進的動力，社會力量也是在人的集體狀態中發生作用的心理力量。其強調教育是改造人類生活條件的主要動力，並且首先提出「教育社會學」一詞。他引用了孔德的觀點區分了社會靜力學和社會動力學，前者論述結構的形成

和均衡，後者論述社會過程。沃德的思想是孔德式的，他對社會學的貢獻是使社會學在美國取得了獨立的學科地位，並開創了心理社會學研究。主要著作有《動態社會學》、《文明的心理因素》、《社會學大綱》、《實用社會學》等。

✳ 涂爾幹

涂爾幹（Emile Durkheim, 1858-1917）是法國著名的社會學家，也是社會科學的巨擘。一八五八年四月出生於法國埃皮那爾市。青年時期就讀巴黎高等師範學校。一八八七年，開始在波爾多大學任教，講授社會學和教育學，一八九一年被任命為法國第一位社會學教授。一八九六年在波爾多大學籌建了法國第一個教育學和社會學系。一八九八年，創辦法國《社會學年鑑》，圍繞這一刊物形成了一批年輕社會學家的團體——法國社會學年派。一九〇二年後執教於巴黎大學直至去世。

涂爾幹的社會學思想主要包括：

1. 明確社會學的研究對象和方法：涂爾幹認為，社會學的研究對象是社會事實，即獨立於個人並制約個人的物質事實和集體意識事實。「社會事實」是由集體意識所產生，外在於個人，對個人產生拘束。社會現象不能還原到個人。當個人在團體所出現的行為，與個人在獨處時的狀態迥然不同，此時是以集體為參考架構而採取行為。社會學研究應該放棄以抽象的社會整體為對象的研究方法，而以具體的社會內容、要素和不同方面為研究對象，對社會事實進行觀察、分類、比較、解釋。

2. 勞動分工與社會秩序的理論：涂爾幹認為，社會發展的類型，是以社會連帶（social solidarity）為區分，包括：機械連帶社會（mechanical solidarity society）朝向有機連帶社會（organic solidarity society）的方向發展。傳統力量統治社會靠「機械團結」來維繫，是一種建立在同質基礎上的社會體系。在近代社會中，由於社會分工的發展，擴大了人們之間的差異，但是社會分

工又增強了社會成員對整個社會的依賴感，從這方面，分工就像社會的紐帶。因此形成社會的「有機團結」。

3. 自殺論（suicide）：涂爾幹從社會與個人的關係上解釋自殺的原因。認為個體的行為深受社會的薰陶，由此以印證社會集體意識的影響。他把自殺分為四種類型，即利己型自殺、利他型自殺、迷亂型自殺和宿命型自殺。社會的人需要一個高於個人的社會目標；對這個目標所負的義務不至於使他失去自主；他的慾望應受到社會秩序給予的一定程度的規定。如果一個社會不能提供上述三個條件，一些心理脆弱的人就可能會自殺。

4. 宗教理論：涂爾幹認為，宗教是一種重要的集體意識，並透過對澳大利亞原始圖騰的實際考察揭示了宗教的起源和本質。

涂爾幹對教育社會學的建立有著不可取代的貢獻。他在《教育與社會學》與《道德教育》等著作中，建立了完整的教育社會學理論，被稱之為教育社會學的開山鼻組。他曾明確提出了教育社會學的科學性質，認為教育的主要社會功能是社會化功能，教育系統地使年輕一代社會化，即人從生物個體的人轉變為社會的人。他強調道德與教育對維持社會團結和統一的重要作用，並透過分析法國的教育發展史，闡明了教育思想和課程是由更廣泛的社會秩序決定的，而社會的延續和發展又依賴教育因素等觀念。這些觀點和主張有助於教育社會學這門學科於十九世紀末二十世紀初的產生。

✳ 杜威

杜威（John Dewey, 1859-1952）的哲學師承威廉‧詹姆士的實用主義，又具有工具主義的特點，認為一切科學和理論都是應付環境、處理情境的工具或手段，因而「教育即生活，生活即教育」成為教育作為中重要的理念。他宣稱自己的學問為「哥白尼革命」，要以工具主義學說解決思想問題，是「實用主義表述」。杜威強調科學與道德並沒有不可逾越的鴻溝。杜威認為，道德作為工具，必須擴展到包括科學領域，

把自然科學當作道德的工具。杜威說：「當物理學、化學、生物學、醫學有助於具體的人類苦難的考察和救治計畫的發展的時候，它們就是道德的，它們就是道德研究和道德科學的一套用具。」從科學上論述，就是把研究物理學的實驗方法當作工具，應用到道德的省察之中，充分發揮理性、智慧、經驗的作用，使學問朝向嚴密、詳盡、有效的方向努力。因此，杜威又稱自己的工具為「實驗的道德」或道德的實驗法。

杜威認為，以自然科學為道德的方法和工具，對於糾正教條、獨斷的流弊，解決歷史上和當代理論和實踐問題，都有重大的意義。它調和了自然主義和人道主義的爭論，啟發了人們的智慧和理性，鏟除了主觀主義和唯我主義的根源，以及消除了各種學說爭論及不能解決實際問題的原因。杜威的科學實驗法以科學實驗為工具，打破傳統思維方式和觀念，促進學問在社會生活中的運用並力圖使之成為現代化的科學；使自然科學的人道意義昭然於世；認為倫理道德必須包含科學的因素和成果，可以利用自然科學的方法幫助研究，這些都有理論意義和實踐意義。

杜威認為，個人與社會的關係是一個特殊的因果關係。社會道德應當是個人的。因為社會問題由社會的個體所產生，因而各個個人都承擔自己行為的後果。而且，道德是由個人的見解、判斷和選擇而形成的。同時，個人的道德又是社會的。因此每個人的行為都有社會後果，每個人的思想素材都來自社會的風俗傳統、道德輿論和規範準則，每個人的道德信念都是社會環境的產物。杜威認為，社會的目的是為了人類，是人類幸福和進步手段和工具。它促進人們的結合、指導人們的互動、增益人們活動的成果。但對於個人，社會不是個人獲取東西、幸福的工具，而是創造個性的工具。個性只有在社會中發展，及在事業中被創造出來。只有以社會為工具，個人才能自由發展。他指出，衡量一個社會歷史地位的最根本標準，是它所造就的是什麼樣的個人。同時，個性的充分發揮、個人的自由發展，才是維持集體力量和社會安定的最好工具。

杜威認為，在現代社會中，只有具備以下特點的人才能適應時代的

發展要求，才算具備道德上的善，才稱得上道德範例。這些特點是：運用智慧或明智追求那些既包括自己又包括他人的持久的滿足；敏感而又明確地意識到他人的權力和利益的正當要求；藉助知識和經驗，善於適應新價值和情境；永遠樂意重新考察所有的理想，以建立更好的理想。杜威批判了利己主義和利他主義的絕對化理論，認為自我利益和他人利益、利己原則和利他原則是密不可分的，人類福利必定包括個人福利。他指出：「幸福只存在於成功，而成功就是做事順利、步步前進的意思。」幸福包括障礙的克服、缺陷和毛病的除治，而教育是獲取幸福的良方。坐享其成、天賜良機都不是幸福。幸福必須包括個人向環境、社會的改造及其成功的方向邁進。幸福在於一個努力結果的客觀情況與其慾望志趣相符合，是一個永不滿足、尋求新目標、繼續行動以求實現的積極的行為過程。

※ 羅斯

　　羅斯（P. I. Rose, 1866-1951）是美國社會學家，一八六六年生於伊利諾州。一八九一年在霍普金斯大學獲得哲學博士學位，而後在印第安納大學和康奈爾大學任教，一八九三年起改任史坦福大學講授社會心理學。一九〇〇～一九三七年在威斯康辛大學擔任教授。

　　羅斯強調教育是實行社會改造的一種重要且基礎的工具，由於其長期致力於社會制度、社會問題和群眾心理、流行、習慣、輿論等集體行為的分析研究，他的社會學觀點主要有：(1)認為社會過程與社會產物是社會學研究的基本內容；(2)認為群體是社會生活的中心，透過群體可以研究社會生活的各個方面，主張以群體為社會學的研究單位；(3)重視社會人口年齡的組成，認為年齡組成體現社會的共同精神等等。羅斯在一九〇一年出版的《社會控制》一書中，提出了實行社會制約的理由和方法，而教育即為社會控制的主要機制，此種論點引起西方社會學界研究社會控制的興趣。

✳ 派深思

　　派深思（Talcott Parsons, 1902-1979）是美國社會學家，結構功能主義、社會行動論學派的奠基人。一九〇二年出生於美國科羅拉多州，一九二四年在倫敦經濟學院受業於著名的功能主義人類學家馬林諾斯基。一九二五年，派深思進入德國海德堡大學，深受韋伯思想的影響。一九二六年獲經濟學博士學位後回到美國，受聘爲哈佛大學經濟系講師。一九三〇年開始擔任教授，一九四七年當選爲美國社會學會主席，一九七四年退休。派深思的主要代表作包括：《社會行動的結構》、《關於行動的一般理論》、《社會系統》、《家庭、社會化與互動過程》、《經濟與社會》、《社會體系與行動理論之演化》等。

　　派深思其社會學理論的中心是對結構功能的分析，基本原理是：社會是趨向「價值一致」的系統，社會的各個結構都具有一定的功能；事實上，社會就是社會結構以及這些結構的功能的相互作用的總和。派深思的結構功能主義理論不僅在美國，而且能對整個西方的學術界都有廣泛深遠的影響，使美國社會學躍居西方社會學的翹楚。

　　派深思是最有影響力的功能論作者。他在此理論強調，文化、社會結構以及個人被以一種邏輯的、一貫的方式結合在一起。他所發展的這種社會模式，賦予教育兩種基本的功能，即社會化和選擇。然而，對派深思而言，主要的功能是社會化。派深思的確認爲，如果缺乏某種有效的社會化機制，那麼社會的秩序與和諧是不可能的。在《當代社會制度》裡，他強調價值共識（value consensus）的主張，以及一種「教育革命」（educational revolution），其重要性和十九世紀和二十世紀的民主革命和工業革命一樣大；這種革命已經開始「改變當代社會的整個架構」。派深思主張，尤其重要的是，它減少市場以及科層組織的重要性。例如，只靠自己努力而沒有任何教育資格就能在經濟上獲得成功的人，愈來愈變成是一種神話。這場教育革命的主要特色是，「教育機會均等的極力擴大」。然而，機會均等不可避免的帶來成就上的差別，這是由於如下的差別所致：(1)能力；(2)「家庭偏好」（family orientations），

亦即家庭在教育方面的不同期盼和態度；(3)「個人的動機」，或者是學生對教育的興趣以及專心用功的意願的差異，教育成就的差別，也導致新型態的不公平。因為教育資格決定一個人所獲得的工作，因而也決定一個人在社會階層制度裡的收入、地位與職位。

在〈學校班級好比一個社會系統〉這篇論文裡，派深思的主要理論是，教育已經引起新型態的不公平，因而可能使社會趨於分裂和衝突，教育藉著將這種不公平但合法化的作為以幫助消除這種「緊張」，教育是經由「社會化」的過程來行使這項功能。教育傳授這樣的觀點；由於教育成就差別而來的收入和地位的不公平，是可以接受的；亦即，對那些在教育上表現好的人給予較高的酬勞，那是合適的。教育因而幫助散布「機會均等」（equal opportunity）與「成就」（achievement）這樣的意識形態；而這種意識形態是當代社會裡「共同文化」（common culture）的主要因素。

✳ 阿圖舍

阿圖舍（Louis Althusser, 1918-1990）於一九一八年生於阿爾及爾，他對於形塑馬克思主義的科學性有重要的貢獻，以實踐的角度詮釋馬克思主義與社會現實，而非只從單純的認識論上進行假設性的妄想。

阿圖舍對於教育的討論是一種非常簡單的論述，認為教育具有一種「再製的」功能；教育好比一個國家機器（education as state apparatus），教育維持並增強資本主義的生產關係（那當然是剝削的關係）。教育是資本主義社會的「國家機器」的一部分。的確，對阿圖舍而言，社會上所有上層結構的成分都被說成是「國家機器」的元素。而另一方面，在傳統馬克思主義理論裡，國家只是社會上層結構的一部分。資本主義社會的「國家機器」被分成兩個部分，亦即壓制的國家機器（the Repress State Apparatus，簡稱RSA）與意識形態的國家機器（the Ideological State Apparatus，簡稱ISAs）。在傳統馬克思主義理論裡，壓制的國家機器只被理解為國家（the state）。根據阿圖舍的說

法，以下的制度可以被視爲意識形態的國家機器：(1)宗教；(2)教育；(3)家庭；(4)法律；(5)政治；(6)工會；(7)媒體；(8)文化，亦即文學、藝術與運動。意識形態的國家機器與壓制的國家機器一起維持資本主義剝削的制度。誠如阿圖舍所說，生產關係的再製，「是利用國家機器中的國家力量而獲得的，這些國家機器一方面包括（壓制的）國家機器，另一方面則包括意識形態的國家機器」。但是，壓制的國家機器主要是透過武力的使用來運作，而意識形態的國家機器則是靠宣傳統治的意識形態來運作。在宣傳統治的意識形態方面，教育的意識形態居於一種核心的地位，甚至比政治的意識形態還要來得重要。他認爲，「在成熟的資本主義組織裡，被安裝在支配的地位上的意識形態……是教育。」因爲根據法律兒童在他們成長的年齡裡必須上學，所以教育的角色最重要。

它以各種方式來履行其功能。第一，它教導適合兒童未來工作的技巧與技術；第二，它教導適合兒童未來所擔任經濟角色的「良好行爲的規則」或態度。阿圖舍認爲，對未來的薪資勞動者而言，它培養「樸素、任命與順從」；對未來的資本家與管理者而言，它灌輸「譏誚、輕蔑、傲慢、自負，甚至油腔滑調與狡猾」；第三，它間接與直接地教導兒童資本主義社會的統治的意識形態。教育「利用新或舊的方法，硬教給他們一些包藏著統治的意識形態的『實際知識與技術』（語文、數學、自然、歷史、科學、文學），或乾脆以單純的形式（倫理學、公民教育、哲學）硬塞他們一些統治的意識。」當然，這整個階級維持的過程，眞正的觀點被「學校普遍盛行的意識」所隱蔽。這種意識完全遮蔽教育制度所應扮演的這種角色。雖然在大庭廣眾時它總是宣稱學校是一種中立的環境，不受主控者意識所影響，而且教師們尊重兒童意識的自由等。

 伯恩斯坦

伯恩斯坦（Bernstein Basil, 1927）是倫敦大學教育學院教育社會

學教授。他最負盛名的是他在社會語言學（sociolinguistics）方面的觀點，以及兒童在家庭與學校環境中所掌握和運用的語言之間的關係的研究。他認為教育基本上是一種知識代碼的形式；它怎樣被組織、傳播和評價，則反映出了社會控制的模式。課程構成是以某種方式分類（classification）知識單位，有的分開，有的結合，這種分類指涉各知識領域之間的界限。課程是與「架構」（framing）的概念並行的，這個概念指的是教育知識傳播的方式。伯恩斯坦的意思是說從經驗上來看，分類和架構的系統是實現學校的課程代碼中對於秩序與控制所產生的效果。集合代碼（collection code）是經過嚴格分類和劃定疆界的，學生們只能選擇明確劃定的內容，這些內容的形式就是專門課目的知識，例如，歷史、地理、化學、物理和生物學。代碼由彼此有開放關係的內容所構成，例如，社會研究和科學探索。因此知識附著於每一種代碼的教育哲學中，及其與權力和控制原理的關係中。教學即反覆灌輸各項代碼；由此可以看出伯恩斯坦以一種更複雜和更徹底的知識傳遞代碼理論，以建構他的教育觀點。

結語

　　舉世公認二十一世紀的趨勢將是建構於資訊科技上的知識社會。面對資訊的無遠弗屆及快速傳輸能力，一位現代人在掌握資訊工具時，數十分鐘即可處理數十億「位元」的資料；同時一個人可在數小時內生產出千、萬個訊息，使人充分領悟到科技萬能，沉醉在科技烏托邦的世界中。值此知識社會時代教育的角色益形重要。知識經濟活動需要大批有知識的從業人員，這些人必須是知識分子或「知識工人」，而大部分的工作都需要不斷學習，求新、求變。因此無論居於何種地位，過去受過多少教育，仍應不斷學習，才能因應工作需要。因此，在知識經濟時代，人才培育成為一項主要的課題，而人才培育要靠教育，因而將使教

育體制面臨極大挑戰。

　　中古世紀的教育是提供學者講學及培養少數紳士的地方，教育與整個社會發展尚無很大的相互關係；但時到今日，教育已處於知識社會的核心地位，世界各國都很重視教育發展，以提高競爭力。隨著知識經濟時代來臨，培育人才的教育機構，應在結構上、教學上有所調整，才能因應社會需求。這些調整應包括教育量的擴充與功能分工，調整教育制度及教學、課程、應用資訊科技、加強產學互動、高等教育國際化等。在知識型社會中，每個人都必須不斷學習，因此終身學習將非常重要，知名心理教育學家卡爾・羅杰士（Carl Rogers）即稱：「一個受教育的人是一個學到如何去學習、應變，只有不斷追求知識增長的人，才是可靠的人。」

　　二十一世紀已經來臨，未來人類社會變遷及進步的步伐只會繼續加速。在變動快速的新世紀來臨之前，世界上進步的國家已經感受到某些挑戰必須加以回應：其一是知識社會已經來臨；其二是全球化的趨勢已經形成；其三是科技知識主導社會發展；其四是人文素養及社會關懷亟待加強。這些衝擊使進步國家察覺到，國民的知識技能水準及自我修養能力，將成為個人潛能發展及自我實現的條件，也是社會繼續發展的關鍵因素，更是衡量國家競爭力的重要指標。換言之，未來的社會必定是學習的社會，教育將成為國民生活內涵的重心，及國家競爭力的保障。

第二章　理論與研究方法

「回到最原始的原則和基本知識再作分析，而不是只靠大家都知道的那套。當人人都自認知道真相時，其實不然。」── 葛洛夫（A. Glover）

　　教育社會學是介於教育學和社會學之間的一門跨學科的社會學科，這門學科的產生與發展離不開教育學的建構過程。如果說，教育學是教育社會學之父，則社會學便是教育社會學之母。在教育學這個領域，教育與社會的關係一直是教育學家廣泛關注的對象。從教育學的鼻組伯拉圖開始，乃至後來的許多教育學家，都曾論述過教育與社會的關係，但是其間僅僅是研究個體的成長。可以這樣認為，當時的教育學完全是個體教育學。有系統地從社會整體的觀點看待教育的本質是從十九世紀末二○世紀初開始的，當時世界上主要有三個理論流派，它們是「社會教育學派」、「文化教育學派」，和以杜威為代表的「民主教育學派」。這些理論學派深刻地闡明了教育和社會的關係，為教育社會學這門學科的建立奠定了基礎。一九七一年以來，這一領域在許多位傑出學者，例如，艾坡（M. Apple）、伯恩斯坦、威蒂（G. Whitty）、布爾迪厄（P. Bourdieu）等的參與和建構下；共同凝聚著對教育現象與議題的關注與探究，使教育社會學成為成長快速的領域。這使得如學者鮑爾（Stephen J. Ball）在二○○○年出版的《教育社會學：重要論文集》（*Sociology of Education: Major Themes*）就指陳：「任何企圖總結教育社會學的努力都是困難的，相應作出的任何概括性結論也是脆弱的」的感嘆！

第一節　教育社會學的主要理論

　　正如同社會學之父孔德於建構社會學時，強調該學問是一種科學，是經過對社會現象的理性探討，形成了模型或理論。而著名的科學家愛

因斯坦在一九三六年〈物理與實在〉一文中指出：「物理是一演化中的思想邏輯體系，其基礎不能從生活經驗的歸納法蒸餾而得，而只能求自發明。演化的方向是以邏輯為基礎，而趨向於簡約。」因此，能用簡約的觀念來涵蓋更廣泛的現象，就是好的理論。同時強調，理論是「發明的」，而非「發現的」。爰此，我們以這兩位學者的觀點推衍出教育社會學的理論是指：「一群在邏輯上相互關聯的變項所組成的概念，用以解釋說明教育現象及教育行為。教育社會學的理論不是哲學的思辨，它具有相當程度的可驗證性。」教育社會學理論所要解釋的對象也不是包羅萬象的。有的理論是解釋教育的社會結構，有的理論是解釋教育行為的關係，有的理論是解釋教育制度的變遷。其目的則是希望能跨越時空簡約扼要陳述教育的社會現象，以提供人們概括性及統整性的認知。

一般將教育社會學理論的發展區分為三個時期：

1. 規範性教育社會學時期：一九五〇年代以前，是以應用取向（applicative orientation），偏重哲學性（philosophic orientation），較少實證。探討的內涵係重視社會行動（social action），強調教育是促進社會進步的途徑之一。
2. 驗證性教育社會學時期：一九五〇～一九七〇年，強調實證的研究取向，研究主題上偏向鉅視觀，如社會結構、社會階層、社會流動與教育之關係研究、學校科層組織之研究及教育機會均等之研究。
3. 解釋性教育社會學時期：一九七〇～現在，研究取向基本上是屬於質化及微觀的研究，其理論基礎包含現象學、符號互動論、俗民研究方法及教育知識社會。

綜合上述三個發展階段，隨著教育社會學領域的開拓和該知識的累積，這門學問已經呈現出不同的思維與觀點，用以說明其中的內容，一般將之區分為三大範疇：功能學派的觀點、衝突學派的觀點、詮釋學派的觀點。彼此各有所長，對教育社會學提供多元的關照。

✳ 功能學派的觀點

功能學派（Functional Theorists）主要源於社會學中的功能主義的思潮所組成，其早期代表人物有英國的史賓塞、法國的涂爾幹等；當代的代表人物有美國的派深思和特納（R. H. Turner），英國的伯恩斯坦，法國的布爾迪厄等。代表作有：史賓塞的《教育論》（1854）、派深思的《班級作為一種社會系統：它在美國社會中的幾項功能》（1959）、特納的《贊助式、競賽式流動和學校系統》（1960）、伯恩斯坦的《社會階級和語言發展：社會學理論》（1961）、布爾迪厄的《教育、社會和文化中的再生產》（1970）等。該觀點認為，社會猶如一部整合運作的機器，它的各個組成部分都互相關聯，任何一個部分的變化都會影響到其他部分；教育的主要功能是實現社會的成員培育與和諧運作；主張經由學校進行規範教育，促使個人達成社會化，成為一個融入社會的人。當代和諧理論學派的研究主要表現出兩種傾向：一是關心社會階級地位與教育成就的關係，將家庭和階級背景納入教育社會學的研究範圍；二是將功能主義理論用於對教育與經濟、教育與社會流動、教育與政治秩序的關係以及學校組織的研究。

社會學理論中的功能理論，是一個影響深遠的思潮流派，認為社會整體是由各個相互聯繫的部分組成的，各部分都對整體產生一定作用，發揮一定功能。也就是說，各個社會都具有一定的生存需要，各種社會制度必須充分發揮哪些條件的功能，各個社會又具有控制社會成員間相互作用的一定結構，即可以認為具有一種能夠長期維持社會結構的形式。因此，功能主義進一步認為，社會是一個體系，社會是由各種因素構成，而這些因素又是相互依存的。因此某一因素發生變化，就會給其它因素帶來影響，並對其產生反面影響，所以要保持整個社會的均衡。從上面的陳述中可知，功能主義最基本的研究對象就是社會整體，其重點在於研究構成社會各種要素之間的相互關係。其主要任務是：揭示維持社會生活穩定性的必要因素；探索滿足社會需要的必經過程；研究能把社會諸機構協調起來，使之成為一體化的觀點。

功能主義的一些非常重要的特徵，可以在孟德斯鳩、孔德、史賓塞等思想家和社會學家找到。很早以前，人們就探索社會究竟是什麼？古代社會思想家觀察到社會中有分工、階層分化、各種社會體制和社會過程。有些人認為，這些社會現象類似於一個生命體，特別近似人體，把社會比做人的身體，這種學說可稱為社會生物有機體理論。自從十九世紀中葉社會學成為一門獨立學科以來，社會學家就受到上述學說的影響。孔德將人類社會看成是生命有機體，他認為生物學的理論和方法應該是社會學理論發展的典範。在早期社會學家當中，史賓塞建立了當時最完備的社會有機體理論，加上他獨創的社會進化論，影響了整整一代社會學家。雖然孔德與史賓塞的有機體理論時常出現於當代功能學理論的論述中，但真正導致當代功能研究系統發展的應是法國社會學家涂爾幹。他認為社會是超乎個人的。一群人加起來的總和並不等於社會。社會事實和集體意識是把一群人組合成一個社會背後的主要力量。沒有社會事實和集體意識，社會是不成立的。因此，社會的各部門的存在是為了實現社會整體的需要，其功能就在於維持社會正常性，所以社會基本上是傾向均衡的。

　　一九四五年，美國社會學家派深思正式提出結構功能主義的社會分析方法論。他認為，動態分析方法應當可以同時精確描述一組相互聯繫的現象，最理想的方法是把系統的所有變量的相互關係表達出來。而結構功能分析在現階段是最好的社會學分析方法。派深思認為，社會系統一般處於平衡狀態，因此，他提出均衡理論模式。在這個理論模式中，社會被看做是一個體系，這個體系能夠藉助於適當的社會機制，在一切由於外部或內部力量的作用而破壞了均衡的地方力圖恢復均衡。他試圖用這個理論回答霍布斯的問題：「究竟是什麼因素使社會維持一個整體？什麼因素使社會生活有秩序地進行，而不致發生人與人相爭，脫序混戰的狀態呢？」派深思強調，是由於社會的道德規範節制了人們的行為。規範經由建構化過程注入在社會的體制中，又經由社會化過程使人的性格和動機符合規範。並且，規範規定了角色與角色之間的行為標準。如果社會過程都按規範進行，就會使社會處於平衡狀態。他從這樣

一個基本假設出發，把維持相互作用過程的傾向看做「社會過程的基本定律」，並且強調：「對於社會體系來說，除非出現十分明顯改變社會體系的傾向，我們將不會碰到如何維持體系的問題。」換句話說，穩定的體系一旦建立起來，它本身就具有一種使原有狀態不變的傾向。

結構功能理論所建構的社會模型，在此模式裡所有社會制度（包括教育制度）都有特殊功能，用以維持社群的和諧運作。這個體制是由一些次級體系（sub-systems）所組成，而這些次級體系則由相互互補的機制所組成。個人經由社會化而吸納社會的價值以及與他們已經被分派好的特殊角色相連結的規範。成員藉著履行他們的角色，來維持社群的社會秩序和文化秩序。教育的功能一直被看成是社會化、選擇和知識的管理。換句話說，教育被認定必須要引導社會的規範和價值，將人們安置在他們的角色上，以及藉著「知識」的組織和分配來建構人們的實體作為。然而，功能理論的觀點存在若干的批評。特別是社會的「具體化」（reification）以及因之而生的人類的「貶抑化」（belittling）。亦即社會是一種實體，有它運作的規範與機制。人們被認為是經過設計的木偶，沒有創造力或自由意志。不承認人有「塑造自己」或改變社會的能力。由於對這些限制的瞭解，使部分動態學派的學者認為，與其說我們應該把社會看成本來就是一個實體，不如說我們應該把它看成是社會團體活動的主要機制，而且這些團體有它們自己的目標和目的。就此觀點而言，教育是由團體嘗試促進它們的目的的活動所形成的。這並不是否認教育的確具有社會化和選擇的功能。然而，有關選擇與社會化如何和為什麼發生的說明，必須從行動者的目標以及所發生的衝突和磋商的觀點來加以敘述。這與戴維斯嘗試將教育的主要功能界定為知識的管理時所採用的取向相類似。

結構功能理論主要目的是尋求解釋某一社會行動所造成的效果或所賦予的功能。因此強調研究單位是結構而非個人。其中有四個基本命題：

1.每一個體系內的各部門在功能上是相互關聯的。

2.每一個體系內的組成單位通常是有助於該體系的持續操作運行。

3.既然大多數的體系對其他體系都有影響，則它們應可被視為是整個大體系的附屬體系。

4.體系是穩定和諧的，不易有所變遷。

　　功能論認為社會是整合的，而且總是朝向均衡的狀態操作運行，強調整合（指各部門之間相互影響的結果促成某種程度的和諧性，用以維持體系之生存）、均衡（社會體系運行的最終目標）。

✳ 衝突學派的觀點

　　衝突學派（Conflict Theorists）學者不同意把社會視為一種均衡與整合的體系。只有衝突理論才能真正描述社會結構。該理論的建構以馬克思的思想為主軸，並由達倫多夫（R. Dahrendorf）、考舍（L. A. Coser）加以繼承。主要的觀點為：

1.提出每個社會無時無地都經歷變遷，因此社會變遷是不可避免的。

2.每一個社會裡皆有分歧、衝突因素，因此衝突是無法可避免的。

3.社會裡的每一個單位都直接、間接地促成了社會變遷。

4.強制性的權力關係是社會的基礎。

　　隨著社會各種矛盾的加劇，結構功能主義的均衡理論已不能解釋暴力、鬥爭、戰爭了。所謂衝突，就是由價值觀、信仰以及對權力、地位、資源分配而引起的抗爭。一方面企圖傷害或消滅另外一方，這種行為稱為衝突。簡言之，衝突就是個人間或群體間矛盾表面化而發生的壓倒對方終極目的的一種互相對抗的行為方式。馬克思主義在衝突問題上的思想，西方學者歸納為三個基本的假設，一是經濟組織決定社會裡的其它組織；二是每一個經濟組織裡都包含著階級衝突的成分；三是無產階級會逐步因受壓迫而產生共同階級意識用以抵抗資產階級的剝削。

馬克思主義的教育社會學觀點在某些方面是與功能論者的教育社會學相類似的。兩者的焦點都是鉅視觀的且都相信，教育是社會的一部分，不能獨立於社會之外去瞭解。好比功能論者一樣，馬克思主義者企圖說明教育如何有助於現存社會秩序與經濟秩序的維持或再製。他們也認為這是透過社會化與選擇的過程而發生的。他們說，教育培養資本主義經濟制度所需的特質和價值，且將人們安置到階層化分工裡的角色上。此外，馬克思主義者相信派深思的說法：「教育透過宣傳機會均等和功績主義的意識形態，而有助於將社會內所存有的不公平合法化。」針對這種觀點的批評有一部分與對功能論所做的批評相類似，亦即這樣的一種觀點是過度強調決定論的，而忽略了人們對社會制度的塑造。此外，這些批評一直辯稱，實證的證據並不支持「透過合法或和社會化的過程來再製」這種觀念。機會均等和功績主義的意識形態也不為大多數人所接受，而且在學校中所發現由學校所培養的態度和價值，以及資本主義生產關係所需要的態度和價值，兩者之間並不是絕對的。

　　衝突學派代表人物有美國社會學家沃勒（W. Waller）、鮑爾斯（S. Bowles）和金蒂斯（H. Gintis）等，代表作有鮑爾斯和金蒂斯合著的《資本主義美國的學校教育》（1976）。認為資本主義教育制度的功能是再製資本主義的生產關係，即複製未來的勞工被異化了的意識；資本主義的教育和經濟之間有一種互惠關係；教育制度正是經由一種貌似公平、客觀的英才教育機制把人們安排到不平等的經濟地位上，從而使經濟不平等合法化。在新馬克思主義與新教育社會學盛行的二〇世紀七〇年代、八〇年代（早期），教育社會學中充滿著階級、階級再製與階級抵抗這類觀點，並主導著八〇年代後的發展。

　　衝突學派的思想強調一個完全融洽和睦的社會是不可能存在的，因為社會永遠包含著衝突的因素。愛與恨、和睦與衝突等的相對矛盾關係是使一個社會繼續存在與發展的因素。因此衝突並不完全是破壞性的，它也具有建設性的社會功能，考舍將這種衝突觀歸納為十六個命題，分別為：(1)衝突有促進群體結合的功能。因為，把人們統一起來的力量和造成人們衝突的因素是一個問題的兩個方面。衝突能使結構更密切地結

合；(2)衝突具有維持群體功能的意義。衝突不完全是壞事，有些衝突會使人們的生活更能容忍一些。如果衝突和反對形式都被取消的話，就會導致兩者的解體。允許衝突，能讓人們的不滿情緒表現出來，使之得到某種心理上的安慰；(3)衝突分為現實衝突和非現實的衝突。一旦由於利益而發生的衝突，這裡面就包含有復仇情緒，那麼這種衝突就不是為解決當時所出現的問題，只是為了消除對方。比如甲乙雙方為爭奪某物而發生衝突，發展到後來，雙方便不去注意他們最初的目的，而是想消滅對方；(4)對立情緒將造成衝突進行下去；(5)在密切交往的社會關係中，同時伴隨著恨和愛，只要兩人關係密切，就會產生愛和恨交織在一起的情緒；(6)關係愈密切，衝突愈嚴重，兩人密切的關係一般都是建立在許多共同點上的，一旦這種關係破裂，兩人的關係就會比陌生人的關係更壞。因為對陌生人的評價比較客觀，而對關係密切人的評價則帶有主觀色彩；(7)任何社會關係在統一之前，一定有矛盾和衝突；(8)兩人關係之間如果沒有衝突的話，反而說明兩人關係不夠親密，只是為了把一種關係維持下去，所以雙方都儘量避免衝突的出現；(9)處於和平狀態的群體，可以允許它的成員內部發生衝突。可是一旦整個群體與外部群體發生衝突時，就會對內部所有力量結合在一起，一致對外；(10)如果一個群體經常與外部群體發生衝突，那麼對內部衝突的容忍程度就低；反之，則容忍度高；(11)一個群體如有意識地尋找一個外部敵人，可以導致內部的整合；(12)如果在衝突中，參加衝突雙方各自都認為自己是集體（或集團）的代表，而不是為了個人利益而鬥爭，這樣的衝突會比個人利益之間的鬥爭更殘酷，更激烈；(13)衝突可能使鬥爭雙方形成其它交往形式，比如，人與人之間往往不打不相識；(14)在力量均衡的衝突中，表現看來都不希望對方組織起來，其實都希望對方組織起來；(15)透過鬥爭，可以使鬥爭雙方瞭解對方的力量，從而調整關係，避免不平衡和衝突的發生。並且，要避免有大衝突，最好有小衝突；(16)衝突還能促使對方沒有聯繫的個人或團體聯繫在一起。

衝突理論中涉及的有正支配角色和受支配角色的互動，此是德國社會學家達倫多夫關於衝突理論的基本概念。達倫多夫在《權力分配的組

合團體》一書中認為，只要人們聚集在一起組成一個社會，那麼，必然有一部分擁有指揮的人。具有支配他人權力的稱正支配角色；受他人指揮的稱為受支配角色。他認為這兩種角色有以下特點：(1)在每一個依賴權力關係支配的團體內，支配和受支配角色的成員必然形成兩種針鋒相對的非正式陣營。受支配角色的人將設法改變受人約束的現狀以求得自己的權利；(2)這兩者必然建立符合自己利益的團體，各有自己的方針、計畫；(3)針鋒相對的利益團體會不斷地處於紛爭中，但紛爭衝突的形式和嚴重性則常因實際情況與條件的不同而有差異；(4)衝突的結果可能導致原支配角色的權力丟失，由被受支配角色者奪得。達倫道夫以此論點，看到勞資的對立和師生之間的互動。

✳ 詮釋學派的觀點

不同於功能學派和衝突學派運用鉅視觀的研究觀點，詮釋學派（Interpretive Theorists）採取的是「微觀解釋」的取向，採取「人製造社會」的觀點。這一學派在教育知識、教師的作用和西方教育制度等問題上持批判態度，比較趨近於衝突學派的範疇。它主張從階級利益和群體利益的角度研究教學內容。它的核心關懷，是要建置在行動者的「情境定義」。尤其想探究：行動者的自我定義、他們的目的或目標、他們對他人的分類、以及他們視為理所當然的假設。教師與學生的互動被概念化為一種磋商的過程或一系列由教師和學生所操作的策略。因此，微觀解釋取向是肯定人類的創造力和自由，而對它所做最常見的批評是，它未能充分說明「行動受其情境所限制」此一事實。由於這些限制，因此只有某些目的、定義和分類能夠被教師和學生創造性地製造出來。因此，社會學家關注的是，行動者的限制以及這些規範是如何被創造出來和對社會與個人的影響為何。強調詮釋學派的思維有：符號互動理論、現象學、俗民方法論、批判理論等理論。

■ 符號互動理論

為了析理社會互動，社會學家湯姆斯（W. I. Thomas）、派克（R.

E. Park）與米德（H. Mead）等人，建構了「符號互動理論」（Symbolic Interactionism），並由布魯默（H. Blumer）集大成；其中是以三個基本前提來解釋，意義在人類行動中的重要性，意義的來源，即意義在互動中所扮演的角色：(1)人類對事物的行動的基礎，建立在事物對他們的意義上之意識，是理解意義的重要關鍵，當人們意識到事物對他們的意義是重要時，才會採取相當的行動；(2)事物的意義是在個人與他人的社會互動中浮顯出來；(3)事物的意義乃經由個人的詮釋過程而確立。

符號互動論的三個關鍵概念：(1)情境定義（definition of the situation）：湯姆斯指出，這是一個社會心理的過程，一個人會不斷估量、檢驗眼前情況，從其中發現自己所處的位置，為情境指定意義，再決定什麼樣的態度和行為才是恰當的；(2)建構現實（constructed reality）：乃一個人從周圍環境中不斷地取得訊息，透過社會定義以使訊息易於瞭解的過程。即一旦給一個情境定義，則此定義不但決定我們的行為，也會決定行為的結果，或謂之「湯姆斯定理」（The Thomas Theorem）；(3)協商的互動和秩序（negotiated interaction and order）：人類所面對的世界是一個不可預期和不精確的世界。因此一個人的行動必須隨情境定義的改變而修正，要不斷地試驗行為，並且要根據別人的回饋，修正自己的行為，以便引發別人的行動。

■ 現象學

現象是感官所感知的事務，而現象學（Phenomenology）則是「對於經驗的描述性研究」，該理論是試圖去描述人的意識形成的過程，並探求自然界一切事務的原始本質。主張把一切受文化薰陶下的假面目除掉，以還我本來面具的態度和精神，來處理和瞭解自然界的一切現象。為了達到真正的理解，人們應該具有一種挑戰的精神，拒絕接受擺在我們面前的事務而不加以詢問。科學的研究就是這種批判和挑戰性精神的表現。因為所謂科學只不過是現階段的真理原則，此真理原則隨時都會因新的發現而修正改變。

舒茲（A. Schutz）受哲學家胡塞爾（Husserl）的影響，於社會學中建立起「現象社會學」（phenomenological sociology），並且提出「還我本來面目」（back to the things）的概念，強調一種不受文化影響以瞭解社會現象的原始面目和特質。由於文化是經由社會化過程影響個人，社會化的目的在於培育所屬成員形成發展出一致的看法。例如，我們知道椅子是可以坐的，是在社會化過程裡別人教給我們的。現象論者認為我們對外界事物不應有「想當然耳」或「本來就是這樣」的態度。我們必須深究為什麼會「本來就是這樣」。現象論者認為如果我們把一切受文化薰陶下的假面具除掉，則剩下來的只是人們的知覺意識而已。現象論者試圖說明周圍的一切有關現象的原始面目。

■ 俗民方法論

俗民方法論（Ethnomethodology）由高分柯（H. Garfinkel）提出，其認為日常生活中被視為理所當然的例行活動，和人們對這些活動背後的瞭解。其主張：人類生活之所以有秩序，係因具有下列假定：第一，在每天的生活中，個人的行為都是根據普通常識的想法，亦即認為社會是獨立而客觀存在的；第二，社會具有規則性，而人們被迫要辨認這些規則，但人們通常只是瞭解這些規則的背景而已。高分柯指出俗民方法論的重點並不在於那些互動規則，而是在於規則所籠罩下的人類行為。科學的理性原則和一致性原則只有使人類的行為更難以瞭解，而不會增進瞭解。因此，從現實和實際的立場來看行為，會更切實地描述人類互動的行為過程。

■ 批判理論

批判理論（Critical Theory）是以馬克思的思想為主軸，而形成一個獨立思潮，於是把它稱為新馬克思主義。哈伯瑪斯（J. Habermas）為代表的法蘭克福學派所建構的「批判理論」，繼承了馬克思主義的思潮。這一思潮一方面承認先進國家的現代化、工業化的結果，思考人類社會所呈現的階級解體，貧困化、階級兩極化、階級鬥爭等情形。另一

方面，則企圖運用工具理性的哲學批判，以尋求馬克思主義在先進國家中生存下去的道路。批判理論的內涵：第一，理論要有前瞻性，須將理論從社會中抽濾出來，以超然的態度批評社會事件；第二，批判理論並沒有固定的內容並且不重視實用性，其最大的作用是揭露存在於社會的不公平和給予關懷；第三，批判理論則往往站在和社會對立的位置給予批判；第四，傳統理論是支持、解釋世界，批判理論是反抗、改變世界爲取向。批判理論強調：由於教育是人的實踐，教育社會學是人的科學，人有其生活與立場，有其生命關照的所在。科學化的努力只會使研究者遠離行動與實踐，並企圖建構出一種居高臨下的審視；然而就實務而論，以教育社會學有關人的實踐的學科可以居高（脫離）於人之上（之外）嗎？並保持所謂中立的立場嗎？因此期望以理性主義的進步論調不僅是危險的，也是一種蓄意的欺騙，不獨研究者的身分被架空，教育的實踐者亦被架空了。此種對既有思維所提出的嚴厲批判，正如同批判學者指出：近些年來如日中天的管理學就是一種道德技術，由於管理學的介入，辦教育如同辦工廠，在市場競爭的邏輯牽引下，教師基本失去了對教學環境的控制，矮化爲技工，不獨教師被架空，更爲嚴重的是教育中的人也被架空了。

　　詮釋學派是一種根本性的革命而非修正性的改良，其間有一些突破既成窠臼式的思維。一九七〇年代後，教育中批判觀點強烈譴責教育再製著社會的不平等，在資本主義體系下充任著壓迫的社會體系。美國鮑爾斯的《資本主義美國的學校教育》，歐洲伯恩斯坦的《階級、符號與控制》，布爾迪厄與派深思的《社會的再製：教育與文化》皆在討論著教育，透過其空間與時間的組織，對課程知識的選擇，對居統治地位的文化與語言的傳遞，有效地維持著階級的利益與疆界，學校被視爲傳遞社會控制的「隱性課程」。用阿圖舍的術語，這是「意識形態的國家機器」，其功能在於再製階級秩序。七〇年代晚期，另外一些觀點則開始關注資本主義學校中學生的抵抗力量，抵制論中最爲突出的當屬威爾斯（P. Willis）對英國勞工階層子弟的研究發現：教育是使基層階級的子女學習成爲勞動者。詮釋學派在美國的研究者如威克勒斯（Wexler），

是用不同的方式將馬克思主義、互動理論與知識社會學融合且鑄成了一套新的、多元的批判性工具。到了九○年代後，批判的傳統與後現代的發展集中在教育政策分析和教育改革領域。

　　以上所列舉的各項教育社會學理論，沒有哪一種理論具有統領整個教育社會學領域的能力。在這種情況下，必須使用多元的方法來研究，並依照研究對象進行有機地整合。另外，科學哲學家 Lauden 認為，「判斷一個理論的合理性與進步性，不在於其可確認性及可驗證性，而在於他解決問題的效力。對於一項理論的首要檢驗，應視該理論是否對現象提供可接受的答案。」則是我們研讀這些資料該省思的。

第二節　教育社會學的研究方法

　　教育社會學被視為一門科學，係因為是以科學的方法探究其所關懷的主題，同時是以科學的方式探究其內容。研究係指「對一問題作謹慎和有系統的探討或考察，以發現事實或原理。」簡言之，研究就是有計畫和有系統的去蒐集、分析和解釋資料，以達到有效解決問題的過程，其強調三個重點：第一，對現象因有問題或疑問，引發研究的動機，並經過思考、討論、觀察、探尋，以便釐清清楚或加以確定，以便找出問題的方法；第二，是有系統的探索，由嚴格的方法獲得客觀經驗及資料，以解答所提出的問題；第三，研究強調結果之外也重視其過程，因為任何研究不論採用什麼方法，其基本的邏輯或步驟是相同的。這過程要求：「正確性」、「驗證性」、「系統性」、「客觀性」。研究的目的，在於能客觀而周延地觀察、描述、解釋、預測與控制宇宙的現象。以達到發現、增強、或擴充知識。舉凡從滿足個人的好奇心到謹慎的探討問題，莫不為研究的範疇。歸納言之，研究的目的，約有下列三項：

　　1.描述事實目的：是在於客觀、周延地描述社會現象，以利於其分

析和解釋。

2.建立理論目的：是爲理論的發展，以期能建立嶄新的思想體系，並作爲其後對自然現象或社會現象的預測。

3.達到實用目的：是在於解決實際的問題，以達成社會的發展及人類生活素質的提升。

　　教育社會學研究的目的可以分爲理論的與應用的兩種目的。前者主要在於探究、發現和建立教育與社會的一般原理，其重點在求知、在瞭解事實眞象。此等原理原則或可應用於教育問題之解決，但並不以問題之解決爲其主要目的；後者之主要目的則是爲著應付經常面臨的教育實際問題，而以理論的觀點和原理原則爲依據研究解決問題之道，最後在於改進教育措施，促成社會進步。今後的發展，將是兩者互相調和，綜合應用於教育制度，以改進教育實際工作。如此，不但符合本身發展需要，也可使理論性的社會學更與人類生活密切相關，並使應用性的教育學更進一步建立其理論體系，以合乎其爲一門獨立科學的要求。

　　無論是教育學、社會學、或教育社會學都是屬於社會科學的一個領域。因此，要瞭解教育社會學研究方式的發展趨勢，必先探討社會科學研究的性質。社會科學在十八及十九世紀先後取得獨立的學術地位後，便急速的脫離以往哲學的、臆測的、推論的研究方式，而進入了用經驗實證獲取蒐集得來的資料（data）以檢驗理論正確與否。二十世紀以來，社會科學無論在理論的建立上以及研究發現上均有重大的成就。一九五〇年前後在美國更興起一種社會科學的整合與科學化運動，即所謂行爲科學的研究方法。由於行爲科學研究，注重理論的嚴謹性與研究的客觀性，促進社會科學方法論（methodology）的發展；諸如抽樣調查、實驗研究、統計分析等均先後爲社會科學家所採用，增加了社會科學研究的可靠性。近年來，由於電子計算機的廣泛使用，使社會科學研究者在分析資料時，更爲快速而精確，因而社會科學的證驗性研究乃逐漸蔚成風氣。目前，社會學與教育學也多逐漸採用行爲科學的理論與研究方法。一九七〇年代以後教育社會學研究方式的新發展，和以前最大

的不同，是由強調「量化」的科學實證研究，轉而注意到強調「質化」的非實證（non-positivistic）研究，而其研究方法論，則注重符號互動論（symbolic interactionism）與俗民方法論（ethnomethodology）在教育上的運用。非實證論者主張透過解釋的過程來說明社會事實；他們認為教育社會學的「量化」研究，只能描述表面現象，對於學校生活的本質，以及師生互動過程的內在意義，無法深入瞭解。因此，「質化」的研究；主張採用參與觀察的方式（participant observation），實地瞭解師生互動過程中如何建構知識，並形成價值觀念。這種研究方式，直接在生活環境中觀察社會現象，具有較高的效度，可補實證方法的不足。一般認為質化與量化兩者各有所長，應可相輔相成，以建立教育社會學理論。

為能以社會學知識探求教育議題，教育社會學相當程度藉助社會科學所慣用的研究方法，包括：

✳ 問卷法

問卷是一種為了調查之需以方便進行統計的標準化表格，經由資料蒐集方式以獲得對個人情形的瞭解。其內容包括對個人行為乃至態度的量度。當研究者對所欲研究之內容，設計成各種不同的題目供受測者填答，此包括開放式問卷與閉鎖式問卷兩種，開放式問卷係由研究者提出相關問題，而不提供答案，由受測者自由填答，其優點是受測者有充分發揮空間，可以得到意想不到的資料，一般以用在訪談中或預測時較多。閉鎖式問卷則指問卷中每題均有固定的答案，受測者只能就答案中擇一填答或複選，優點是便於統計，但也可能因問卷設計不當而無法填答。

✳ 實驗法

企圖敘述一個或更多獨立與依賴變項間因果關係存在的一種高度控制方法。在理想的實驗中，實驗者控制著實驗進行的周遭環境，以及能

保持一致控制任何環境或外來可能影響實驗之因子，亦即根據特定之研究主題與目的，選擇一組研究對象，控制或改變某些因素，然後再比較及觀察其結果的一種研究方法。實驗的設計上，研究者企圖說明的是：當一變項改變時，另一變項是否也會改變？是否是僅有變項（x）的改變，才能促使變項（y）的改變？例如，「教育訓練」（x）的增進，是否會造成「工作效能」（y）的提升？在實驗的設計，首先須從實驗對象中選擇出兩個可供對比的團體。一是實驗團體，即接受特定刺激的團體；另一是控制團體，是不接受刺激影響的團體。

✳ 訪問法

訪問法是一種蒐集一群人或其相關人之訊息或意見，由訪問員以面對面親自詢問受訪者問題資料的蒐集方法，可分為結構式訪問、非結構式訪問和半結構式訪問：

1. 結構式訪問：研究者訪問時根據標準化的問卷，限定受訪者根據列出的固定選項作反應，不能也不必作另外的反應。比較適合於研究者有固定研究架構時使用，因為使用標準化問卷，所以其客觀性較高。其缺失，在於只能得到普通、表面的資料，難以深入問題核心。

2. 非結構式訪問：研究者心中先有一個主題，與受訪者以語言相互溝通、對話，研究者在互動過程中根據受訪者的反應，再提出進一步的問題，以獲得想要的資料。比較適合於研究者對研究主題知識不足，無法提出標準化選項，及想要瞭解統計數字外的社會意義時使用。所以，其客觀性較結構式訪問低，且過於浪費時間，受訪者間答案的差異性極大，不過較能得到深入性的資料。

3. 半結構式訪問：介於結構式訪問與非結構式訪問之間，研究者能將標準化問題以結構式方式進行訪問，需要深入瞭解部分，則以非結構式訪問進行。

✳ 觀察法

研究者以參與者或觀察員身分，對於所欲研究之社會現象，以肉眼或工具直接從事有計畫或無計畫的觀察描述及記錄的方法。包括參與觀察法、非參與觀察法、非控制觀察法。運用觀察法以進行科學研究的觀察者必須具備敏銳的洞察力，另外，注意重要特徵並為有意的選擇，以達研究的目的。能注意到他的研究假設所指涉的重要特徵，而從他的視界排除其他的觀察項目；亦即在觀察中要作有意的選擇。研究者使用直接觀察法於蒐集資料時，首先要做的事就是決定要觀察什麼？究竟應選擇哪一個團體作為觀察的對象，應視其研究問題而定。次一個問題就是要觀察研究對象的哪些事件。除此之外，觀察者也會故意隔開對於其他目的是很重要的許多事件。易言之，觀察法研究步驟上應包括：觀察些什麼？觀察對象的確立；觀察哪些事物？對觀察事物的有效篩選。

✳ 歷史研究法

歷史研究法是探尋歷史的記載資料，檢驗歷史紀錄及遺蹟，以追求歷史上的事實真相，以組成一般原理原則的方法。在實際作法上包括：史料的蒐集、檢驗、分析及解釋等步驟。其主要特色為：研究的事件是過去的歷史，而非目前發生的。利用的資料是過去的紀錄與遺蹟。它只是一種間接而非直接的觀察法。有助於我們瞭解過去、重建過去、解釋現在與預測未來。

✳ 內容分析法

內容分析法是對明顯的傳播內容，進行客觀、系統及量化敘述之一種研究方法。研究者多先計算內容中某項屬性出現之次數，並從統計數據中研究其共通性，最後再將所獲得之結論直接或間接推論到社會及文化層面上。常被運用於文化特質之探索，或是反映團體、機關或社會之文化型態。因此研究者要有敏銳的觀察力，把握重點分析內涵。才能由解析事物的表向事蹟，以獲得其本身的內涵意義和內蘊訊息。

✳ 社會指標分析

社會指標是以中性的量度以探索社會現象，是一種運用客觀的標準以評量出社會各項事物。社會指標的功能，是能達到：描述社會現象；有助於對社會政策的評估；產生預測功能；並作為各社會相互比較的基礎。例如，運用「入學率」為指標，以說明並比較各地區人口就學的概況。

✳ 個案研究法

個案研究法（case studies）是以選擇某一個社會現象為研究單位，而從事蒐集一切相關資料，分析並描述其發展過程與內在、外在各種因素間的互相關係。再與其他類似個案作比較，而以此下論斷的方法。有下列幾個特徵：

1. 詳盡的描述：即將所選擇的個案作廣泛的和深入的研究，從多方面蒐集與它有關的材料和證據，而仔細的予以分析和比較。
2. 質性的研究：即個案的材料，大半是屬於不易以尺度測量或數字表達的心理現象，如經驗、意見、態度、信仰、社會關係及社會過程等。這類材料的分析特別注重它個別的內涵及意義，然後以此為根據而解釋個案的行為和問題。
3. 非正式程序：即個案研究資料的蒐集，乃是不受形式之限制，不必用表格或問卷，而依照規定時間與地點去把它完成。
4. 正確的描寫：即個案的敘述必須完全依據所蒐集的事實，文字力求精確，態度務必客觀。

✳ 社會測量法

經由測量團體中人與人之間的互動關係，以發現、描述、解釋社會地位、團體結構及動態的方法。它多半應用於學生或小團體的研究，所

蒐集的資料不一定可靠，因爲所能問的問題太少，回答的也不一定能作爲人際關係的代表。不宜應用於較大的團體，因其組織太複雜，也非簡單的社會圖示所能表示清楚。僅根據分子間彼此的選擇不能作爲某個分子的眞正價值的判斷標準，因爲選擇者可能受偏見的影響。人際關係是易起變化的，僅持一時的測量，不能作爲定論。

✳ 區位學法

區位學法（ecological method）係指運用社會基圖研究人類與其環境關係，及社會現象在空間分布的性質、範圍與其關聯性。社會基圖是指人文區位學家研究社會現象，在空間之分布與動向的基本設計或工具。因此，社會基圖是一種社區地圖，標明重要區位如江河、鐵路、學校等，再將社會現象如人口、入學率、輟學率等以符號加諸圖上，便可看出此現象與其他現象間的關係。主要的功用爲：(1)表明社會現象的空間分布；(2)發現各社會現象相關狀態；(3)比較各社會現象的發展趨勢。

第三節　教育社會學的研究內容

正如前述，一般學者對於教育社會學的性質迄今仍有許多爭論。因此，關於此一學科的研究內容也無一致的看法。多數學者均依據本身對於教育社會學所下的定義而畫定不同的研究範圍。布魯克福（W. B. Brookover）在其《教育社會學》一書中，曾說明教育社會學的研究內容，並歸納爲七類（林清江，1986）：

1.研究以教育促成社會進步的途徑：這種見解根源於沃德強調教育應使人民運用社會控制（social control）的力量，推動文化發展。根據他們的主張，教育社會學是研究克服社會問題，以便推

動社會進步的領域。

2.研究決定教育目標的理論基礎：探討社會與人類的基本需要，建立教育的社會哲學，以作為決定教育目標的張本。

3.研究社會學知識的教育應用：側重社會學原理原則在教育問題方面的應用，強調教育社會學不能成為一種純粹的科學，而應該應用於教育控制方面。教育社會學被視為技術性的學問，而不是一種科學，其主旨則在將社會學原理應用於整個教育過程。這種社會學知識的教育應用論，重實用的且極具傳統教育社會學之特質。

4.研究個人社會化的過程，探討如何利用社會化的過程，促進健全人格的發展：這種觀點特別重視各類社會團體對於個人的影響。布朗（F. Brown）的著作，是這類見解的典型代表。在他的教育社會學中，所探討的內容，即為個人與團體交互作用的性質、過程和結果。

5.研究影響個人經驗的一切社會關係，以便作為培養教育工作人員的基礎學問：教育社會學是從技術或應用科學觀點研究的一門綜合性學問，包括：(1)與學習或社會化相關的各種社會學知識；(2)任何可用社會學觀點分析的教育問題。

6.研究教育在社會中的地位：此類見解側重教育社區背景之分析。這種分析之最具代表性者，當屬考克（L. A. Cook）於一九三八年出版的《教育之社區背景》（*Community Backgrounds of Education*）一書。

7.研究學校內及學校與社區之間的交互關係：重視學校之內各種社會交互作用的型態及社會角色，並探討學校文化與外在社會團體的關係。

　　教育社會學的研究主題，常因時代的不同，而有重點上的差異，在近日教育社會學研究內容的發展趨勢，歸納為下述幾項加以說明：

1.由教育制度本身的研究擴展到整個社會結構與教育關係的研究：
　早期教育社會學的研究著眼於教育制度與過程的改進，近年來則
　注意到教育與在社會的關係，探討在一個較大社會結構中教育制
　度的地位與功能，社會變遷與教育的關係，探討教育制度如何受
　文化傳統、家庭型態、職業結構、技術變化與政治理念的影響，
　以及教育制度對整個社會發展具有何種獨特的功能。

2.由教育之「社會化」功能的研究轉而注意到教育之「選擇」功能
　的研究：工業化社會中，教育制度不但要培養學生社會價值觀
　念，訓練其職業知能，並且要依據經濟制度中的職業角色需要，
　有利於職業生涯中的選擇與安置的功能。

3.運用社會組織理論從事教育制度的分析：新興教育社會學者往往
　將學校當作一種正式組織，將班級當作一種社會體系以分析其結
　構與功能，並探討學校組織中的人際關係。研究之直接目的在於
　瞭解現代學校組織的特質，間接目的則在改善學校與班級的組織
　型態與社會關係，進而提升學校行政效率與增進教學效果。

4.由教育社會學「鉅觀」研究轉而注意到「微觀」的研究：早期教
　育社會學所探討的問題較為廣泛；迄至一九六○年代其探討主題
　仍偏重於鉅觀的研究，至一九七○年代起微觀探討有逐漸增加的
　趨勢，此類研究著重於學校班級中人與人之間的互動關係，包括
　師生關係、學校文化以及教育內容與歷程等。

5.開拓新的領域——知識社會學的研究：知識社會學的基本觀點認
　為人是其所處社會的創造者（the author），人具有主動建構知識
　的能力，因此，「知識」是社會形成的，而「課程」是社會所組
　織的知識。關注知識的控制與管理（the control and
　management of knowledge）的問題，以及知識與權力的關係，
　認為學校課程的選擇、分類、傳遞與評鑑，都和社會對階層有
　關，批評學校課程是一種有意的意識形態灌輸，使學生被動接受
　事實，而壓抑其主動批判的能力，注意到社會學因素對課程發展
　的影響。

綜上所述，大體而言，早期教育社會學研究內容比較龐雜，新興教育社會學研究主題比較精簡。綜合教育社會學的研究內容大致可劃分為兩大類，並細分如下：

1. 研究「教育」與「社會」之間的關係：(1)社會學理論與教育；(2)社會結構與教育；(3)社會變遷與教育；(4)社區與學校。
2. 運用社會學概念分析教育制度（或教育問題）：(1)以社會化的概念分析教育的意義、目的與功能；(2)以正式組織的概念分析學校；(3)以社會體系的概念分析班級；(4)以專業化的概念分析教師的聲望與地位。

結語

曾被譽為是二十世紀最偉大的科學家愛因斯坦，當人們推崇其貢獻其研究精神，他卻謙虛的表述：「這不是因為我比較聰明，是因為我思考得比較久。想錯九十九次，第一百次，我對了！」大多數人以為大科學家因智而成。他們錯了！是因品格而成。也就是說，鍥而不捨的堅毅精神，其實是成就大科學家的最主要因素。因此，對於現象的探究，除秉持正確的研究方法外，也應有科學的精神與態度。任何一個研究領域的學科化和制度化的一般都表現在三個方面：第一，是否有專門的研究人員以及是否在大學設置了專門的課程；第二，是否組織了專門的學會；第三，是否有專門雜誌發行。隨著時日推移及相關研究成果的累積，教育社會學已經被視為是介於教育學與社會學之間的一門科學知識。它和教育學都以教育作為研究主體，但二者又有區別。教育學是研究教育現象及自身規律的一門科學，主要研究教育的本質、教育目的、教育制度、教育方法、教育管理等。教育社會學則將教育作為一種社會

現象和社會系統，研究它與其他社會系統之間的關係，並分析教育的社會過程。它兼收教育學與社會學的理論和方法，並吸收了教育哲學、教育經濟學、教育心理學、比較教育學、教育人類學、社會心理學、知識社會學等多種學科的知識。

所謂研究方式，係指研究的基本原則或態度，也可以說是研究者所持的觀點（perspectives）或所採取的途徑（approaches）。有些學者也常以研究「典範」（paradigm）表示之。庫恩（T. S. Kuhn）在其《科學革命的結構》一書提及，在一門科學中必要形成一種「範型」。當某個時期、某個階段出現了既有的範型所不能解決的問題，便使得該範型面臨變革，這就是其所稱的「科學革命」。按照庫恩的觀點，將科學的進步看作是一個漸進的過程是錯誤的，只有科學革命才可能帶來科學的進步。庫恩的科學革命論原來是就自然科學而言的，近年來，庫恩的科學革命論也進入了社會科學，當既存學說遭到批判，新的學說繼之提出時，人們便將這種情況稱為「範型變革」。科學研究有助於對既有「範型」的檢討與批判，並協助新「範型」的建構，此種過程將促使教育社會學的推陳出新和進步，足見研究工作對科學知識及領域的重要性。

第三章　教育與人類行為

「面對不能改變的事實,需要寧靜;面對能夠改變的事物,需要勇氣;面對能與不能之間的分辨,需要智慧。」——朗赫·尼布爾(R. Niebuhr)

　　有關教育的社會學研究,可遠溯至十九世紀與社會學的建立同時開始,早期社會學家孔德與史賓塞對於教育有獨特的看法。一八八三年美國社會學者沃德曾出版《動態社會學》(*Dynamic Sociology*)一書,其中專列一章,有系統的探討教育與社會進步的關係。他的《社會導進論》(*Social Telesis*)就是主張以有目的社會行動來引導社會進步,而其途徑則端賴教育。一八九九年杜威著有《學校與社會》(*School and Society*)一書,將學校當作一種社會制度,並闡明彼此的關係。一九一六年杜威出版《民主主義與教育》(*Democracy and Education*)更進一步肯定教育的社會功能。在歐洲方面,法國的涂爾幹、德國的韋伯(M. Weber)與英國的孟漢(K. Mannheim)等社會學者,也從各種不同的角度,對於教育提出許多寶貴的見解。均同時揭示學校教育對人類行為的重要性。

　　隨著在富裕社會、資訊社會、開放社會及開發社會來臨之後,世界上進步的國家紛紛邁向學習社會,肯定教育的重要意義。建立學習社會是教育的願景,也是社會發展的理想。其目的在求個人自由而有尊嚴的成長,社會多元而有秩序的進步。學習社會不僅是社會的產物,同時也是引導社會發展方向的必要遠景。在進入二十一世紀知識經濟的時代,面臨國家的競爭力亟待提升、富裕社會的人文關懷需要加強、國際化的衝擊日益強烈,以及個人迫切的強烈需求等問題。這些往往是當前教育社會目前所關切的議題。

第一節　教育與行為塑造

　　教育是一種複雜的社會現象，其特點是經由教化過程，促進並培養個體的身心與社會發展，以適應人類生活的需要，且能隨著社會的發展而進展，人類能夠快速的進步，教育扮演了無可取代的功能。未來學家奈斯比（J. Naisbitt）於《兩千年大趨勢》一書中剖析：人類能穩健邁向下一個世紀的主要關鍵為：知識，而知識的獲取主要的是端賴教育。足見教育的良窳不僅影響個人，亦深遠左右著社會的發展。在強調知識經濟的世紀之際，教育勢必扮演著更為積極的角色，值得吾人正視。

　　教育與人類行為的關聯性可以自下述的面向加以分析：

1. 教育形塑個人與群體的日常活動（everyday activity）：日常活動是社會生活的基石（the building block）。社會的每一個層面最後都可以被制約到人們在日常生活中的行動方式。維持教育制度繼續運作的主要機制為教師、學生、行政人員、主管機關等。教育和社會的改變，都是被這種機制的規範所衍生的。因此，假如要瞭解教育，必須從審視師生日常的活動開始。日常的活動並非是沒有規律的，總是有某種自主與規範。這些規律和規範正揭示當教育對個體的影響性，也說明教育對行為的塑造。

2. 教育影響人們對於意義（meaning）的看法：為了瞭解日常活動，必須掌握住人們所賦予其行為的意義。在教育的過程人們被塑造對意義的詮釋，微觀思維認為意義是行動者個人所建構的，它們不是文化或社會所給予的，是由行動者從文化中所理解產生出來的。因此，我們除了將意義標示出自己的行動外，也將意義賦予他人的活動。例如，教師提問問題而學生們舉手的情況。這位教師必須解釋學生舉手的意義。它意味著學生知道答案嗎？學生正試圖避免看出他不懂嗎？它意味著學生不想顯露出他的愚笨

嗎？這些解釋的任何一個都是可能的。許多論點隨著我們解釋他人的活動而來。我們對於他人活動的解釋視「我們已經知道什麼」而定，這包含諸如年齡、性別、種族、智力、動機等事物。假設該教師「知道」該學生是聰明且有良好動機，這將影響他對其行動的解釋。是以，我們擁有對代表各種「類型」（typifications）的意義，使我們利用這些類型來解釋他人的行為。

3. 教育影響人們對於環境的詮釋：對於行動的分析必須包含研究行動者的主觀性意義與客觀性解釋。詮釋社會學（interpretive sociology）認為，經過一段時間之後，行動者終於共享瞭解與解釋。這種共享是透過有意義的「磋商」過程而產生的。磋商被看成是一種繼續不斷的過程，而不是一次發生即被完成的事物。它隨著行動者修正他對於認知事物的瞭解而產生的。例如，同學舉手回答問題，是希望能表達自己的想法；至於答案正確與否，並非重要的。主觀主義的取向（subjectivism approach），影響我們對行動者的看法。詮釋取向要求我們採用一種被稱為「了悟」方法。正如同德國社會學家韋伯所宣稱的：那意指我們必須嘗試走進行動者的腦海裡，以界定情境。詮釋行為的意義，其中自己的假設與範疇，皆受到教育過程的引導和作為。例如，假如我們援引韓愈的《師說》來看待教育，則容易將「傳道、授業、解惑」等，視為是一位「行為世範」老師應有的作為。

第二節　教育的基本內容

　　二十一世紀是個變遷劇烈的年代，新的世界秩序正在建立之中。全球化經濟的發展，使世界各國之間的依存度與競爭的動態關係日益密切。每一個國家均面臨來自全球經濟發展的影響，以及國際競爭的壓

力。在邁向開發國家的過程中，我國面臨的最大挑戰是如何提升國家競爭力。無論先進國家，或亞太地區國家，均致力於經濟環境的改善與人力素質的提升；而人力素質的持續提高，則有賴於教育機會提供其教育品質的確保，以為社會永續發展的基石。一九九六年聯合國教科文組職（UNESCO）所出版的《學習：內在的財富》一書，清楚地說明人類要能適應社會的需要，必須進行基本的學習，這些就是教育的基本內容：

✳ 學會認知

為因應科技進步、經濟發展、社會遽變所帶來的迅速變革，每個人必須具有廣博的知識，才能對問題作深入的瞭解並謀求解決，此即為學會認知（learning to know）。在社會開放以後，個人的發展也受到挑戰。因為在一個開放的社會中，意謂著傳統的限制與優待不復存在，個人有發展自我價值、追求自我實現的自由，也直接承受前所未有的競爭與挑戰。此種挑戰，一方面係來自國內競爭者的追逐，另一方面則來自國外其他競爭者的壓力。在邁向開放社會的過程中，有不少人因未做好準備而無法因應此種趨勢，以致適應困難。欲具有廣博的知識，個人就要作終身的學習。這是激發個人終身學習的動力，也是終身學習的基礎與憑藉。

✳ 學會做事

此指除了學會職業知能之外，並要學會具有應付各種情況和共同工作的能力，包括處理人際關係、社會行為、合作態度、解決問題的能力及創造革新、勇於冒險的精神等。這些是目前學校教學中相當被忽視的一面。如果學生均能邊學邊做，能在學習活動中參加一些職業活動，進行學理的驗證，則「學會做事」（learning to do）的期望就能達成。在社會開放之後，個人所面臨的發展阻礙，是基本能力欠缺的問題。基本能力的厚實使個人能夠認識自己，瞭解自己，掌握自己的命運，決定自己的發展，使自己與社會同時進步。因此，社會必須提供激發個人潛能

的環境，給予每個人有學習基本生活能力的機會，才能使個人更瞭解自己，理解他人，進而參與社會生活。

✳ 學會共處

由於地球村的形成，人類相互依賴日深，彼此相互瞭解、和平交流以及和睦相處，學會共處（learning to live together）的需要日益迫切，故必須學習尊重多元，以理智、和平的方式解決衝突、相互合作、共同解決未來各種可能的風險和挑戰。由於訊息傳播全球化時代的來臨，使得每一個人都必須具備國際觀及地球村知能。每個人都需要與其他國家的人民來往與互動，而且不同地區間資訊網路的交流與交換，已極其密切。個人要具有國際觀，才能有開闊的眼光，恢宏的氣度，也才能擔負二十一世紀新主人的責任。新世代的社會公民也要對其他國家的文化有瞭解與尊重，才能在多元文化社會中與人來往，和睦相處。

✳ 學會發展

要透過學習讓每個人所有才能均能充分發揮出來，人類對自己要有更深入的瞭解，使個人的價值得到肯定，每個人要活得自在、有尊嚴、有價值，在人生的每一階段都要有充分規劃與發展，此即學會發展（learning to be）。社會開放以後，自我發展與自我實現的能力更須加強，才能使個人在生涯發展的過程之中，獲得應有的知識、技能與態度，開展職業知能，以適應不斷變遷的社會生活，扮演適當的社會角色，創發圓融的人生。教育的規劃必須考慮個人在生涯發展過程中，能力、人格、經驗與態度的階段性需要，並依據生理與心理的變化，設計生涯導向的學習活動。

影響教育社會學建構的社會學家涂爾幹在《教育與社會》一書裡，對教育的功能解釋為：「成人施加在尚未準備好可以應付社會生活者之上的一種影響力」。由於不同社會、不同時期的教育內容各不相同，涂爾幹做結論說，單單利用理性，無法詳述教育內容應該是什麼。我們必

須做的是，密切注意社會以瞭解教育如何來配合它。當我們這樣做的時候，我們將發現教育在本質上是社會的，且它是達成某種目的的工具。但是，涂爾幹堅持，這種目的被社會所界定，而不是被受教的個人所界定，也不是被教師和教育行政人員所界定。教育主要的功能，不是為個人發展其能力和潛能；相反地，它是要發展社會所需的能力，因而，在早期教育制度裡，促進科學或理性思考不是最重要的；但是，在當代社會裡，這種思考卻是必須的。涂爾幹認為，所有社會都需要一些專門化（specialization）。教育的功能之一，是要使人能為他們將來的特殊環境作好準備。即使如此，所有形式的教育都包含全體兒童需要接受一個共同的核心。每個社會如想繼續維持下去，其成員之間的思想、價值和規範，需要有某種基本的相似性；也需要一些專門化，因為分工對維持社會而言是必須的。教育在這些方面滿足社會的需要：它滿足社會的要求。但是在為社會創造新一代時，教育也為社會建設條件以使自己得以維持下去。就這種意義而言，教育具有維持並發展社會的功能。

　　教育在社會化過程中，達成使人適合社會的功能。在社會化的過程裡，根據社會的要求以形塑兒童：「教育所應該塑造的人，不是自然所塑造的人，而是社會希望他所成為的人；它希望他，就好比是內在法則的要求。」當社會多數成員人無法獲得社會化的時候，是一個人處於「脫序」狀態。因而涂爾幹假定，人的慾望是無限的，所以無法滿足。個人不會限制他的慾望，但是會嘗試去滿足所有這些慾望。生活在脫序狀態中的最終結果，是永遠不快樂。涂爾幹說，人忍受「無限慾望（infinite aspirations）的病痛」。為了過著滿足的生活，為了在生活裡發現一種目的，人必須使其需求限制在可達成者。因為沒有人能夠自動地限制他的慾望，這種必須的限制是來自外力且獨立於人類意志之外的某種源頭。這種源頭就是社會。因此，在社會化一個人使其符合社會要求時，教育為個人提供一項服務：它提供給他價值與規範，給個人一個架構，根據這個架構他能夠過一個滿足的生活。因為集體影響力透過教育所塑造的新生命，代表我們當中最好的生命。事實上，人之所以是人，只因為他生活在社會規範之中。

這種對人性的看法，是涂爾幹教育理論的基本觀念，即教育必須供給兒童所需的規範和價值。涂爾幹認為，教育也必須供給一項認知架構，使兒童根據這個架構得以瞭解世界並獲得知識。這包含創造一種穩定、結構化的環境，在此環境裡這些事物被清楚地界定，同時具有權威人士所要求的對他們的服從性。因為所有這些都訴諸於學校制度，因此教育將為社會建立必須的共識以求繼續生存。因此，對涂爾幹而言，教育的功能是：保持社會、藉著提供人們所欠缺的規範與認知的架構來使人社會化和人格化。因此，必須先瞭解社會正在發展的方式，才能把握住教育將扮演的特殊角色。

第三節　學校教育的功能

學校是一種社會單位。教師為領導者，學生班級為同儕團體，二者構成一種社會體系，用以完成學校的社會功能。在這種社會體系中，領導者是教師所代表為成人文化，是學生的認同目標，其領導方式多方面影響學生的行為及人格特質。另一方面，學生班級有其特殊的行為型態及價值觀念，被稱為學生次級文化；這種次級文化不僅影響學生的行為，同時還影響教學的效率。就整個學校的內在環境言，它是一種複雜的社會組織，可從現代組織的觀點分析其結構，並瞭解學校結構與學生成就及行為表現的關係。學校中的分工、權力結構、組成分子的更換、政策的變動等，都是屬於學校的內在環境。學校的性質及活動部分，則是屬於學校的外在環境，此種外在環境包括學校所處社區的人口組合、階級結構、行政型態、人力供求情況及組成分子的價值觀念。事實上，這些外在環境，如社區的整體文化環境，包括物質文化、制度文化及心理文化多方面，影響學校目的及實際措施。簡而言之，教室的社會體系、學校的社會組織，以及學校與社區的關係，是研究學校社會環境的主題，也是教育社會學探究的內容。

涂爾幹說：「教育是成年人對於社會生活尚未成熟的一代所產生的系統性影響。」「教育是一種提供社會成員社會化的過程。」究此，教育是知識、技能、思想、行為等已有相當成熟的人，對於尚未成熟的人的一種引導的作用。其次，教育是以社會的標準去規範青年人的一種作為。就行為科學而言，教育是社會約制個人行為的根本法則。從上面所論教育的本質看來，已約略可知教育的功能所在。茲再加以詳細說明如下：

✳ 扶植個人自立

　　教育的第一功能是扶植個人的自立。人自呱呱墮地而後，即由父母或其他年長者予以哺育。起初僅是物質生活的供應，繼而予以社會生活的指導；自衣食住行，使用器具，玩遊戲娛樂，以至待人接物，交友合群，無不隨時隨地，加以輔助與指導，使能自立生存於社會。這種功能施行於未成年的時期，成為個人自立的基本。而實施這種功能，有賴於家庭與學校。家庭培植其基礎，學校繼續施予其訓練，二者對個體發展都同樣重要。進入二十一世紀之後，我國將成為開發國家的一員，在邁向開發國家的主要挑戰，在於是不是能夠扶植個人的自主，並自動自發的追求成長，藉以提高人力素質的全面提升。國家競爭的動力來自於人力素質的不斷提高；而人力素質的持續提高，則有賴於教育機會充分且永續的提供。

✳ 傳遞思想文化

　　教育的第二功能是傳遞社會上的優質思想文化。一個社會的各種遺業──風俗、制度、思想、文物，以及感情信仰等──無不依賴教育的傳遞。其中一部分靠家庭生活中漸次提供；另一部分則在學校中由正式訓練學習；其他部分則在社會生活中經過正式或非正式的手續而得。如此新陳代謝，先後銜接，使過去社會的遺業得以綿延繼續，累積發展。一般人認為凡是學校內所教、所學的多屬社會最具有價值的內容。重要知

識的獲得和能力的發展，可以在學校中有順序和結構的習得。因此，多樣而複雜的社會生活被濃縮為平面的課本內容，整體的生活經驗也被分化為學科林立的知識。另外，學年年級的設計，也使得學習者劃一的時間表中，按進度學習。學校一直是教育活動的重心。無論就政治社會化的要求、文化價值的傳遞與創造、社會流動的促進，以及經濟的成長與發展而言，學校教育均展現了積極的功能。使得一般普遍認為學習等於學校，學校教育就是整個教育活動。

✳ 達成自我實現

　　隨著社會的民主開放，使個人的價值得到肯定，生涯規劃與發展普遍受到重視。每個人要活得自在、有尊嚴、有價值，在人生的每一階段都要有充分規劃與發展。但是，每個人的能力、背景、機會並不完全相同，必須因應情境，適切轉換，化危機為轉機，秉持自主獨立的精神，才能建立合宜的人生價值觀，從自我規劃到自我實現。社會開放以後，自我發展與自我實現的能力更須加強，才能使個人在生涯發展的過程之中，獲得應有的知識、技能與態度，開展職業知能，以適應不斷變遷的社會生活，扮演適當的社會角色，創發圓融的人生。可見教育的規劃必須考慮個人在生涯發展過程中，能力、人格、經驗與態度的永續發展的需要，並依據生理與心理的變化，設計生涯導向的學習活動。一方面配合個體發展的成熟度施予適當的教育，另一方面激發個人潛能，提升自我發展的層次。同時，個體在生涯環境交互作用。人生中所面臨的不僅是生命時間的轉換，同時也面臨生命空間的變遷。凡此種種，不僅考驗著個人，也是教育的主要功能。

✳ 造就社會成員

　　每一社會皆有它自己的文化內涵與文化模式。這類特殊的文化特質與文化模式，或表現於思想、感情與行為，或表現於風俗、制度與文物，都成為社會的標準，並且流行於社會成為一種生活的樣態，為社會

上多數人所遵從。社會成員以社會認可的方式，經由學習的過程而加以吸納。如是，使每一個人的思想、感情與行為，均能符合社會的標準，而成為社會的一員。這所謂社會化，這就是教育的過程。社會學家愛德華（Ellwood）說：在人類史上，社會是利用教育的方法使得個人遵從團體的習慣。所有宗教、道德、政治、法律都是經過教育的體制，方才能成為社會控制的工具。提升國家競爭力，是我國當前重要的發展目標。高素質的人力資源，是達成國家發展目標的重要條件與基本動力。對於地狹人稠、自然資源有限的我國而言，只有豐富的人力資源才是面對國際競爭的最大後盾。

✳ 促進社會進步

社會上任何的知識與技能，沒有不經過教與學的過程的，而社會上任何的專業都有它的專門智識與功能。可見任何專業的養成，沒有不仰仗於教育的。更何況近代的社會進步，多賴科學知識與工藝的發達，若無教育的配合則無由開創現代化的成果。現代化的意義，各國解釋不同；但是有一個共同的重點：以教育的改進及普及，達成現代化的目的。為何開發中國家的發展多重視這一點呢？原因是三方面的：第一，工藝及經濟的進步，依賴教育；第二，人民及族群的統一，依賴教育；第三，國家行政權責的達成，也依賴教育。人們必須學習良好的行為，以建立現代國家及社會。農人要養成生產能力，商人要培育冒險精神，公務員要砥礪處理公共事務的能力，這一切都需要教育。

✳ 開創未來願景

經濟的發展造成我們社會繁榮與進步，塑造了儼然於世界的經濟奇蹟，使我國正躋身於開發國家之林。它帶來我國社會的新面貌，也造成民眾生活的富足。但經濟高度發展的結果，也形成種種社會問題，包括精神生活的匱乏與空虛、社會功利取向的高漲、人文素養的欠缺；在經濟方面，造成經濟結構的改變、工作知能快速的更迭、國際競爭力的亟

待提升；在生活上，由於地球村的形成，也產生生活國際化的事實。這些國內外事實的衝擊，使我國社會面臨挑戰，宜正視之。面對社會的這些挑戰，如何加以因應？無疑的，教育是重要的關鍵。教育人類朝向和平、自由和社會公義的重要手段。教育在個人和社會的持續發展中具有相當重要的作用。它雖不是解決當前挑戰的萬能鑰匙，但確實是促進人類發展的重要而可靠的手段。藉由教育可以促進國家競爭力的提升，加強社會的人文關懷，因應地球村所帶來的國際化的挑戰，更是促進個人與社會發展的不二法門。

隨著社會的進步與分化程度愈來愈快，使得教育對個體與群體的影響日益深遠，終身教育成為教育實施努力的方向，回流教育亦成為多數學校教育的目標，皆可看見教育的功能正益為彰顯，也成為社會追求現代化不可或缺的機制。而建立學習社會，代替以學校教育為唯一學習管道的教育體制，是未來社會必然發展趨勢。建立學習社會是一項全面性和前瞻性的教育改革及社會改造工程，為未來努力的依循。

人類面臨政治、經濟、社會、文化等急遽的變遷。社會工業化、現代化、科技化的結果，使人類創造了前所未有的物質文明，但相對的也帶來很多嚴重的問題與挑戰。所面臨的挑戰包括：如何培養延續經濟發展的精神動力？如何使社會成員能接受眾多便捷的資訊，又能予以彙整判斷？如何建立新的科技文化與倫理？如何使人人都有參與公共決策，主導社會發展的能力？如何使國民既有競爭力，又能在世界舞台上扮演適當的角色？在這樣的發展趨勢下，如何培育具有新觀念、新技術、新視野的個人，並加強彼此的合作，以解決日趨嚴重的問題，已成為刻不容緩的工作。在開發社會來臨之後，世界上進步的國家紛紛邁向學習社會。學習社會不僅是社會的產物，同時也是引導社會發展方向的必要遠景，以促成社會的進步。

第四節　教育與社會發展

　　教育具有很多的功能，社會常獲得很多進步，這是於建立學校制度的當時所未料到的利益。例如，兒童養成了正確的自我觀念，他們採用了新的行為規範，並且歸屬於新觀念與新團體；學校教育學生各種專業技能，包括手藝、科學、持家及職業方面的技能，在這些技能中，學校幫助個人賺錢維生，並且培養個人參與職業的能力。教育灌輸智慧的制度：文學、藝術、法律及科學。年青人學習重整智慧制度，以促進物質與精神的現代化。同時，學校協助社會培育菁英分子，授以特別領導技能。教育也協助選擇並訓練文化的維護者、創造者及統治者。當然，學校具有重要的政治目的，使得學生在其教化之中，學習社會習慣及接受政治哲學。

　　教育水準與社會發展密切相關。從貧窮到富裕，從落後到現代化，並不是一蹴可幾的。經濟發展是漸進與緩慢的。長期發展包括很多短期步驟。一方面所得增加，學校教育程度也隨之增高，其間彼此相互影響，因為如果沒有健全的訓練，所得的增加就要停止。一個只有有限經濟餘裕的國家，僅能提供很少的學校教育。教育利益是否能夠宏大，也要靠人們是否能夠應用所學知識而定。教育的益處是否彰明，更受學校社會環境各種因素及活動的影響。

　　新興國家的現代化工作能否成功，很受教育制度的影響。教育不僅是國家主權的一部分，還是現代化的象徵。教育已經成為政治、經濟、社會及文化趨向現代化的制度性工具。教育於現代化的角色，包括：第一，新興國家的高級公務人員、科學家、農業專家、經理人員、工程師、新聞記者、大學教授等，都需要由健全的教育機制培養。即使在商業經營方面，以前不須接受高等教育的人從事，現在的情形也已經改變了。傳統企業家所依賴的經驗主義，已經不能適用於現代工商企業的工藝要求及特殊組織。所以，現在連商業經理人員，也由專業教育機構的

培養。大學的職責不只是人員的訓練及現有知識的傳授。現代的大學還必須運用最新的研究技術，創造重要的新知識。開發中國家的大學必須成為研究中心；否則，它們不能培育推動現代化的研究人員。如果沒有研究的成果，高等教育就無法建立自尊及自信，也就無法吸引卓越的青年接受高等教育；如此，更無法引起學生的求知慾，以適應國家的需要。而人力資源是企業生產的關鍵動力，也是促進經濟發展與社會繁榮的主要支柱。社會快速變遷，科技飛躍進步，企業的競爭與經濟社會的轉型，惟有努力提升勞動人力的素質，才能因應愈來愈多的挑戰。

　　教育一方面革新舊生活，一方面奠定新生活的基礎，教育的效果愈好，變遷結果也愈好。並不是所有的教育效果都能直接促進經濟發展，健全的教育制度需要健全的社會為其輔佐，學校本身是現代化的推動工具之一，如果能得到其他社會力量的相互配合，它就成為堅強有力的現代化工具。顯而易見的教育與社會發展的關聯性，可以歸結為下列三方面：

✳ 社會化與教育的關係

　　一個人一生的發展，受到家庭、同儕團體、學校、政治團體、宗教團體、職業團體、大眾傳播工具等的影響，形成自我觀念及人格特徵。就某一種觀點言，各類社會團體都具有「教育」作用，不過除了學校之外，這類教育活動都是非正式的。在現代社會中可以見及兩種相互平行的發展趨勢：一方面，各類社會團體將正式的教育功能交給學校，學校擔負更為重要的教育職責；另一方面，各類社會團體對於正式教育活動的影響力量則仍然存在。所以「社會化」與「正式教育」雖然已有顯著的差別，但是兩種活動及過程卻仍然相互影響。因此學校面臨三種重要的任務：(1)瞭解其他社會團體對於個人的期望及其對於個人行為的影響，以便作為施教的根據；(2)使學校與其他個人社會化團體協調合作，以便完成其獨特的教育功能；(3)對於因過分附同於某種團體而產生反社會行為者，利用教育的力量，予以協助及輔導。

✳ 社會結構與教育的關係

　　隨諸社會性質轉變，各類社會制度的重要性也隨著改變；有時宗教制度最為重要，有時政治制度最為重要，有時經濟制度最為重要。發展迄今，人類正運用高度的知識力量影響全面的社會發展，因此教育制度由社會結構的邊陲地位移居核心地位。教育制度居於社會結構的核心地位，產生兩方面的結果：第一，經濟、政治、家庭、宗教、社會階級等制度，更加影響教育制度；第二，教育制度影響其他社會制度的成效，更為顯著，更加受到重視。教育投資論的形成及發展，為教育影響社會的事實，提供最有力的證據。建立這種理論的根據，可分兩方面說明：第一，就高度開發社會中的個人而言，個人教育的高低與收入具有密切的關係；因教育所支付的費用，在將來收入增加所得到的利潤，已經等於或高於其他物質投資所得到的利潤；第二，就社會而言，很多國家的研究者都能明確算出，在某一經濟發展階段中，有多少比率的經濟成長得力於教育的投資。換言之，如果沒有教育投資的利潤，經濟發展速度必定減緩。在現代社會中，教育能夠修正及改變社會階級結構，形成更加自由及平等的社會。現在已非個人社會地位決定其教育成就，而應是個人的教育成就決定其社會地位。個人接受良好的教育，具有優異的教育成就，可能謀得較好的工作，對於社會的貢獻較大，社會地位自然提高；反之，則社會地位必然降低。如此，教育能夠促成社會流動的現象，使舊有的社會階級結構為之改變。由此二例，已可瞭解教育制度影響其他社會制度的情況。

✳ 社會變遷與教育的關係

　　社會變遷是一種客觀的社會事實，在變遷的過程中，教育一方面在反映變遷的情況，另一方面則在導引變遷的方向。歸納而言，社會變遷與教育之間，存在三種關係：第一，教育反映社會變遷的事實，例如，隨著技術進步，而改變職業結構，使得職業教育制度便隨之變換；第二，教育成為社會變遷的主要原因，例如，每一國家均努力達成特別的

教育目的，以改變社會形貌；第三，教育也是促成社會導進的重要條件，例如，為了達成經濟發展的目的，一個社會必從事多種教育改革；這些教育改革的直接目的，除了促進經濟發展外，也能間接造成社會變遷。分析教育的性質，瞭解社會變遷與教育的關係，並運用社會計畫的方法，在社會變遷過程中，促成社會進步，正是教育的重要功能。

隨著社會的發展教育愈益重要，在重視教育的未來導向上，涉及六項因素，即：學生、教師、教材、學校、家長、制度。教育學者林清江教授強調，要使學生都有追求創新知識的意願和能力，並且都能運用創新的方法以建立新的價值觀念。教師是學生知識啟發者，應追求觀念的創新，注意教材的更新，並求配合實際的需要。學校應重視未來導向，培養具備現代思維、人文素養及社會關懷兼備的校風。家長宜重視教育的未來導向，隨同教育理念一起成長。教育制度的安排要能夠符合未來導向的需要，以全面配合推動。

結語

當二十一世紀知識社會來臨時，隨著在物質生活逐漸富裕的同時，我國的社會型態明顯改變，社會問題層出不窮。傳統的倫理關係與道德意識式微，現代的倫理觀念與行為規範卻未有效建立，以致社會亂象頻生，犯罪問題嚴重。國民物質生活雖然富裕，精神生活卻顯貧乏；經濟生活雖然提升，人文精神卻漸失落。在經濟富裕的過程中，如何提振人文精神，實踐社會關懷，使物質生活與精神生活並重，經濟發展與人文關懷並行，是我國邁向開發國家所面臨的另一項重大挑戰。同時，在經濟富裕的過程中，如何加強生態保育、注重生活教育、重建社會倫理，以及推展生涯規劃，也是邁向開發國家的重要議題，有賴全人教育加以解決。

經濟發展難免側重「物質的改善」，人文關懷則強調「人文的開

展」。物質的改善有其極限，人文的開展則永無止境。在經濟富裕過程的同時，不僅要注重物質的改善，也要注重人文的關懷。人文關懷是一種對人類處境與發展前途的深層關心，是一種對理性開展與道德意識的普遍關注，也是一種對基本人權與學習機會的全面關懷。缺乏人文關懷，將使經濟富裕失去意義；注重人文關懷，將使生活品質更加提升。經濟生活富裕之後，人們必定尋求精神的充實與全人的發展。充實精神與發展全人的最佳途徑是學習。透過個人不斷地學習，可以持續獲得新知識、學習新技能、建立新觀念、激發新潛能，使全人得到圓滿的發展。經濟富裕過程的人文關懷，最基本的就是要提供國民均等的教育機會及全人發展的理想環境，來幫助每一個人開發其最大的潛能，實現其人生的理想。開發國家在經濟生活富裕之後，莫不致力於改善全民發展的人文環境。我們社會在邁向開發國家過程中的挑戰，不僅要繼續追求經濟生活的富裕，更應該重視全人發展的人文關懷。人文關懷的具體行動，應該表現在學習機會的充分提供，及個人學習責任的培養，而這些目的的達成實賴教育的發揮。

 第四章　　教育與人際互動

「古之學者必有師，師者，所以傳道、授業、解惑也。人非生而知之者，孰能無惑？惑而不從師，其為惑也，終不解矣。」——韓愈，《師說》

　　教育社會學在探究教育與人際互動時有許多觀點是根植於社會學的基礎，社會學是一門研究人們與社會之間相互關係的學問。更具體地說，社會學是一門研究人的社會生活及人類行為的社會關係的一門學問。社會學所研究的對象並不著重在個人，而是在個人與個人之間的互動，因為這種互動總是多多少少受到社會的影響與節制。人們在每一天的生活裡總會跟其他人發生來往，這些來往因為受到社會的影響與節制，總會有一套既定的程式，所以在社會學裡，這些來往就被稱為「社會互動」（social interactions），它是社會學研究的基本主題。總而言之，社會學是一門研究人與人之間在社會影響下互動的社會科學。社會學家相信瞭解分析人的互動，就必須瞭解互動者周遭的社會環境。

　　「個人」是組成社會的基本單元，「個人」也是社會關係的一個根本單位，沒有個人社會也就無法存在，同樣的個人也依存於社會，靠社會滿足人類的各種需求，個人與社會兩者是互相依賴和影響的。社會是由個人的聚集所構成的。在「社會與個人」關係中，不論是主張「社會唯名論」或「社會唯實論」，大概都能以下述兩個事實為前提來進行思考：第一，個人是客觀存在，個人是行動的主體；第二，我們所說的社會是客觀存在，它是由多數個人的相互行動而產生的。簡言之，個人參與社會是為能滿足下述需求：(1)維持個體的需求：與攝取食物及恢復疲勞有關的生物層次的需求；(2)維持種族的需求：性需求、與育兒有關的母性需求；(3)與他人關係的需求：依賴他人、與他人產生共鳴、希望得到他人的承認及尊重等與他人交往互動的需求；(4)文化價值的需求：想掌握學問、學習技術和技能、在事業上取得成功等，源自文化價值的目的而產生的各種需求。

　　人類，以及少數其他的動物，具有一個神奇的力量：他們可以使用

建構的符號（signs）來再現這個世界以及自己的經驗，乃至於任何事情。當人們對於一個符號的意思及再現的內容有了一定的共識，這些符號可以說是一種象徵（symbols）。你現在閱讀的字是一種符號（白紙上的黑色符號），而我們都同意這些字的意思是什麼，因此，每一個字都是象徵。這些字組成了句子、段落的章節。它們共同構成了一個有組織的象徵系統。象徵所組成的系統非常複雜。不過，人類的象徵系統雖然龐雜，卻不外乎以下幾種類型：(1)語言系統，方便人們進行溝通；(2)技術系統：關於如何操控環境的知識；(3)價值系統，傳達善惡是非的原則；(4)信仰系統：形成人們對於特定情境或領域中應該和實際存在什麼的認知；(5)規範系統：提供人們在情境中應有什麼行為的一般期待與特定要求；(6)知識庫存：提供一個潛在的資料庫，讓人們很自然地大致瞭解一個情境。當人類擁有這些象徵系統時，就會產生了文化！透過教育的影響，使人們瞭解符號的意義和文化的意涵。

總之，個人的行為──無論是單獨的或與他人聯合的行為──都無非為維持人格的完整，滿足人生的需要，或平衡人我的關係。人為達到這種目的，乃表現各種的活動，以求與社會環境取得相當的調適。

第一節　師生的人際互動

「互動」（interaction），根據社會學家孫本文的說法是指：「分子間互相交感的行為過程。」在社會生活中，個人與他人之間能夠產生關係，主要是因為互動所造成的。所以互動是個人與他人或團體發生關係的一種過程。至於「社會互動」，是指「人與人或團體與團體在行動間的交互影響」。辛邁爾（G. Simmel）更強調「社會互動為人類社會生活的基本要素，一切社會現象皆基於互動而產生。」由是可知古往今來，人類社會現象的內容雖然千變萬化，但是社會現象的形式，則僅僅是來自人與人之間的互動而已。

師生互動關係是指教師和學生在教育實踐中各自的地位、作用、價值及活動的連結方式和相互作用的基本特徵。師生之間的關係原來是人們探求教育的主要話題之一。唐代學者韓愈在《師說》中曾告誡世人，「無貴無賤，無長無少，道之所存，師之所存也……弟子不必不如師，師不必賢於弟子。聞道有先後，術業有專攻，如是而已。」闡明了擇師的基本原則和師生之間應確立的基本關係。無論是在歷史上還是在現代，師生互動是中外學者共同關注的問題。

　　教師和學生是教育實踐中兩個最基本的主體，依照互動的觀點來看，師生的交往活動，具有一致性，又有其特殊的豐富內涵。在教育互動的行為規範，從而建構出教育的特殊功能和意義。師生間的互動特徵反映出了人與人之間的基本關係，又制約著教育活動的方式。學校在師生互動上的特徵分為：(1)將受教育者培養成為社會所需要的人才的地方；(2)受教育者的未來生涯建構的場域；(3)教師發揮其專業價值的地方；(4)教師可以獲得勞動報酬的地方；(5)改變受教育者自我建構的地方；(6)改變受教育者家庭社會地位的場所。

　　教育是文化和思想的培育搖籃，創造嶄新的生涯是學校的使命。師生互動於教育實踐中形成自覺的思辨意識，從而能夠不斷地實現師生關係向理想境界提升。教育作為一種社會實踐活動，充分反映出人類在發展過程中的自身塑造和自主選擇的意向，這種意向是建立在人類自我關照的基礎上。其著眼點是既要滿足現實社會中的人的生存需求，又要有利於未來社會中的人的發展需要。實現人與人之間的互助作為的一個基本目標，另外是成人社會對年輕一代的培養和呵護，尤其是成為社會文明進程中的重要發展方向。揭示了人類的群體意識和自我關照。表明了人類社會的演進是文明的傳承、吸納和更新的過程，這成為師生關係的基礎。

　　在師生的互動中教育互動具有「符應原則」。持守批判理論的教育社會學者認為，教育制度以這種方式運作，並不是透過教育和行政人員在日常行動裡有意的企圖，而是透過控制工作場合中私人互動的社會關係與教育制度的社會關係之間的密切符應。行政人員與教師、教師與學

生，以及學生與其工作之間權威和控制的關係，尤其再製支配工作場合的階層分工。換句話說，它是透過教育制度的「形式」（form），而非透過社會化過程所發生的「內容」（content），它組成學校的潛在課程（hidden curriculum）。教育情境中的師生互動關係有四個主要的層面。首先，學生就好比工人，幾乎沒有力量；他們對課程的控制力是極小的，因此類似於工人對他們工作內容的情形。其次，教育就好比工作，被認為是達成某種目的的一種工具，而非它本身就是一種目的。兩者都不是內在滿足的，它們之所以被從事是：第一，為了「外在的」酬賞，取得資格和薪資；第二，為了避免不愉快的結果，教育失敗和失業；第三，工作上的分工，給予每一個人一個範圍狹隘的職務。被重複在知識的專門化、區分化以及學生之間的競爭行為上。最後，教育的不同「層次」，符應職業結構的不同的「層次」。在學校裡所強調的是「做你被教導的」，亦即學生被期望依照學校的規定行事，這使得學校成員彼此的互動產生了再製的效果。

第二節　學校成員的角色

「角色」一詞是社會學家自羅馬的戲劇中借用的，原意是一種面具，羅馬演員帶著面具演戲，用以彰顯該角色的行為。當演員表現某一戲劇的性格時，其表演是由劇本、導演、觀眾反應、演員本身所決定；因此，無論演員是誰，只要有相同的角色，就會有相似的表演。是以，角色蘊涵人們期待的行為模式。

角色的概念，首先在二十世紀二〇年代，由美國著名的社會學家米德所提出。他認為：社會角色是由人們的社會職務所決定，為社會所期望的行為模式。這個概念中包括了五個涵義：(1)社會角色是一個人參與社會互動時的一套行為模式，每一種社會行為都有一定的社會規範，社會角色便是依據該規範所體現的行為方式；(2)社會角色反映出個體在群

體生活和社會關係體系中所處的位置；(3)社會角色深受行為者的社會地位和社會期待所影響；(4)社會角色的行使必須符合社會的期望，而且應依照社會所範定的行為標準、責任和義務等去行動；(5)任何一項社會行為，不僅反映出社會角色所表現的社會地位及身分，而且體現出行為者個體心理、行為與群體心理、行為及社會規範之間的關係。

根據米德的觀點，其認為角色的形成並非是與生俱來的，而是經由社會互動、教育學習，乃至社會化過程產生的；人自出生後的角色學習是經歷三個過程：第一階段為「從模仿到認知的過程」：兒童最初的角色學習是玩耍中的角色扮演，經由模仿學習，兒童開始逐漸瞭解到社會中各角色，並由模仿過度到認知。第二階段為「從自發到自覺的過程」：個人的部分角色為與生俱來，如性別角色，人在不知不覺中開始承擔這些角色。隨著年齡的增加，人們在社會及教育的影響下，開始自覺的學習並非是與生俱來的角色。第三階段為「從整體到部分的過程」：社會角色最初都是以一個完整的形象出現在人們面前。個體對角色的認知最初也是整體的輪廓，隨著學習的深入，個體開始學習角色各個部分的具體規範、權利、義務、知識和技能等。在此基礎上，個體才能把習得的各部分內容有機會結合起來，完成角色學習的任務。

在社會學的理論中，結構功能理論及符號互動理論皆對角色的概念加以說明，但彼此觀點卻有所差別：

結構功能理論對角色的概念，是置於整個社會系統中加以說明。認為角色是社會結構的構成單位，是根據社會全體的需要分配給個人的，使自己的行動適應社會要求與規範指導。因此，角色與角色之間具有高度的互補性；同時角色就是個人在社會結構中行動的過程。相較於結構功能理論由整體觀點詮釋社會角色，符號互動理論對角色的概念，是置於個人層次上加以說明，認為角色是人們在相互行動過程中逐漸形成的。在互動過程中，他人的態度喚起了自我內部與之相呼應的態度。為期達到彼此互動的協調性，自我會產生必要的行為控制。經由反覆的協調與評價，他人態度便逐漸內化於自我的意識當中，而形成「客我」（me）的現象。米德強調將這種導致取得他人交流互動的媒介，稱為

「有意義的符號」。有意義的符號能喚起雙方的共同反應，達到互動的目的。

　　角色的產生既然與社會互動關係密切，則個體在現實生活中所扮演的角色，為能符合社會對該角色的要求，以達到角色適應，取決於下列因素：第一，「角色期望」，個人對社會或他人對自己所承擔角色應表現出來的某些行為模式具有清楚的認知；第二，「角色的清晰度」，個人對自己所承擔的角色及職責有明確的瞭解，並有準確的角色知覺；第三，「角色技能」，個人對順利完成角色扮演，具有足夠的智慧、經驗、能力。倘若，個人無法順利完成社會角色的運作，則極易造成角色衝突，或角色緊張等現象，以致影響個人的社會適應。

　　由於社會角色是社會成員對社會地位占有者所期望的一系列行為模式，這種期望自然受到社會的變動而有所改變，因此社會角色並非固著於一定的型態，而是一種動態的行為表現，就其所具備的特徵包括：

　　第一，社會角色不可能脫離社會而單獨存在：角色並不是單獨存在的，而是與其他角色產生互補關係，是屬於社會結構的一個環節，與其他角色產生互賴關係，才能順利履行其功能。例如，一個人被視為具有父母親角色是因為其子女的出現。同樣的教師的角色，也是建立在與學生的事實基礎上而確立的。

　　第二，社會角色蘊涵著社會的期望，在踐履的過程則須經由學習而得：社會角色形構了個人與社會結構間的關係。這其中不僅包括社會要求的行為準則，也涵蓋行為的方式，甚至包括理想人格的期望。例如，一位醫生在宣示就職時，便有理想角色——史懷哲——的呈現以促其踐履。而作為教師則常被期待如孔夫子的「有教無類」、「行為世範」和「萬世師表」。

　　第三，社會角色具有社群所賦予的權利，也擔負著社會期待的義務：社會角色的效力，涉及扮演者所具備的合法權利與應履行的義務。例如，醫生可要求病患為應檢查之需要而裸露身體部位。至於父母親則有被要求撫養其子女的義務。而教師則可以評量學生各項學習成績。

　　第四，當處於快速的社會變遷時容易造成角色偏差：角色偏差是指

個人在扮演某種角色時，偏離了社會所期望的情形。此種偏差情況較易形成於快速的社會變遷之中，由於角色規範、行為價值的疏離和迷亂而產生。

第五，社會角色的履行隨社會規範的變化而轉變：社會角色具有規範的性質，角色規範是指群體中的每一角色都必須遵守的行為準繩。這是在長期的社會生活中薰陶、學習而內化於個人，並在個人社會實踐活動中表現出來。角色規範反映著社會規範的特質，其形式是內潛的，其作用卻是外顯的。社會規範如同演員的腳本，對行為者具有規約的作用，至於其形式：有的是以書面形式或法律條文規定下來的成文的行為準則；另有的則是不成文的規定俗成的行為準則。個人只有把握了一定的角色規範，才能成為被認同的社會成員。然而，由於法律、風俗皆可能變遷，因此角色規範也會改變，造成異於傳統社會的現象。

第六，當一個人同時擁有多個角色時極容易產生引發角色衝突：角色衝突是指一個個體同時處於多個角色，並要進行相互矛盾的角色扮演時，其引發角色與角色之間的矛盾衝突現象。易言之，一個角色的行為方式妨礙了另一個角色的履行義務，便容易產生角色衝突。由於現代人的社會網絡較為複雜，所具備的角色並非僅止於一端，因此在多重角色的扮演上，便會發生角色協調不一致的情形。例如，一位教師要求處罰違規的學生，該違規者竟是自己的親人，便會發生角色衝突的窘境。

對部分人而言，雖然角色可能帶來一些規範和約束，但其為一種形式的生活。對社會而言，角色是社會分工的一種方式，也是群體生活不可或缺的。

✳ 教師的角色

在整個教育過程中，最影響教育成效者為教師本人。而教師的工作態度及行為表現，受其所處社會地位及所扮演社會角色的影響。教師處於社會總體與兒童個體之間，協調社會規範及兒童需要之間的關係。現代的教師已不完全為社會道德權威的代表者，而應是成人及兒童兩種次

級文化的協調者，一方面傳遞社會文化規範，一方面瞭解學生的實際需要。同時由於社會性質的改變。教師在教室、學校、職業團體、社區及整體社會文化環境中，都有其被期待的社會角色。教師本人及社會公眾對於這種新角色的期望不盡相同，這種差異對於教師的行為表現，有其重要之影響。教師的社會地位，為其職業聲望、教育背景、收入、態度等因素所決定，而此種社會地位又影響教師的價值觀念及行為表現。換言之，教師的地位不僅影響教師的人格特徵，還影響教育的成效。教育社會學者哈格里夫（David Hargreaves）強調：學生被要求到學校，教師有權決定並將自己對該情境的定義加在學生身上。明顯地，教師是以其認為適當的方式來界定情境，而且對該情境的定義必須符合對教室角色的概念。

✳ 學生的角色

艾坡（Michael Apple）在《教育與權力》（1982）一書中強調自教育與經濟之間的關係，以探求學生角色時，並非只是持著一種單純、機械論的觀點。主張工業需要溫順的功能，學校就生產這樣的人。特別地，基層的學生獲得一種潛在課程，這種課程教導他們以便適應並接受他們在經濟脈絡中的基層地位。另外，學校並不是一個只單純被要求以「無情地塑造學生成為被動的人，使他們能夠且熱切地適應一個不公平的社會」的機構，潛在課程也並不是直接被吸收，相反地，學生擁有一種包含某些價值與規範的文化，這些價值規範與整體社會中支配文化的價值規範並不一致。這不僅使他們得以看穿既得利益意識形態的外表，同時直接表達其基層不公平的觀點；它也提供給學生一種挑戰其學校控制的機制。因此，在勞工階級學校裡，學生對於正式的與潛在的課程，充其量也只有部分的接受，而且經常是公開地拒絕。學生不只是學校正企圖傳遞的意識形態的「承受者」（bearers）；相反地，因為文化是一個「有機的」過程，學生「經常創造性地行動以反對瀰漫在學校裡的這些被期望的規範和氣質」。

✳ 行政人員的角色

學校行政人員依法所賦予之職權來處理學校行政事務。其所扮演角色如下：

1. 計畫者角色：學校事務的推動，需要有單位和人員做適當的計畫，以作為將來執行的依據。否則，學校將很難有一個明確的目標來指引校務運作的方向。這份計畫的工作就落在行政人員的身上。

2. 執行者角色：學校業務的推動，除了計畫是不夠的，還必須付諸實際的行動。所以，行政人員需要擔負執行的責任。從教務、訓導、總務到輔導等各項事務，都是校務工作的一部分，執行有績效，大家視為理所當然；萬一出了差錯或不盡人意，批評接踵而至，是故行政人員可謂承受了相當重的負荷。

3. 管理者角色：學校事務千頭萬緒，要使各種工作都能夠上軌道以及有效率，採取適當的管理是必要的措施。有了良好的管理，學校運作才會井然有序，不至於一團混亂。是故，學校行政人員也必須扮演管理者的角色。

4. 評鑑者角色：學校行政人員除了計畫、執行之外，考核和評鑑也是很重要的工作。學校校務運作績效優劣與否事關學生的學習品質；而要瞭解學校各方面之工作表現，績效評估是相當重要的一環，這也是學校行政人員必須擔負的職責之一。

5. 改進者角色：「持續改進，追求卓越」是行政人員努力的目標。評鑑不僅可以瞭解成效，亦可鑑別缺失，作為改進之依據。任何行政工作的改進，必須反求諸己，才是正確之途。就整個學校運作而言，行政人員扮演著改進者的角色，是高度競爭環境下必然的趨勢。

第三節　教育團體的角色

　　個人與團體關係密切，團體是個人與社會的中介組織。就社會唯實論者強調，團體是一個實體，其蘊涵的團體意識、團體文化、團體規範等，深切影響個人；同時個人是經由團體納入整個社會系統，由此可見團體對個人的影響性與重要性。

　　綜合社會學的觀點，所謂團體：「乃是二個或二個以上的人，他們彼此交互影響以便每一個人能影響他人或受他人影響。」所以社會團體是人們經由一定的社會關係結合起來進行共同活動的集體，是人們社會生活中的具體單位。團體生活是人類生活的基本單元。荀子說：「人之生，不能無群」，古人已經認識到群居是基本的社會現象。人類之所以要群居，有三個方面的原因：第一，生產上的需要：人類的物質生產活動是社會性的活動，個人不能孤立地進行生產。無論是原始社會，還是文明社會的生產，人們都必須聯合他人共同勞動，並交換勞動及其產品；第二，安全上的需要：人類結群生活，是為了共同預防和抗拒自然界、其他社會團體和野獸的侵犯。現代社會人們的安全除了身體安全之外，還包括心理上和事業上的安全；第三，精神上的需要：「人非草木，孰能無情」。人的精神生活，包括信仰、情操、態度、價值、觀念等，離開人的群體生活，非但不能發生，而且沒有表達和交流的對象。

　　社會的群體不是簡單的個人集合體。人類的群體，是人們依據社會關係結合起來形成的。短暫的邂逅，即令彼此有了很好的印象，如果不能繼續交往下去，也無法形成社會關係。由此可知，社會群體不是一個簡單個人集合體。電影院裡的觀眾、街頭巷尾因某些突發事件或交通阻塞偶然聚集起來的人群，火車、汽車中坐在一起的乘客，都不能算是一個社會團體。按照社會現象分類的人群，如老年、青年、兒童、男人、女人等，也都不能視為一個團體。

　　依據社會學家唐納（Turner）的觀點，社會團體應有下列幾點特

徵：

　　第一，團體是一個由少數成員組成的社會單位，由少部分的職位所組成。例如，人數約數十人的班級，是個較大的團體，但所組成的職位卻只有教師及學生。家庭通常是個很小的團體，其成員大多數在五、六人左右，而組成的職位也很少，通常只有父母及子女。

　　第二，團體的職位都有一定的規範。例如，學校中的學生社團有不同的角色也有不同的規範，以指導不同分子的行為；甚至於最親密的友誼團體也存在著對彼此行為的期望。

　　第三，團體的職位與規範具有互動的性質，而且從彼此的關係中獲得行為的意義。例如，教師的職位是因為學生的存在才有意義，而其行為自然受到學生的期待而有所影響。

　　第四，團體以社會控制作為規範的手段，以確保每個分子對於規範的順從。社會控制是經由正式或非正式的制裁來執行，這種制裁方式可能是言詞與行為，或是特有的符號。

　　第五，團體會呈現出變遷的情況。團體會因為組織成員的異動或需求的差異，乃至於環境因素而產生變化。

　　綜觀上述，可見團體絕對不同於無組織、無秩序、無規範的人群集合，它是有組織、有秩序、彼此互相依存、有歸屬感與認同感，並且持續地互動的二人以上的結合體。

　　學校在團體的形式上，是界於正式與非正式團體之間，成為銜接家庭和社會之間的群體，有其特殊的功能，就其內涵則可分為下列幾種類型：

✳ 教師會的團體特質

　　依「教師法」之規定，教師會扮演職業團體的角色，依該法規定：「各級教師組織之基本任務如下：(1)維護教師專業尊嚴與專業自主權；(2)與各級機關協議聘約及聘約準則；(3)研究並協助解決各項教育問題；(4)監督離職給付儲金機構之管理、營運、給付等事宜；(5)派出代

表參與教師聘任、申訴及其他與教師有關之法定組織；(6)制定教師自律公約。」究此，教師會之角色可以歸納如下：

1. 維護者角色：維護會員基本權益，是任何一個職業團體基本的職責之一。是故，會員們遭受不平等待遇或遭受冤屈時，教師會有責任出面向學校或有關單位交涉，以維護會員權益。教師會能夠做好此項角色，才易爭取會員們的支持。

2. 協議者角色：教師聘約及其準則影響教師工作甚鉅，透過個人力量與學校或行政機關交涉是相當微弱的，只有藉由團體力量出面協商，才會有所效果；這在英、美、日、加拿大等國是相當常見之事。所以教師會有義務代表會員與學校協議聘約等各事項。

3. 協助者角色：協助校務正常運作，幫助學校解決教育問題，亦為教師會所要扮演的角色之一。學校發生任何問題，這些問題多多少少會影響到學生學習，教師會實不宜置身度外，應該盡力協助學校行政解決問題。

4. 研究者角色：教師會如果過分爭取自身權益而忽略了研究進修的功能，可能易於遭受社會各界非議。所以，教師會應該扮演一個更積極的角色，從事各種教育問題研究，以及推動教師進修與研習工作，藉以增長教師專業知能。

5. 參與者角色：教師會為教師們所組成的團體，學校行政運作宜聽取教師們的想法和心聲，作為推動校務之參考。教師們依法可以派出代表參與學校聘任等有關的法定組織，參與校務的運作，這是法定的職權。

6. 自律者角色：教師會不能只為了爭取權益，而忽略了學生學習的權利。不管是提升教師專業地位或維護教師權益，都需要有一個適度的規範，以不損及學生學習權為前提，因此本身宜訂定自律公約，以規範會員之行為。

✳ 家長會的團體特質

家長會在學校所扮演的角色可歸納如下：

1. 協助者角色：家長具有協助學校推展各項教育活動及親職教育等各項工作之任務。由於，孩子在學校學習不只是學校的責任；家長也有責任協助學校提供孩子一個良好的學習環境，讓孩子們能夠享受高品質的教育。所以，家長會實有必要扮演協助者的角色，協助學校辦理教育。

2. 參與者角色：學校教育影響學生學習甚鉅，家長關心其孩子學習的園地是必然的，所以，家長或家長會能夠撥冗參與校務運作，提供各種建言，應該是要加以鼓勵，校務才會更進步。當然，參與並不代表干預或監督，而是看法、意見的分享；所以在參與過程中，家長或家長會切莫堅持己見，處處要求學校行政聽命於事，否則有違參與的精神。

3. 支援者角色：學校活動只靠學校行政人員和教師們來推動，效果仍是有限。有時候需要家長或家長會配合或支援，才能達到活動的效果。尤其現在家長會有很多的義工，對於校務推動助益甚大，實為學校最好的人力資源庫，不管在導護、整理圖書或協助教學等各方面，都是很好的資源。

綜上所述，在現行法令規定之下，學校行政可定位在決策性質；教師會和家長會則屬於諮詢性質；彼此之間相輔相成，學校行政人員在決策時宜具備民主的胸襟，廣納雅言，以及運用團體合作方式，分工協調相互整合，以使校務運作更為周延。

教育團體於參與教育政策訂定時，由於意見備受重視，故而，許多有志的教育同仁將會加入或組成教育團體。同時，由於教育團體的不斷發展、不斷增多，觀點不同、立場不同，將是常態，所以多元化的聲音和意見，將會是常事。一個教育團體影響教育決策的成敗，主要在於兩

方面的因素：第一，專業力量：該團體成員有沒有足夠的專業知識和能力，對政府政策作出精細的專業分析和評論；第二，群眾力量：該團體成員的數量及能量，包括有沒有團結一致，儘量發揮他們的聲望、地位、職權等的綜合力量。一般而言，政府愈來愈開放、愈尊重成員意見、愈容易採納民意，教育團體如何在這教育互動模式中，發揮更大作用，引導教育政策，不斷作良性發展，與專業力量和群眾力量，同等重要。在民主社會中面對教育團體的參與，應持守：第一，肯定教育團體的確會對教育政策的釐訂存在影響；第二，肯定教育團體可以透過很多種行動模式，發揮其影響力；第三，肯定教育團體的行動的確具有效能，使政府的教育政策有所變動。相對的，對教育團體宜朝向下列方向努力：第一，對教育團體方面，必須大力加強專業的能力，從理論的學習、資訊的吸收、政策的分析、發表的評論，能夠舉出具體建議。沒有成文的方案，很難促使政府放棄原來的政策，而肯改弦易轍；第二，教育團體也要加強其對所屬成員的力量，對會員的質和量都應定下目標，不斷發展，才是以發揮教育團體的功能。

✳ 班級的團體特質

班級教學為現代最具代表性的一種教育型態。一個班級通常是由幾位教師和一群學生共同組成，經由師生交互影響的過程實現某些功能，以達到教學的目標。本節從教育社會學觀點，將班級視為一種社會體系（a social system），除了闡明班級社會體系的意義，並分析師生教學活動的社會學基礎。

蓋哲爾等人曾根據派深思的理論分析「班級」社會體系，影響班級目標行為的，包括「制度」與「個人」兩方面的因素。前者屬於團體規範面（nomothetic dimension），又受文化因素影響。後者則為個人情意面（idiographic dimension），受生理因素影響。個人有人格上的需要，團體中則以「角色扮演」及「角色期望」（role-expectation）來表現行為。人格係從個別需要著眼，角色則牽涉到人我之關係，同時包含

他人所期望於個人表現的行為模式。要言之，社會體系可說是探討人類社會行為的一個概念的架構（a conceptual framework），它可用以分析各種社會團體的結構與過程，當然也可以用來探討「班級」這一團體的功能及其主要角色組合——師生關係，其具有初級團體和次級團體的特質，介於正式團體與非正式團體之間。所謂初級群體，是指成員間有面對面的交往與合作的群體。初級團體最主要的是形成個人的社會性和理想性的作用。經由成員彼此間密切互動的結果就是一個共同體中各種個性的整合，因此，一個人其人格的形成有很大程度上是來自初級群體的薰陶。就其特質歸納如下：(1)人數少；(2)經常不斷的面對面互動；(3)頗為持久；(4)關係親密，互相關懷，並以情感的結合；(5)重複的關係；(6)非工作取向的關係。次級群體是指比較大的、人類眾多的，和缺少私人接觸的人類結合，如國家、都市、政黨、教會、工會，以及其他各種專門職業或學術團體的組織。在這種團體裡分子的互動不靠面對面的接觸，而是藉傳達工具為媒介，他們彼此之間也許永無一面之緣。就其特質，可歸納如下：(1)人數多，規模大；(2)有限的、非私人性的面對面互動；(3)非持久性的；(4)關係弱淡，非情緒、正式、特殊化的，即成員相互協助以達到特定目的的結合；(5)有限的關係；(6)工作取向的關係。

　　師生在班級社會體系中，各有職分，彼此有所期望；期望和諧一致，師生關係良好；否則會產生角色衝突的現象。教師為成人社會的代表者，他是班級中具有制度化權威的人物，通常由他訂定班級活動的規則（當然，有時由師生共同訂定），然後要求學生遵守。教師的一舉一定、一言一行，均須有學生的適當反應來配合，如此才構成班級社會體系的要件。歐瑟（Oeser）曾指出師生社會體系的四項基礎：

1. 教師對於學生有某些行為方面的期望，例如，希望學生遵守校規，認真向學。
2. 學生對教師亦有某些行為方面的期望，例如，希望教師和藹可親，耐心指導。

3.教師對適當的教師行為有積極的看法,例如,將教職當成是志業,而非是一種「五日京兆」的職業。

4.學生對適當的學生行為有積極的認同,例如,能夠心悅誠服地接受專業及人格的陶養。

如果這四項要件都能互相配合而無矛盾之處,那麼班級活動中的學習情緒與動機即可維持。師生必須在和諧愉快的氣氛下,努力於有效教學活動。但是,由於師生人格與需要的不同,班級社會體系中的師生關係,事實上是經過不斷的調適,然後才逐漸產生一些穩定的狀態。在班級活動中,師生不斷地互相試探彼此人格與行為的彈性;彼此之間的調適在所難免,但這種試探性的互動卻能產生積極的功能,逐漸減除團體中的緊張氣氛至最低程度。當師生之互動關係建立後,他們深切瞭解彼此在班級活動中的期望並產生共識,進而共同努力以達成教育目標的實踐。

結語

社會創造個人,個人也在創造社會。社會中的個人並不完全消極被動的,每個人都在發揮自己的能力去改造社會。沒有個人的主動和積極的參與,社會就不能進步。在一定的條件下,個人對事物的發展發生決定性的作用,事在人為。個人的參與行為愈是得到充分的發揮,社會進步也就愈快。這也正是社會學中常說的「人人為我,我為人人。」

面對今日社會且盱衡整體社群長遠發展,教育必然扮演組織永續經營的關鍵角色,為期能夠建置良好的教育互動以發揮其功能,學者林清江教授強調強化現代學校倫理的建立,從價值觀、學校制度及學校環境三方面著手:

首先,在價值觀方面,有三項觀念亟待建立:第一,建立教師專業

領導態度：教師應以專業的精神與方法領導學生，而不是像父母帶領子女般的領導方式；第二，學校應協助家長建立正確的教育觀念：家長對學生影響力大過學校教育的影響力，教師應讓家長瞭解，使其給予子女良好的言教身教；第三，所有教育工作者，都應重視且導正學生文化發展的方向。以上三種價值觀念，可說是建立現代學校倫理的建設工作。

其次，在學校制度方面，應致力於建設以下三種制度：(1)培養優秀人才的教學制度：由於學生偏差行為愈來愈多，許多學校紛紛調整制度（減少退學的處分、推動輔導措施等），以期照顧更多行為偏差，或有犯罪傾向的學生。這方面的努力固然重要，但是還有一份彼此更重要的工作，應該加以重視──即是培養大多數優秀的人才。在整個學生群體當中，好學生占了多數，學校不可為了照顧少數行為偏差的學生，而忽略的優秀人才的培養。學校的教學制度，也應該是以絕大多數好學生為主體，讓好學生去影響行為偏差的學生，而不是把重點放在行為偏差的學生；(2)建立發揚人性光輝的輔導制度：儘管價值觀愈離愈遠，但教師對他們的輔導，仍應以激發其人性光輝為主旨，對於犯罪行為的學生，對其懲處應交由警政單位負責，學校配合予以制裁，並永遠站在愛護、培植的立場，去導正學生的行為；(3)建立全盤支援教育措施的學校行政制度：教育措施惟有在學校行政的全力支援下，才能順利且徹底的推行。學校既屬一個組織，組織的優劣端賴其中的成員能否本著專業投入的態度，以產生必要的貢獻，達成組織目標。是以，學校行政人員宜本著專業導向及敬業參與，以增進學校辦學理念。

最後，在學校環境方面，一個社會之所以能夠持續的發展，除了有賴經濟、技術、自然資源等物質條件之外，尚需重視社會及心理的精神因素，瞭解自己所處的位置所應扮演的角色，同時也瞭解別人所處的位置中所要承擔的職責，如此可以提高個人對於新環境的適應能力，豐富生活內涵；並且增進社會的和諧運作。尤其現代社會的分工愈加細密，人際之間的依存度愈來愈高，各種組織規模逐漸擴大，為求組織之有效運作，必須要求成員遵守一定的規範，於此容易使組織中的成員產生一體感。為使組織活動有效率，積極發揮功能，教育機構必須滿足社會成

員的需求。教育社會學所強調的是提供增進合於人性需求的措施，增進組織成員的思想、感情、心理的層面需求受到合理的重視等，以促使良好教育場域的人際互動。

第五章 教育與社會化

「學校庠序之制善，而後智仁勇之民興，智仁勇之民興，而有以爲群力群策之資，而後其國乃一富而不可貧，一強而不可弱。」——嚴復，《天演論》

社會是各種人際關係的總和，亦是人們互動交往的產物。社會的存在和發展，決定於人們所處的社會環境及謀生的方式，此種謀生的方式深受社會化的影響。人的社會化，就是指一個人從自然人成爲社會人，發展自己的社會性。要成爲一個符合於社會要求的社會成員，就必須學習和掌握所屬社會長久積累起來的文化知識、技能，並且按照社會規定的規範行事。因此社會化對於個人及社會的影響既深且遠。

社會化是個人接受文化的規範，以形成獨特自我的過程。這種社會化過程是終生的：從嬰幼時期到老年時期，持續不絕。個人在其社會化的不同階段，有其不同的行爲特徵。人是群性的動物，離不開社會生活。人類雖爲萬物之靈，天生具有異於其他動物的潛能；但是，一個嬰兒降臨人間，卻茫然無知，其一切需要與反應幾乎與動物一般無異。必須要經過母愛的滋潤與薰陶，才逐漸認識自我與環境的區別。及至年齡漸長，接觸範圍由家人而擴及親戚、同儕、同學、老師，甚至社會上廣大人群。一切行爲、思想，與態度均隨時受到社會環境的制約，因而學習到許多社會上的事物，其中具有重要意義與價值者，就構成其人格的一部分。這種由社會影響個人，而個人吸收社會文化價值的過程，稱爲社會化（socialization）。個人社會化是終生不斷、持續不絕的歷程。個人由獲得社會上的各種生活知識、專業技能、行爲習慣與價值觀念；一方面形成其獨特自我，一方面履行其社會角色，以圓滿參與社會生活，克盡社會一分子之職責。在愈爲現代化的社群，愈依賴教育以提供社會化的實施，不僅個人的社會人格薰陶深受教育的影響，個人的社會技能也來自教育的指導，整體的教育年數也更爲長遠和深入，是以，教育社會學家涂爾幹特別強調教育與社會化二者的關聯性。

第一節　社會化的意義與性質

社會化的意義與性質分述如下：

✳ 社會化的意義

「社會化」對於個人具有特別的意義，因「社會化即是學習社會與文化的信仰、價值、規範與社會角色的過程。」為個人將其團體規範內在化的過程，經由這個過程乃有自我的出現，以區別個人的獨特性。其是一種過程，個人由此成為其所屬社群的一分子，即是他的一舉一動符合於該社會的民俗民德。社會化過程是社會代代傳遞、文化永存的基礎，個人透過社會化始具有人之心性、人格。因社會化企圖使個人與社會統整合一，文化的觀念情操也與個人的需要和能力合而為一。所以社會學家認為：「社會化是將『生物的我』轉變為『社會的我』的一個過程。」歸納而言，社會化即「個人學習社會規範與期待的過程。就是一個人學習或受社會影響而成為一個社會所能接受的成員的歷程。」

✳ 社會化的性質

綜上所述的定義，吾人可以歸納，社會化包括下列的性質：

■ 由「生物個體」培育成為「社會個人」

人因具有人格，所以能順利地與他人互動並參與社會。人格的形塑與團體生活有密切關係。諸如：人雖有飲食的需求，但是食物的選擇、烹調、用餐的方式等，隨著不同族群便有所差別，這當中便受社會化的影響。

■ 制約個體行為和發展個人

社會化一方面訓練個人的行為，使其成為社會中的成員，另一方面

則藉由文化的傳遞，使個體獲得社會技能，發展社會人格，使個人進入有組織的社會生活。

■ 受個人主觀吸納及客觀環境影響

當我們與別人互動時，便受到其他成員提供資訊的影響，這些資訊是否會納入我們生活的部分，須視當事人的接納而定，如果將諸併入自己的生活，便使得社會化得以完成。同時社會對個人傳遞文化、態度、價值、行爲規範或生活方式等，也運用酬賞原則加以制約，使個人爲求團體的接納與認同，將遷就社會的規範。然而隨著個體所建構的自我期待，由他律轉爲自律，對於長期社會化的內涵，亦產生個體的選擇。

■ 認同而達成與成員一致的生活方式

就個人而言，社會化是社會對個人傳授其文化或生活模式與團體價值的過程，也是將生物個體模塑成爲一個社會分子的過程。就社群而言，若無社會化，社會就不能永續，文化也不能存在，個人更不能成爲有人性、有人格的人。因此，社會化所形成的教化作爲，實在是人格發展與社會存續的基本過程。

第二節　社會化與教育的關係

亞里斯多德曾說：「能不在社會裡生存的人，不是禽獸就是神明。」人不能離群所居。社會學研究者證明人是依賴團體、社群而生活，進而驗證社會化對團體的重要性及其功能。經由人類自羅馬時代起到現代曾發現的三十多個「野人」，似乎更令人們相信亞里斯多德所言爲眞。我們可以更加清楚瞭解「社會化」對個體的重要性，因爲其建構了人們的人性以適從社會而生活。就如同社會學家顧里所言：「人性，是指人類具有優於低等動物的那些情緒和衝動，並且使其屬於全體人類，而不專

屬任何一個特殊種族或特定時段。它特別是指同情心與含有同情心的許多情緒，以及社會的是非感覺。」

社會化的目的是設法使生物的個體，能順利納入社會而群體生活。是以，社會化不僅對個人的生存和發展是必不可少的，而且對社會的生存和運作也有其貢獻。社會化的目的，茲綜合社會學者的看法，大致上可分為下列數端：

1. 灌輸社會規範：社會化是傳遞社會文化的過程，而個人要成功地扮演社會的角色，就必須接受社會規範和行為模式。
2. 訓練社會角色：社會化就是訓練每一個人，並充分發揮個人潛能，使其成功扮演社會角色。
3. 教導個人技能：個人透過社會化學習社會生活的方式與技能。
4. 引發個人抱負：社會化提供成功的典範以引發其抱負實現個人理想。
5. 培育社會品格：隨著個體深受社會影響，自然可以塑造完成其人格而具備社會品格。

社會化的功能乃在形塑「眞實的我」以調適個體的生物特性，俾便納入社會生活。為了達到此項功能，社會化幫助個體由「本我」（id）、「超我」（super ego）走向「自我」（ego）；換言之，社會化是將「生物的我」及「理想的我」，轉為「社會的我」及「實在的我」。

社會化是個人改變成適合組織生活與文化傳統的過程；另一方面，它是動物界有機組織變成為人類，並獲得自我的過程。因此，社會化代表兩個互補的過程：社會及文化的轉移與人格的發展。社會化是人類社會的建立與存在的重要力量，其維繫的基礎是因為：

1. 本能的缺乏：人類像所有的有機組織一樣，具有許多本能的內在心理的反射動作，例如，嬰兒吸吮、眨眼或流汗。如果人類僅具有本能的生物行為模式，人類的學習能力將會被限制住，而不能

接受社會化。人類所具有生物的內驅力，如飢餓或性慾，是一種有機體的緊張狀態，它會造成不舒服或衝動，內驅力如果沒有學習過程的引導，就只能產生不安與尋求的行為。

2. 生物的依賴：一個新生兒的生存完全要依靠他人，因為，他缺乏本能與自動的行為方式，以確保自身的安全、生存及與他人合作。兒童在新環境裡需要依賴他人，來滿足他的基本需要。如果兒童要生存，母親或其他代替母職的成年人，必須經由餵食、保護及不斷照顧。

3. 發展的需要：人類的接觸不僅是物質的滿足，社會及心靈的安寧與發展也是必須的條件。當嬰兒成長時，他的內在傾向及社會經驗都會影響其人格的發展。如果沒有人類社會的接觸所提供的社會經驗，對個人的人格發展會有嚴重的損傷，甚至無法參與社會的工作，因為，他是缺乏社會化的個體。

4. 自我的獲得：個人是經由社會化而獲得社會自我（個人身分或社會角色及其他特徵），當一個嬰兒被社會化後，他就從一個生物有機體轉變為一個社會人。換句話說，人格與自我的發展是源於個人的成長、互動，並從他人那裡學習文化的規範、價值、態度及信仰而形成的。

5. 文化的轉移：社會化之所以重要，係因它是人類文化從一代傳遞給下一代的過程，也是新生成員適應社會的過程。社會化涉及若干社會角色及生活技術的學習，而使人能執行工作，取得需要的滿足。除非文化的組成要素，如知識、技術、角色等，能傳授給他們，否則新生分子是無法順應物質生活或社會環境的。

在傳統社會中，人類生活方式簡單，沒有設置學校的必要。社會化與教育融為一體，根本沒有區別。當時學校尚不存在，個人在日常生活社會生活中瞭解社會期望，建立社會價值觀念，並形成行為模式。一個人依從父母、長輩、朋友、鄰里組成分子等，瞭解民俗，然後遵從民俗。除此之外，在年齡愈長時，也遵從民德（mores）。這種學習既不在

固定的教育機構中實施，也沒有預先的計畫，遑論愼選的學習內容。所以在傳統原始的社會中，並無現代意義的教育活動；所有的僅是「非正式的教育過程」此種非正式的教育過程，事實上就是社會化的過程。當時兒童與青年都藉由日常生活中，獲得生活知能、培養規範，並形成道德與價值觀念，以參與社群生活。個人的父母、長輩就是教導的師長，自然環境與社會環境就是教育場所，既無預定的教育方式，亦無固定的學習內容。這種取代正式的教育過程，事實上就是社會化。隨著時代的演進，社會生活日趨複雜。人類在生活上所必須的職業知能與道德觀念，已經無法在一般社會化過程中習得，於是人們經由設置學校教育機構，有計畫來教育下一代，正式教育制度於焉產生。隨著社會變遷專業分工益爲細膩，於是有學校的設立，使得社會化與教育二者之間因此有所區別，學校是教育制度中的主要機構，它的設置係基於社會組成分子的共同需要。社會日益複雜之後，爲人處世所需的價值觀念，以及工作謀生所需的職業知能，已經無法在一般社會化過程中習得。爲了適應這種需要，人們開始設置學校。學校設置之後，更須樹立辦學的方針，建立合適的教育觀念，並確定及陸續改進施教的方法。任何一種社會制度的存在，均須符合三種條件：社會的共同需要；明確的價值觀念；及一系列滿足共同需要的行爲方式。

隨諸現代教育制度日益龐大，並具有獨特的功能，於是正式教育的意義與社會化過程乃有明顯的差別。「社會化指的是個人從家庭、同儕團體，及其他社會團體，接受文化規範，內化至個人心靈中，形成人格特徵的過程；教育指的則是個人在學校中接受計畫性的指導，學習生活及工作知能的過程。從某種觀點言，社會化的過程大於教育過程；從另一種觀點而言，教育過程所能完成的功能則非一般社會化過程所能完成。」可見，社會化是指一般性的正式教育過程，而教育乃是特殊性的有計畫的社會化過程。前者涵義較廣博，後者功能較精練。二者過程雖有所區別，但相輔相成，關係密切，皆是個人與社會進步的主要動力。

在今日社會中，教育有其獨特的社會功能，學校傳授其他社會單位無法傳授或不能傳授的知能，教育過程及社會化過程乃有顯著的差別。

社會化一詞，可從兩種觀點予以分析：一是客觀事實的描述；二是主觀價值的賦予。前者指的是過程，後者指的是目的。就後者觀點言，社會化是將人從無知的動物狀態，轉變成爲理智的成員的狀態的過程。依此而言，教育是一種社會化的工具，學校是一個社會化的單位。社會可以運用各種不同的方法，約束其組成分子遵從社會規範，表達適度的行爲，教育便是其中的一種方法。另一方面，個人社會化的背景影響正式教育的實施。兒童在未進學校之前，即已受家庭及同輩團體的影響，形成其人格特徵影響學校的教育與培育方式和結果，即使是在中學及大學階段，個人社會化的背景仍然影響學校教育的型態及成效。就此兩者而言，教育成爲社會化的一種工具且影響個人的社會角色，同時個人社會化的背景影響正式教育的實施。

第三節　學校教化的主要形式

　　社會化是指個體從「自然人」向「社會人」的轉變過程。具體地說，社會化是個體學習知識、技能和社會規範，將自己培養成爲具有較強的適應能力的社會人的互動過程。一個人從初生之日起就開始了社會化的過程，這一過程將伴隨人們走過一生。可以說，一個人的生存狀態是和他與社會的適應、溝通能力有直接的關係，從這一意義上說，社會化對任何個體來說都是極其重要的。學校是專門的教育機構，它實施的是有組織、有計畫、有系統的教育，因此，是社會化最有效的途徑。學生個體社會化是學校教育的基本和主要的內容，同時，學校社會化還包括教師職業社會化。在學校教育中，主流文化是對學生實施社會化的基本內涵，其中，按照教育目的編制的教育課程是制度化的主體。此外，學校組織的各種活動、學校的規章制度對於學生學習社會文化、社會規範、社會角色、發展社會性具有絕對性的主導作用。在社會化的順利展開，有多個交互作用的基本元素：(1)生物性的限制；(2)個人性的潛

能；(3)社會性的文化；(4)結構性的特質；(5)情境性的處境；(6)人際性的互動。而由貝克（E. Wight Bakke）所提出其中的融合過程（fusion process），是指學校組織就社會化和人格化二個過程的同時運作：(1)社會化過程：給予成員的持久指導與規範，以使其整合於社會組織的需要，此亦即模塑其行為，使合於組織內對他的角色所作的期望和要求；(2)人格化過程：組織內部分成員在社會化的同時，持續努力以實現其個人的目標與社會期待的契合，在組織內達成個人特質與社會人格調和的薰陶。

學校對於教師而言無疑是一個再社會化（resocialization）的過程。儘管社會化在整個生命週期都在進行，但我們所形成的人格的大部分，是建立在初級社會化過程中所習得的。然而，隨著個人對角色的期待，或來自社會的期許，青少年和成人經歷著再社會化過程，即有意忘掉舊的價值觀和行為模式，接受新的價值觀和行為。教師在學校中要繼續完成的社會化主要是職業社會化。職業社會化可以分為職前社會化和職後社會化兩部分內容。教師的任職前社會化一般是在從事教師職業之前所接受專業教育中進行的，而任職後社會化多半是在任職的學校中進行的。教師的職後社會化主要內容有在履行職務過程中學習和遵守職業群體規範；培養職業目標的認知和能力。這些在某種意義上可以說是學習教師文化。教師文化對於新任教師和年輕教師的職業社會化尤其具有重要的意義。新任教師和年輕教師一方面要進一步形成現實的教育價值、職業觀念等，同時，還要內化所屬學校的教師群體文化、適應所屬學校的文化內涵，學習與其他教師、學生、學生家長的行為互動方式。

班度拉（A. Bandura）認為社會化有三階段：(1) 注意到模仿對象的行為；(2)將注意到的行為保留在腦海中；(3)將保留在腦海中的行為意象以行為表現出來。社會化機構就是那些對社會化產生作用的團體或組織，社會化的執行乃是經由這些機構的運作方能產生對個人的影響力。包括：家庭、同儕團體（peer group）、學校、傳播媒體、職業團體等。在現代社會中，學校是使小孩離開家庭，並導引他們進入較大社會的主要機構，其功能：(1)家庭與社會的整合；(2)選拔人才；(3)文化

傳遞；(4)傳授知識、訓練技術；(5)社會化或差別社會化等作為。

學校在強化的推動過程中，是植基於對個體的認知，運用學理所產生的引導作為，其主要方式，包括：

1. 正式的教導：社會化的方式可分為「有意的」與「無意的」的社會化。有意的社會化係指成人為使學生接受某些規範與價值，依照預定計畫，採取適當的步驟，直接教導他們遵從這些價值與規範。這種有意安排的方式，通常在家庭、學校、社團中實施，由家長、教師、或指導人員的教導，必要時並輔以獎賞與懲罰。無意的社會化則包括暗示、模仿，與認同作用等，以引導學生的價值和行為。

2. 獎賞與懲罰：就如同制約學習理論所強調，學生的表現，如果獲得教師或同學之重視與讚賞，則日後遇到相似的情境，他們就會再求表現；反之，如果對此情境所發生之反應，偶有錯誤而被譏笑或處罰時，則日後有不再出現此種反應之傾向。心理學將「增強」（reinforcement）學說應用於教育學習法則，就是獎賞與懲罰的運用。

3. 暗示與模仿：凡一個人以一個意見傳達別人，別人無批評的情事使個人得以接受，此類過程謂之暗示。由暗示而生的反應，就是模仿。古人云：「近朱者赤，近墨者黑」，我國自古以來在教育陶養上所傳誦孟母三遷的故事，即以暗示與模仿作用達成教育功能的最好事例。現代社會中的父母、兄姊、師長、同學，均可給予成長中的兒童許多暗示與模仿機會。大眾媒體亦透過暗示與模仿作用，對兒童與青年的行為與態度，產生極大的影響。然而有系統且影響最深遠的屬學校教育。

4. 認同的作用：認同作用（identification）是將自己和另一個團體，在感情上產生一體共識的作用。它是學校交互活動中的一種重要的心理歷程，由於這種歷程，一個人可將社群中的人物、情境、規範、偏好，甚至符號，看作自主學習的一部分。透過認同

作用，一個人可擴展胸襟、消除狹隘的自我慾望，實現學校教化的理想。例如，一個人長期在某校接受教育，自然流露出某些特有的氣質、思維和特質等。

學校文化對學校成員教化的作用也不能低估。有人提出，除了教書育人、服務育人、管理育人之外，還應加上環境育人。教育學者林清江教授指出，學校物質文化具有四種影響：首先是學校文化能夠影響學生的心理特質；其次是學校文化能夠影響學生的價值觀念和態度；第三是學校傳統可以藉學校文化予以保存和傳遞；最後是學校文化能夠影響學生的學習方式。學校的社會化，強調個人調適於非私人規則與權威。這種調適是在現代社會中成功表現的基本條件。而學校對學生教化的實施，不但發生在正式的課程上，也發生在校園環境中。而學校的規範或行為期望，將對學生的人格和成長產生深遠的影響。讓學校成為社區居民的社會化的中心是許多民眾的期待，儘管每個學校因各個社區環境不同，而所必須擔負的角色並不同，但是我們不妨用下列功能來檢視學校在社會教化的規劃：

1. 社區圖書資訊中心：由於城鄉差距，地方最欠缺的可能是多元資訊和更分殊專業的知識資源，而未來更是以知識為競爭的時代，學校應該成為社區的資訊和圖書知識中心。
2. 終身學習的場所：由於未來時代是一個學習社會，學校宜提供既有的師資教學設施及教育資源，以作為社區民眾學習的場所。
3. 社區福利服務的輔助者：在許多社區，福利服務的資源不足，長期以來既無經費購買成屋，也無法另覓空地興建。導致福利服務前景困難重重。若無他法，應考慮在學校中納入這樣的構想，譬如說，有一些學校提供場地作為學童安親中心或托育中心，降低了托育費用，且提高托育的專業化。

教師不僅透過傳授知識來實施對學生的教化，教師文化中的各種特

質尤其是教師所表現出來的價值取向，包括：教師的政治觀、人生觀、教育觀、職業觀、社會觀，以及教師的舉止言談、穿衣打扮、教師間的人際關係等，將提供學生以潛移默化的影響，構成學校中的「潛在課程」。學生同輩群體是學生文化的載體，是學生個體社會化的獨特單位，同輩群體中的價值觀和價值氛圍強烈地感染著每一個成員。在同輩群體中，學生可以習得各種技能、知識，又可以扮演各種社會角色，學習社會角色，獲得角色分化的經驗。在教育的社會化擴展的理想中，校園朝向社區化使教育和社會發展更為緊密結合，代表著學校必須跨出傳統僅限於教育功能的思考，在教學作為主體下，將它的功能和利用擴大，這是教育參與社會改造新的理想。

第四節　教育與社會化的理論

　　教育社會學家認為，人格是一個人的特性及價值的總體，此種特性與價值深受教育與社會文化的薰陶。教育對社群發展的影響，其過程又係以社會化歷程達成，使得人們對於教育與社會化理論有更為深入的探討，並進而對其性質、起源、功能及內涵，有更為深入的瞭解。較為著稱的包括：

✳ 顧里的「鏡中之我」理論

　　顧里（C. H. Cooley）提出「鏡中之我」（looking glass self）的概念。他認為我們如何看待自己，是受我們如何考慮他人觀察我內容所影響。例如，我們為什會覺得自己能幹，是因為周圍的人都給予如此的評價。我們對自己的印象是從別人的評估裡得來的，正像我們從鏡子裡才能看見自己的影像一樣。顧里認為每個人都是另一個人的一面鏡子，在「鏡中之我」有三個因素：

1.想像我在他人心中的形象。

2.想像他人對此形象的評價。

3.由此形象產生自我的感覺。

顧里深信，最爲主要的自我形象形塑是發生在初級團體，其後在教育的學習上受到更多的強化。例如，教師以「品學兼優」或「資賦優異」以評價學生。因此強化同學對自我的認知，甚至產生自我實踐的作爲和努力。故一個人的自我形象與自我觀念的建立皆須靠他人協助，且以他人的標準來比較。自我乃由他人反應中學習而來，故別人對我的反應即是自我的一面鏡子。尤其是當學生將教師視爲「有意義他人」時，則對學生的社會化歷程影響更加深遠。

✳ 米德對社會化的理論

米德（G. H. Mead）對自我的形成，建構了豐富的理論，影響較爲深遠的包括：

1. 「概括化他人」（generalized others）：一個人於社會互動中，自他人的行爲與態度建立自我，形塑自我意象，將社會態度內化，並經由概括化他人的過程，發展出複雜而完整的個人。因此，只有「概括化他人」的過程被內在化之後，成熟的自我才會產生。「概括化他人」是指兒童對團體組織的初步角色反應；由於兒童的自我形成往往來自於其接觸最爲頻繁、影響最爲深遠的家庭的父母和學校的師長，因此父母的態度與教師的態度和團體的次級文化，便成爲兒童及學生社會化的來源。

2. 「有意義他人」（significant others）：在社會化過程中，由於個人的喜好、接觸的頻繁度，甚至是「選擇的親近性」，使得在學習過程中有特別重要影響性的他人，其對於個體有長遠深入的影響力，米德稱之爲「有意義他人」。例如，指導教授對研究生在研究思維和領域的影響。

3.「主我與客我」（I and me）：自我是個體尚未被社會化，易衝動及有創造力的部分，這就是「主我」。主我代表自我未被組織與指導的趨勢與傾向。而經由社會化的過程與學習制約薰陶下的自我，就是「客我」。客我是由他人的社會態度內化或組織而成的，常優先考量他人的意見。

✳ 佛洛伊德對社會化的理論

佛洛伊德（Sigmund Freud）認為人格分為：本我、自我及超我等三個主要部分，而社會化即是將「生物的我」與「道德的我」整合為「真實的我」的過程。

1. 本我：即「生物的我」，以追求快樂為原則；個體具有原始衝動，包括各種生理需求，遵循享樂原則，追求立即、完全的滿足。
2. 自我：即「真實的我」，以達成現實為原則；個體在現實環境中尋求個體需求的滿足，是調合本我與超我直到合適的情況。
3. 超我：即「道德的我」，以追求完美為原則；個體經由社會化過程提供合於社會要求的規範，並管制和壓抑本我的衝動，遵循道德原則以明辨是非。

✳ 艾利克遜對社會化的理論

艾利克遜（E. H. Erikson）主張社會化的過程並不僅限於佛洛伊德的幼兒期階段，人生的每個階段皆有其心理危機，也有個體所認為的重要關係他人，這些重要關係他人影響著個體的社會化，其將人類成長分為八個階段，每一階段有其發展危機，即面對生命中主要難題的時期。每一個階段能否成長和衝破難關，取決於每一階段的成長和解決問題的程度。

1.嬰兒期：出生後頭一年，信任與不信任。

2.幼兒期：二、三歲時，自主對害羞和懷疑。

3.遊玩期：四、五歲時，自發性對罪惡感。

4.學齡期：勤奮與自卑。

5.青春期：認同與角色迷惘，兒童到成年的轉移期。

6.成年的早期（青年期）：親密與對立。

7.成年期與中年期：新生感對停滯感。

8.老年期：整合對失望。

✳ 皮亞傑對社會化的理論

　　皮亞傑（Jean Piaget）認爲認知發展是一種社會和心理現象，對於人格發展和社會化理論有深遠的影響。認知論之中心思想，就是在刺激與反應之間，設置一個認知過程。刺激並非自動引起反應，而是透過個體對刺激組成，所以，學習就是對刺激與刺激之間的關係的認知，單憑對經驗的知覺，不必透過反應，亦可產生學習。皮亞傑所分四個認知發展階段包括：

1.感覺運動期（sensori-motor period）：從出生到兩歲。智力主要是對事物感覺和在環境中運動而產生出來。這個時期嬰兒逐漸能區別自己的身體和環境。這種認知發展（目標的持久性）同時亦配合著嬰兒情緒的發展（即信任）。

2.前操作（運思）期（pre-operational period）：兩歲到七歲。主要智力成就是語言。這個時期最重要的是學習語言。語言使幼兒與其他人交往、思想、陳述外在環境、過去和未來。幼兒亦藉語言去表現其心理經驗，評斷自己。總之，由語言的使用，幼兒可以描述目標和經驗的心理景象，擴大其生活領域。

3.具體操作期（period of concrete operation）：七歲至十一歲。擅長具體性思維（有實例展示），不熟悉抽象思維。兒童思想漸

趨成熟，他們開始運用工具，瞭解因果法則，區別事物及思考各
種邏輯關係，這些心智發展是他們歷經各種經驗的直接結果。在
此時期，兒童的一切想法皆以具體為主，即他們只對真實物體和
情境，加以反應。這種具體性也使兒童評鑑物質大小和各種客觀
的成就。兒童也會與其同伴相互比較其身體與反應，產生自傲、
自卑的感情。

4. 形式操作期（period of formal operation）：十二歲以上。有能
力進行抽象思維。青少年時期開始發展抽象概念、理論和普遍原
則，並且自己創造各種假說。青少年抽象思考的發展是一種情緒
的結果。他們依情緒的好壞對人物產生直接反應。

　　皮亞傑強調兒童在不同階段有不同的思維方式，這些認知發展既是
純粹成長的結果，亦是反應文化和社會化的影響。皮亞傑曾說：「各種
不同階段是兒童與其環境互動經驗的產物，經驗導致兒童自我認知組織
的重建。」可見認知發展是個人與其環境交互影響的結果。

✳ 孔伯格對道德發展的理論

　　孔伯格（L. Kohlberg）認為人對道德問題之思考，不只是文化思
想之結果，亦是情緒之成長、認知之發展而來。孔伯格將兒童道德發展
分為三階段：

■ 道德前期

1. 避免處罰：以行為對身體的結果來判斷行為的道德性。若做某件
事後遭到處罰，則會認為不該做它。
2. 獲得獎勵：兒童開始知道守規則會有獎賞，不再只是逃避處罰。

■ 傳統道德期

1. 與他人產生關係：乖孩子道德階段，兒童判斷行為的道德性是根
據該行為符合他人標準的程度，藉以獲得他人的認可與好感。

2.順從權威：遵守社會規則固然重要，但是規則的改變，若對更多
　人有利，則不妨改變規則，其道德性以基本人權爲基礎。

■ 道德後期

1.法治觀念取向：將正義、憐憫、公平的理想加以內化，並且遵從
　這些理想，使其符合社會標準。
2.把遵守規範變成良能良知。

　　兒童對於道德問題的思考是逐漸在接觸環境中與成人、團體互動而
形成的。易言之，道德發展受到社會化的影響。

第五節　教育社會化進行階段

　　個人社會化的階段約可分爲下列時期：嬰兒社會化、兒童社會化、
青年社會化、成人社會化、中老年社會化。

※ 嬰兒社會化

　　新生嬰兒是一個社會有機體。其社會化的過程，包括：第一，嬰兒
生在社會環境中：其所屬父母、家庭及社區，均有其文化背景，而且這
些文化背景都影響嬰兒的歸屬地位（ascribed status）；第二，嬰兒在
社會環境中才能夠生存，需要依賴成熟的社會成員。具體的研究證據顯
示，嬰兒若僅得到生理的照顧，而缺乏親長的愛撫，容易得衰弱萎縮
病，甚至導致死亡等，其依賴成熟者與其產生交互作用的需要，顯然可
見；第三，嬰兒一出生即有其社會地位及重要性。嬰兒初生之時，雖然
能視、聽、聞、嗅，感覺部分冷熱及痛苦，但不能獨立移動，亦不能以
手取所見之物。因此，其所能獨立做的事情太少，食物、便溺、消除疲
勞等，均須接受協助；稍大時尚須接受適當的視聽刺激、消除憤怒與煩

躁。儘管如此，家庭、成人及文化均重視兒童的照顧，忽略兒童照顧爲社會所不許。一個人出生之後，不僅是一個生物有機體，而且還是社會有機體，他獲得社會地位及他人的關照。其最大的特徵是需要恩情的滋潤，一方面利用哭及笑等工具引發他人注意，另一方面則接受父母的照顧及他人的期望，奠定進一步社會化的基礎。這在教育上，具有重要的意義。

✳ 兒童社會化

兒童時期社會化，父母仍具有很大的影響力量。由於親子關係，父母常可藉各類獎懲方法影響兒童。在兒童社會化初期，父母給予兒童的關愛是一種獎勵方法，不給予愛護則是一種懲罰。適當的愛促成順服，養成兒童自我檢討的習慣。不適當的懲罰養成兒童反抗的心理，並促成兒童不良的行爲習慣。在此一時期，兒童也開始從其父母處學習工具角色（instrumental role）及表情角色（expressive role）。前者指面對現實、導向成就、完成目標的角色，是一種男性角色，往往可從模倣父親角色形成。後者指表現附屬感、慰藉、溫順、同情等類感情的角色，是一種女性角色，往往可從模倣母親角色形成。兒童從其父母處學習不同的角色，特別是交互認同及模倣（cross identification & cross modeling）的結果，更有利於兒童的社會化。兒童的社會化，深受同輩團體（peer group）的影響。這影響僅次於父母的影響，而且與日俱增，直至青春時期，可與父母的影響勢均力敵。同輩團體的影響，對於兒童社會角色的學習是不可或缺的。兒童學習性別、合作、競爭、依賴、侵犯等角色，均受同輩團體的影響。家庭所影響個人角色學習的，常偏向於內容；同輩團體所影響個人角色學習的，則偏向於表現型態。同輩團體對低社會階層兒童的影響，要比對高社會階層兒童的影響爲大。就一般情況而言，兒童的同輩關係反映其社會適應的程度。這是兒童社會化的一項重要特徵。有計畫的知識教育，開始於學校。學校影響兒童社會化有兩方面：一是提供新的成人環境及同輩環境，使兒童有較

好的行為及較多的學習機會；二是提供具體而有計畫的知識教育內容，促進兒童的認知發展。

家庭父母、同輩朋友、學校教師三者，是影響兒童社會化的最主要人物。兒童時期的社會化，雖仍受父母明顯的影響，但是同輩團體的影響已介入及加強，學校團體的專業影響也決定兒童社會化的成敗。除此三大影響之外，宗教團體、正式組織、社會階級及大眾傳播，各存在著部分影響力量。

✳ 青年社會化

青年時期是個人社會化過程中的重要轉換時期。在此一時期，個人對自己的社會化有更進一步的反應，隨時檢討自己的權利及人我之間的關係。由於接觸不同的對象，對於自己常有不同的看法，產生不同的形象。除了對於將來的認識更加明確之外，對於自己實現理想或目的之能力，也有比較明確的估計。雖然幼年時期的生活經驗會影響此一時期的人格特徵，然而個人在此一時期的行為特徵不是因家庭少數人的影響形成的，而是受朋友、同輩、教師及其他成人一連串關係的影響所形成的。此一時期既是個人急遽社會成長的時期，也是其「理想」與「現實」交會的時期。青年社會及青年次級文化（youth sub-culture）的存在，已為客觀的研究所證實。青年社會及青年文化提供一系列與成人社會文化不甚相同的價值及行為模式，能夠用以滿足青年的需要。在青年次級文化中，相互反應的規範特別受到重視，個人可從較廣的環境觀點衡量行為的合適性。學校對於個人社會化的影響始於兒童時期，而至青年時期更加顯著。青年在學校的時間最長，均用以準備成人角色所需的知識、態度及能力。在這方面學校的主要影響為：第一，學校成就影響青年未來向上社會流動（upward social mobility）的機會；第二，學校規則與權威的影響，減少青年人的焦慮及徬徨；第三，在此一時期，教師已不完全取代青年人的權威，他既附屬於成人團體，又同時附屬於青年團體，如此可使青年人順利地學習長輩的行為。另一方面，學生的社

會階級背景會影響教師的態度及工作；學校教育的目的也會受青年次級文化的影響。青年時期的社會化特徵，與嬰幼時期及兒童時期社會化特徵，顯然不同，表面似係社會化過程中的不銜接現象，實則為青年人準備將來獨立的銜接現象。而其間學校對於青年社會化，則有甚為重要之影響。

❋ 成人社會化

　　成人社會化具有很多特徵：第一，成人社會化的內容強調外在的行為，而非內在的價值及動機；第二，在成人社會化時期，個人已從接受各類新知識，轉變到綜合歸納各類已有的知識；個人在綜合歸納已有知識之後，只增添少量及片面的知識，以便於其社會行為的表現；第三，在成人社會時期，個人的態度已由理想主義轉變到現實主義；第四，在青年時期以前，個人接受各種不同的角色期望。至成人時期，因為個人所接受的各種角色期望趨向複雜，彼此難免衝突，所以又要加以選擇，以便解除期望的衝突；第五，在成人社會化時期，個人所學習扮演的角色趨向特別化，而不像以前將一般的價值觀念應用到社會生活的各方面；第六，成人的人群關係，已從以前的「我對我」（I-me）的關係，改變為「人對我」（they-me）及「我對人」（I-them）的關係。這種改變使個人減少主觀的判斷，增加客觀的判斷，也使個人的生活領域逐漸拓寬。成人社會化過程中的兩個主要領域——職業社會化及婚姻社會化。

　　職業社會化主要包括兩方面：一是認知的學習；二是職業規範的內化。職業社會化的程序可以分為三個階段：一是個人對職業的選擇；二是制度對個人的選擇；三是個人對於職業奉獻的加強。在第一階段，影響個人職業選擇的因素包括環境的性質、消息的提供、機會的存在及重要他人（significant others，如教師）的指導；在第二階段，現代社會幾乎均透過教育制度，利用性向及其他能力測驗，選擇個人；在第三階段，個人的教育程度及其所從事的職業性質，分別影響其奉獻的程度。

職業社會化的主要途徑包括教育制度、在職訓練及重要他人的影響等。透過正式的學校教育，可以培養個人的就業知能，協助個人接受職業規範。利用在職訓練的各種方式，也可達成此種目的。在職業規範的內化方面，個人也深受重要他人的影響。

婚姻的社會化是成人社會化過程中重要的一面。成人結婚後，須有婚後的社會適應，在結婚前也已經有一段社會化的過程。個人自小生長在家庭中，最可觀察與學習有關婚姻的角色。兒童及青少年在家庭中，是婚姻生活的觀察者。在情感的表現方面，他們學習父母如何處理不同的意見，維持婚姻的平衡關係，學習如何做父母以及良好父母的典範。就在這種過程中，子女學習父母的婚姻型態及價值觀念。因此，子女結婚的動機及對婚姻的態度，多方面受父母家庭生活的影響。在社會化領域，成人社會化甚受重視。成人代表另一成熟的社會化階段，在社會化的內容、知識的學習、價值觀念、社會態度、社會期望的學習、社會角色的扮演，及人群關係的型態等方面，均與青年期以前不同。尤其是成人社會化的階段，是人生發展的重要階段。這些特徵在教育上均有其重要的意義。

✳ 中老年人社會化

一般人以為個人至四十五歲以後，價值觀念及社會行為業已定型，回顧而不前瞻，自然無社會化的存在。事實上，隨著社會變遷，中老年人需要適應新的社會環境，吸收新的知識，適應喪失家庭及工作角色的情境（尤以老年人為甚），並學習扮演某種新的角色。所以中老年人仍經歷其社會化的過程，並未中斷。就個人方面而言，生理情況、生活經驗及相對地位等因素，影響中老年人的行為表現及角色學習。先從生理情況分析，生理機能的減退影響中老年人角色的學習及角色的扮演。人類的壽命不斷延長，老年痼疾也隨之增加。由於醫藥的發達，嚴重生理缺陷的老年人減少，但是生理機能減退無法從事某種工作的現象，卻甚為普遍。這種現象較少見諸有工作的中老年人，其原因是兩方面的：第

一，個人身體健康，才會繼續保有工作；第二，因有工作，身心愉快，故較爲健康。除此之外，感情、知覺、反應、機能的協調等，均與角色的學習及角色的扮演有關，而這些因素都受生理衰退的影響。從經驗因素分析，它的影響也是兩方面的：經驗的影響若趨於偏窄，則個人僅遵從固定的規範，接觸少數的人群，並侷限於特定的行爲方式，自然限制了未來的社會化。相反地，廣泛及具有彈性的經驗及知識，則可用爲進一步角色學習的基礎，並建立更廣闊的價值觀念，解除角色的衝突。在智力方面，年齡較長，個人知識增多，口語及數字能力增強，專業能力成長，而在工作方面，年齡愈長，則責任心及可信賴程度愈增強。

　　中老年社會化期間，受三種因素的影響：一爲新角色是否僅爲前一角色的替代；二爲新角色與舊角色在工作程度上有無差別；三爲新角色與舊角色在工作性質上有無差別。個人對中老年時期的角色變化，反應不同，而其最顯著者約有下列三種：第一，是以適應內在規範的新角色代替，例如，喪偶者再婚，退休者再謀新職等。此種反應方式對於個人的社會適應，常是有利的；第二，是重新適應，使新角色與內在價值觀念得以相互協調，例如，個人退休後從事有意義的義務工作，以實現理想；或從事休閒活動，以調劑身心。此種方式對於個人的社會適應，也是有利的；第三，是以心理防衛機構形成部分的偏差行爲，例如，部分退休者有長期性的疾病，以致其無法再行工作。這種情形對其社會適應是不利的。中老年時期的社會化仍有必要。在這段時期的社會化過程中，個人的生理情況、經驗、社會相對地位等因素，影響其社會行爲。同時，中老年人社會角色的獲得、喪失及新角色情境的產生，都使個人有新的價值與行爲。當然，個人對於社會角色變化的反應各不相同，有積極的適應，也有消極的逃避。這些中老年社會化的特徵，均具有教育上的意義，尤其是運用終身教育將能使中老年的成員適應快速變遷的環境，在個人的生涯上值得予以關注和提倡。

結語

　　社會化是一種逐漸、持續的改變過程，根據社會學的觀點，因為人一生均處在社會化之過程中，且成年以後，或由於職業的改變、學習、結婚、子女出生等生活的改變，不斷面臨新的角色，而必須隨著角色的變遷而學習新角色的規範、價值、行為模式等，所以社會化可謂人生漫長的歷程。

　　一個人如果要符合社會的要求，以立足於社會，他必須學習適當的社會角色。社會學者霍頓（P. B. Horton）與韓特（C. L. Hunt）在其合著《社會學》一書中強調：個人主要是透過角色的學習與地位的獲得而社會化（socialization through role and status）。角色學習至少包括兩方面：第一，學習與角色有關的權利與義務；第二，養成適合於角色的態度、情感與願望等。每一個人都必須學習行使其為學生、父母、朋友、職業者、專業人員等有關角色，才能圓滿參與社會生活。有些學者將社會角色區分為歸屬的（ascribed）及成就的（achieved）角色兩種。前者係個人出生以後社會就加以指定，與個人的智能與努力無關，例如，性別、年齡、種族等（在有些社會中尚包括宗教與社會階級）；後者則由個人的能力與表現而獲得，例如，學歷、職業、社團活動等。在社會化過程中，個人不但要學習其歸屬的角色，例如，做一個好兒童、做一個堂堂正正的青年，而且還要努力去追求更多的學識與技能，獲得更理想的職業以提高其社會地位，並享受其成就的角色。

　　各個時期教育均是發展中不可或缺，在幼兒教育應包括三項要點：一是生理照顧；二是親情交流；三是品格陶養等，以促使幼兒符合社會期望。就社會化的特徵而言，兒童教育應有四項重點：一是良好行為習慣的培養；二是同輩關係的建立；三是道德觀念的啟發；四是認知學習的引導。根據青年社會化的特徵分析，青年教育應有三項重點：一是價值觀念的思辨；二是人際互動的加強；三是職業技能的導入。在論社會

化特徵時，係將成人社會化及中老年社會化，分別區隔以建立周延的人生。就廣義的觀點而言，二者均屬成人以後的階段。一般論教育階段者均將成人教育的前期及後期，合併稱為成人教育階段。依此廣義的成人教育而言，應有五項要點：一是職業教育的延續；二是婚姻教育的實施；三是親職教育的落實；四是休閒教育的推展；五是文化教育的薰陶。

　　總之，現代社會已經由封閉式社會進入開放式社會的時代，個人有更多機會憑才識與努力，透過教育的成就，創造自己的生涯。個人在社會化過程中，由於角色任務與性質的改變，必須隨時學習新的角色，以取得或提高個人在社會中的身分與地位，這些都需要透過教育和社會化的引導以達成。

第六章　教育與社會文化

> 「弟子入則孝，出則弟，謹而信，泛愛眾，而親仁。行有餘力，則以學文。」──孔子，《論語》

　　文化一詞，在英文中是 Culture，係源於拉丁語 Cultura，是敬神和耕作的意思，衍生出培養、練習、留心或注意的涵義。《易經》上所記述「觀乎人文，以化成天下」的所謂「人文化成」，它包括詩、書、禮、樂等文化典籍和禮儀風俗在內的社會生活各方面因素融匯而成的文化。羅馬的名言──「智慧文化即哲學」一語，意指：文化的內容是用以改造、完善人的內心世界，使人具有理想素質及培養、教育、發展、尊重的意義，表示人們的生活和活動達到一定的發展水準。另外，人們對文化概念，也同時是指人對自然有目的的影響和改造；從人自身塑造而言，是指人對自身精神、生理和心靈的培育，人類為了提升自己的本性而增進的知識。

　　文化不但具有多樣性，而且還具有人類的普遍性。一切文化是歷史過程的環節。各個民族所形成的文化，將隨著相互聯繫、傳播、交流和吸收，達到綜合過程。探討教師角色與學生文化等議題包括：在趨向工業化過程中，傳統社會尊師重道觀念是否仍然存在？在價值多元化的現代社會中，教師應如何獲得專業認同與專業尊重以教導學生？當前學生的價值觀念與行為模式如何影響學校教育？以及如何維持理想的師生互動？教育制度和社會文化的關聯性？等問題，皆涉及教育和文化的關係。

第一節　教育文化的界說

　　依據英國學者泰勒（Tylor）的定義，文化乃是「一種複雜的整體，包括知識、信仰、藝術、道德、法律、風俗及作為社會一分子所獲

得的任何其他能力。」龍冠海說：「文化是人類生活方式的總體，包括人所創造的一切物質和非物質的東西。從個別社會的立場來講，一個社會的文化是該社會所建立的，由一代傳到下一代的，生活方法之總體。」歸結而言：「文化是社會所創造的，也是人和社會生活一切的總和。」

人們將文化定義爲社會發展的產物，是爲人們所創造出來的物質成果和精神成果的總和。如此一來，文化便與自然物分離開來，成爲人類社會特有的東西。 就上述定義，則可看出：第一，從社會意識的觀點，文化是對社會存在的反應，是處在一定社會相互關係中的人們製作、創造和直接生產的；第二，每一個時代的精神生活，構成該時代的精神文化的內容；第三，文化是人類活動成果，同時是人類精神、財富生產、分配和消費過程；第四，文化的核心是知識，爲人類認識世界改造世界的主要依據；第五，人類的生活方式，是文化水準的具體體現。

文化就從屬的觀點要素可以區分：

✳ 主體文化

主體文化（dominated culture）又稱優勢文化，亦有稱爲文化霸權（hegemony）。此觀念是義大利思想家葛蘭西（A. Gramsci）所創，是指支配社會的階級，以其意識形態來控制社會大眾，但並不刻意強調上層結構與生產關係的觀念，人類學家發現任何社會都有主導社會的文化體系，其所包含的價值、規範、行爲規範成爲社會互動的標準，這可視爲主體文化。例如，我國社會長期存在著「士大夫觀念」，衍生重視教育，強調「萬般皆下品，唯有讀書高」，即是社群的主體文化內涵。

✳ 對立文化

對立文化（counter culture）是次級文化的一種，它在規範、態度和價值上，與優勢文化相互衝突或相反。絕對對立到沒有對立之間，是一個漸次遞減的程序。在對立的過程中往往容易產生文化衝突（culture conflict）的現象，亦即個人（或團體）在兩個文化間的心理衝突，而對立文化是有部分可為社群所接受及某些不為社會所包容。例如，幫派文化即是對抗於主體文化的次級文化型式。

✳ 次級文化

次級文化（subculture）指一個社會團體，它的成員在觀點和生活型態上，顯然不同於優勢團體，並自以為與眾不同。次文化的成員共有一套規範、態度和價值。次級文化指社會中每個團體各自所發展出不同的民俗和民德，因共同的活動、年齡、職業、性別、居住地，或其他嗜好而組成的團體，往往會發展出異於其他團體與社會傳統的或優勢文化的行為模式。現代社會複雜多端，不同生活面的人群會孕育特異的次文化，即足以成為主要生活面的領域，都會形成次文化，而不同階層的人，就各自有不同的次文化。次級文化是可重疊的，現代社會的人，多身處於多個次文化的交疊之處，而且各人所處的位置不同，交疊愈多，次文化的範圍愈小，更具特色。

邊際人或邊緣人（marginal man）因參與兩個不同的文化團體或側身於不同文化體系夾縫，而產生左右為難或心理衝突狀態的人。他並不完全從屬於其中之一的文化價值和標準，也不為其中任一所認同的團體完全接受。邊緣人一般都有雙重性格、充滿迷惑、混亂與懷疑，而有較多的反省，故為創造的泉源，也是促成模仿及遵從的動力及促進文化變異的主要代理人。邊際人在某些文化的享領和作為上是邊際性的，社會學家的興趣，是在探究其邊際特質，揭示怎樣的正常期望，以及他們與其所接觸的人如何面對所處的矛盾和對立。例如，「愚蠢」，在現代年輕人眼裡竟是一件很酷的事，反映著「當迷世代」（Dumbing Generation）的現象，現代年輕人花費太多時間在無聊、愚蠢的事情上。根據調查，大學生每天要花費許多個小時在「純粹殺時間」的無聊事情上，如上網聊天、看電視、玩電玩、聽音樂等，看起來很忙，其實什麼事也沒做，或是做了很多事，其實都是「窮忙」，正事倒沒做幾

樣。就像是同時在電腦上開了很多視窗一樣，現代年輕人可以同時做很多事，例如，在寫功課的同時，他可以與多位網友MSN、等郵件、上網搜尋無聊的資訊等，看似遊刃有餘、聰明絕頂，其實因為無法專心，結果一樣也做不好。反映在流行文化上，竄紅的「走音男」偶像歌手孔慶祥、上流美和如花等藝人意外走紅，即是「當迷世代」下的產物。在一般人眼中，這些藝人的言行舉足和作為很無聊，甚至愚蠢，但年輕人卻覺得孔慶祥、上流美和如花很「酷」，甚至會當作偶像來崇拜。青少年「笨蛋化」（chucklehead）的趨勢，可說是全球現象，不光只是在台灣。英國社會觀察Andy Davidson也說，現代青少年已幾近文盲，他們自以為懂很多事，其實什麼也不懂，因為資訊太容易取得，用處又極為短暫，他們沒必要吸收新知。他最後的結語是：「我們絕對不要太高估了現在的青少年」，一語道破時下青少年「笨蛋化」的隱憂。日本網路遊戲上吹起的 "Kuso" 流行風，也可窺見「笨蛋化」的流行趨勢。"Kuso" 在日本字義上，有點接近「爛」的意思，有些電腦遊戲「爛」到令人想哭，沒想到意外吸引很多人想去一探究竟，甚至「很認真」、「很嚴肅」地玩，還寫下心得感想與眾人分享。網路上流傳的垃圾文學，同樣也是「當迷世代」下的產物。日前網路點閱率高達10萬次的「吃羊肉爐要小心」，內容是某大學男生把羊肉爐打翻，燙傷生殖器，赴醫求診的爆笑經過，原本是羞於啟口、難登大雅之堂的就醫日記，沒想到意外掀起話題，最後作者甚至還出書，榮登暢銷書排行榜。「當迷世代」是一種普遍存在的社會次級文化現象。

　　社會學家巴杜（Pierre Bourdieu）強調教育的理論從「文化專斷」（Cultural Arbitraries）這個觀點開始。他主張，文化的某些層面並不能用邏輯分析來說明，而且它們也不是從人的本性發展出來的。所有文化都含有專斷的特色。因此，當我們經由社會化而獲得一種文化時，我們也獲得該文化的主導而不自知。巴杜認為，教育制度有它自己的文化專斷，那是優勢階級所企圖達成的威權與獨擅。當教育開始實施時，它嘗試將支配階級的優勢觀點強諸並宰制所有受教育者。其結果是：第一，支配階級的兒童發現教育是容易理解的，且顯示出機巧對應與卓越

成果；第二，支配階級的文化被顯示是比較高級的，以及第三，一種「符號優越感」的行為，藉著這種蓄意的階級不平等被施加在較低階級的兒童身上。文化專斷對教育的影響，使所有在學校裡或在家裡的教學都依賴優勢權威，教師的權威都被強制於學生。但是權威不是自然存在的事物，它來自兩種來源。首先，所有的權威都依賴某種知識與技能的專斷，一個教師的權威是基於保證他有能力教導文化專斷所揭示的內容。權威的第二種來源是有一個自願的聽眾或觀眾。人們必須接受這個有權威的人有權力做或指導的作為，否則權威即告消失。因此，在學校裡，學生們必須接受教師教導的內容，並聽命於教師指導研讀學習的事物。由於教師的權威依賴某些文化的專斷以及一種自願的聽眾或觀眾，所以某些限制被強加在他可以合法地教什麼上。如果他超出這些限制之外，那麼他將喪失他的權利。以巴杜的觀點來說，教育根本不是對學生的一種獨立判斷；判斷學生的標準是由支配階級的文化所給予的。再者，在支配階級的文化長大的兒童，明顯地在教育上是有利的；他們一直被給予「文化的優勢」，使他們能夠用它來獲取必要的社會認同。

第二節　教育文化的功能

　　文化的主要功能是調節與自然、個人與社會的關係。文化被看作是人的社會活動，是人類特有的生活方式。也就是說，文化是為個體參與社會，與他人互動的依據。因此人參與社會時會表現一種「文化心向」（cultural set）的特徵，所謂文化心向是指在某一社會文化環境中長大的人，在生活習慣、言行態度及價值觀等方面傾向於接受本土文化。而社會本身是文化的直接表現和具體作為。文化存在的方式和發揮作用的領域是文明。社會歷史過程要在物質因素和精神因素、人與自然、人與社會的相互聯結、相互作用的統一之中才能達成，因而文化成為社會職能體系。文化是社會歷史進步實質的表現，顯示社會和個人之間的密切

程度。文化的運作，影響著人的個性的全面發展。換言之，文化是人類團體中普遍存在的人為現象，是人類為了求生存，以生物和地理的因素為根據，在團體生活和心理互動的過程中創造出來的人為環境和生活道理及方式。文化被創造之後，由於人類心理傳授的作用，它有繼續存在，繼續增加，因而在時間、空間及內容上有其差異的傾向。歸結而言，文化具備了「普遍性」、「繼續性」、「累積性」、「複雜性」、「變異性」及「強制性」等的特性，以維繫並指引人類的生活。

文化在這裡不是指人類行為及其成果，而是指人類所「學習」的事，即衍生出行為的思想體系。文化影響人們的價值標準、範例和準則而使行為方式標準化的能力，成為人的第二天性。文化是一種特殊的客觀現實，在社會中，文化價值可以透過教育被有目的地吸收。文化是無機的物質世界和生命世界之上形成的「超機物」。

文化能普存於人類社會，是因為其提供了如下的功能：

1. 文化是社會區別的標誌：文化是一個族群的特有生活方式，因此更易作為辨別各民族的準據，比地域與政治的疆界及所謂民族特徵更易於判別。例如，中國人較諸西方人更重視子女的學習成就，形成的重視教育的實施，也造成「文憑主義」的瀰漫。

2. 文化使一個社會的價值更加有系統化：文化是整合社群價值經驗、規範、意念、態度的集合體，因此可以經由文化以發現社會與個人生活的意義和目的。例如，教育改革不僅是教育制度的變革，更是社會制度的改造。

3. 文化對社會團結供給一個最重要的基礎：激起同一群族產生共同的認同意識和態度。而教育往往是灌注文化，以塑造人格的主要機制。

4. 文化對社會結構供給材料與藍圖：文化使社會成員能依據它的軌跡行事、互動，使個人參與社會不必重新學習和發明作事的方法，並且促使個人與團體所有的行為變成有和諧的。

5. 文化在建立和模塑社會人格方面產生了主導的力量，使社會運作

井然有序，社會成員能契合團體的意念而形成共同的集體意志和行為。例如，相較於西方世界我國更重視師生倫理，而崇尚孔孟思想，使《論語》一書不僅列為四書五經之首，同時「半部《論語》治天下」，也成為修身處世的典範。

文化除了如上述所言的正向功能外，亦有其負向功能，如同衝突論者所言：在階級社會中，存在著統治階級和被統治階級兩種文化，對抗是文化互動的型態。由於存在對立的文化，因而會形成互相對立的價值體系，形成社會爭鬥現象。這就如社會存在著匱乏文化（culture poverty）一般，所謂匱乏文化指一個社會擁有此文化模式，其社會中的個人會表現出不歸屬感、見外、無根，甚至玩世不恭、嫉恨、仇世，故自慚形穢，進而覺得自己是被遺棄、不被愛、不被接受，甚至否定自己的能力，缺乏自尊心，自暴自棄，而成為迷亂的副文化。

「經濟合作發展組織」（OECD）於二○○五年發表的「國際學生評量」報告，稱芬蘭以其「創新的文化」，成為全世界最具競爭力的經濟體，無疑是對芬蘭這項教育政策的肯定。經濟合作發展組織所作的三年一次的國際學生評量，評量四十一國十五歲中學生的數學、自然科學、閱讀和邏輯解題四大能力，芬蘭在綜合評量稱冠。這對於長期重視教育的我國來說，尤顯得具有特別的啟示。因為一般公認，中、日、韓等儒家文化體系國家的人民極為重視教育，但歐洲小國芬蘭近來卻在長期投入教育發展之後，為國家創造了強大成長力量，受到國際矚目。芬蘭學生七歲才入學，到十六歲前都念同一所學校，接受相同的基礎教育，然後才視性向選擇念高中或職校，大學學費全免。芬蘭能從農林立國成功轉型為資訊科技大國，全拜教育之賜。芬蘭在教育、研究和訓練挹注相當大的投資，俾能在經濟上保持競爭優勢。教育可以開拓新的就業領域，而勞力一直需要培養新技術，二者相輔相成，促使芬蘭必須一直在教育上作投資，也一直在經濟上具競爭力。經濟動機促使芬蘭建立多元開放的教育制度，「一貫的」學校體系尤其是奠定教育成功的基石。芬蘭學生在十六歲完成基礎教育後，再根據學習性向決定接受學術教育或

職業教育。在此學制下，芬蘭學童很少在十六歲以前輟學，也不致太早決定未來學習之路。在一貫教育期間，學校提供學童免費餐食，念高中職的兩年期間，可延長修業期間兩年，總計四年，上大學的學費全免。讓所有學童都有機會學習技藝，也讓老師能從中發掘學童的長才。芬蘭學童七歲入學，一般認為，學童較晚入學可敦促家長負起更大的教育責任，塑造芬蘭家長在家陪伴小孩讀書寫字，或上公立圖書館找資料作研究的文化。增進成人教育也是芬蘭教育政策的重點，規劃許多學程，包括資訊、電訊和外語，提供上班族多元進修管道。教育學者認為這些教育措施和制度皆與該國的文化，有一定的關聯性。

第三節 教育文化的內涵

人類文化是個整合的社會體系，也是人類存在和活動的方式。這種文化整合（cultural integration）係指文化各部分形成一致和相互關聯的整體之程度。文化多於其部分的總和，因為各部分相互交織成一個複雜的整體。林登（R. Linton）指出：「文化就像人格一樣，能完全地涵蓋相互衝突的要素和邏輯上的矛盾。」文化綜合人類的過去、現代和未來，為人類的活動建構一套行為標準。人們的活動離不開這個準據。文化不僅具有將精神活動成果層疊地保存、累積和世代相傳的特性，而且具有開創人類社會活動的特性。文化的組成要素，依據社會學的觀點為下列幾點：

1. 符號：符號（symbols）與文化關係密切，是一種約定的象徵或指定成俗的記號。克魯伯（A. L. Kroeber）和派深思指出，文化是社會的人所創造、貯存，並用以組織事務的符號體系。文化的真髓在於無形的意義世界，一旦它離開人們所賦予的意義，一切人際交往及人所創造出來的事件，將變得毫無意義。人類之所以

超越禽獸，在於人類可以創造並運用符號，而禽獸只能對符號作出反應。梁格（Susanne Langer）認爲符號不是事物的代表，而是傳遞人們對於事物所產生觀念的媒介。沙林士（Marshall Sahlins）認爲人類不同於其他物種之處，在於人類能使用符號來表示多種物體和事件，而人類的行爲是依照自己所設計圖示來進行的。符號，即是由人類意志所設定而能引起一致的社會反應的任何記號。符號的意義是任意的，這意味著它不是本來就存在於聲音、物體、事件等之中，而是因爲要使用符號與溝通的人經過共同學習和一致同意而產生的結果。

2. 語言：語言（language）體系的界限，往往就是文化體系的界限，要瞭解文化，必先掌握語言。社會的實質是在於意義世界，而語言是貯藏、賦予、領略和溝通意義的符號系統，語言對文化的發展、精練和傳遞有極大的重要性。孔伯士（John Gumperz）所謂的語言社區，係指經常或頻繁地交往的人群，共同一套與其他人群有明顯分別的語言。從某一角度來看，社區語言和群體是同一界線的，因爲群體的界線基本上是以人際交往的密度來劃分，而交往須賴語言。

3. 價值：價值（value）係指人所共有的一個概念，亦即對事物之好壞、對錯，及可欲或不可欲之評估。價值與選擇分不開，每逢要作出選擇的時候，就必然牽涉到價值問題。價值提供了概化的行爲標準，這些標準在社會規範中，以更特殊、更具體的形式表現出來。由於價值概化的本質，使人們具有相同價值，也可能對於使用這些價值具體化的某些特殊規範有不同的意見，因此即使交往互動的雙方，擁有一致的價值或評估行爲，而對可欲性的標準，也會相對具體化，但其落實價值或評估行爲，則會有不同的認知與衝突。價值是行爲的一種抽象且概化的原則，並提出了判斷特殊行爲和目標的標準。價值影響行動的目的和手段二者之選擇，同時它們也作爲評估事物或行動的標準。從社會的層次來看，價值有時指事物的可欲性，有時指那些作爲衡量事物可欲性

的標準性。在個人心目中，各種事物有不同的價值，這些價值按高低排列成一程序，即是個人的價值觀。從社會的觀點，也可將不同事物依其價值的大小排列成一程序，即是社會的價值觀。社會價值是社會意願的表現，但各種社會的實際情況不同，因此，所發展出來的價值程序亦異。因為，價值指非對人們如何選擇對象和行為，所以，價值的研究包括態度、行為、互動和社會結構的研究。

4. 規範：規範（norm）係指由兩人或更多人的共享期望，而對所界定有關什麼是社會所接受行為的標準或規則。社會規範對某些特殊情境中適用的行為提供了各種導引。很多社會學家將社會意識、社會制度、社會角色、道德體系等，視為是以行為的共享期望為基礎的規範結構。由規範體系言之，規範是行為的準則，主要包括習俗、道德、法律、宗教。社會的規範基本上是透過地位和角色體現出來的。

由於文化包括：知識、信仰、藝術、道德、法律、習慣等，其內容非常廣泛，因此對於文化要素的分析，有著不同的觀點。運用文化的內涵以檢視學校，則如同學者哈格里夫所分析教育將文化的諸因素有系統的引導到學生的學習之中。為了將這些外在的部分加諸於學生，哈格里夫認為教師可以區別三種不同一般類型的作為方式，他稱之為「馴獅手」（lion tamers）、「招待者」（entertainers）以及「浪漫者」（romantics）。對「馴獅手」而言，教育是一種使那些被看成是野蠻不馴的學生們文明化的過程。學生必須被驅策從學習教師認為對他們有好處的任何事物。教師是該科目的專家，必須維持標準並帶領學生達到被要求的水準。學生的角色是要吸收被擺在他們面前的知識。訓練是紮實的，亦即經常考試。為達成此角色，哈格里夫認為有兩種次級角色（sub-roles）是教師必須履行的──「紀律維持者」（disciplinarian）與「知識教導者」（instructor）。紀律維持者強調教師的責任：組織教室活動、把班上學生分組、為教室活動計時，以及界定並力行規則。知識教

導者則重視：決定應該學些什麼、應該如何學習，以及評鑑的標準為何。

「招待者」則相當不同。他雖然也不相信學生想要學習，但是覺得勸誘學習最好的方法是使教材吸引人。他往往出題目給學生、使用精心設計的「發現教學法」（discovery methods），以及各種視聽技巧。他的許多時間都被花在巡迴教室檢查學生是否正忙於他們題目上。他與學生的關係往往是很友善的、非正式的。

「浪漫者」從一種不同的觀點出發。這種教師認為，學生自然想學習，學習是人性的一部分。教師的角色是要幫助學習，而學生必須自由選擇他們想要學習的。課程應該由教師和學生一起（個別地或小團體地）來建構，而不是由教師事先為學生界定的。教室與學生之間的關係必須基於信任。分數與成績受到懷疑，因為對學生而言重要的是要「學習如何學習」（learn how to learn）。

另一位學者福柯（M. Foucault）指出當學校大量導入管理學這種思維，則經由一種道德技術或權力技術，管理學使學校引入效率與規訓，個人的每一個行動都成為最節省、最經濟的塑造。教師僅關注技術與能力，學校複雜、縱深的背景被簡約為客觀的效率——教育非人性化了。集中體現為兩點：其一，學校中的知識即課程與教學日漸遠離現實具體生活，自稱其為客觀知識，是與具體個人不相關聯的、不容懷疑的外在知識，學生只須學習與掌握它們就可以了；其二，學生的日常生活世界被忽視了，家庭與學校兩個世界被認為是同質的。學生只是被相同的框架加以塑造，而少有其個體獨特的特性。對這種扭曲的情境，是以有部分學者大聲疾呼，在校園的塑造上宜保有「人文精神」和「社會關懷」等文化特質。

第四節　教化對社會影響

　　文化的範圍很廣，廣義而言，文化就是人類生活的全部。包括：我們日常生活有關食、衣、住、行、育、樂等各式各樣表現出來的東西；生活的態度、人際關係與消費中的素養與品味，進而到人們知識生活（知）、倫理生活（意）、休閒生活（情）；甚且人生的理想與信仰，生命奉獻的理由，實現生活的意義……都是文化，足見文化對人類生活的影響既廣泛又深遠。文化乃是一群具有相同生活模式的人所共享的一套價值、規範和生活型態。動物行為都屬於遺傳或本能，而人類大多數的行為則來自於社會學習。文化在其過程所發生的影響，就如同動物所承受遺傳的作用一般。文化是藉由社會化的過程一代傳遞一代，以指導人們的思維與行為。文化促使社會成員克服自然，並藉以獲得生存所需的依憑，影響人們於衣、食、住、行所運用的科技和倫理。是以，為期達到社會素質的提高，不僅有待物質科技的進步，更賴文化的全面提升。

　　文化與人類生活關係密切，就社會學的角度分析則可發現：文化對於人類社會生活的影響包括三個部分：第一，文化對於個人的影響；第二，文化對於社會的影響；第三，文化與社會改造的關係。

✳ 文化對於個人的影響

　　個人的生活無一不受文化的影響。日常生活沒有一件事不為文化所控制。社會早為個人規定了許多行為標準。個人衣服的形式，依照社會上流行的樣式；衣服的材料，採取社會上共同取用的質料；穿衣的方法，更衣的季節，都是依據社會的習慣。除了社會對於衣著有相當規定外。食物亦是如此；食物的種類、烹調食物的方法、飲食所用的器具與方法，都是根據社群生活慣用的通例。待人接物的方法，婚嫁喪葬的禮節，都是依照社會上通行的慣例。一個人所用的語言、文字以及與人互動、溝通、聯繫時的方式，發表意見時的程序習慣，與他人共同做事的

態度、動作，無一不受社會上現成規定的方式左右。是以，一個人的生活，沒有一處可以與文化脫離關係。例如，「重視升學，強調學歷」為我們社會文化的環節，對於社會的成員就有一定的制約效果。

✳ 文化對於社會的影響

社會之所以成為社會，不在其集合有機的生物個體，而在此種生物個體的人，具有共同文化而表現共同行為。所以簡單地說，社會存在於文化。不過僅有文化，亦不能成為社會；必定是具有文化的一群人，方成社會。社會既然是文化的產物，換言之，一個社會除了生物單位的個人外，必須要有文化。所以社會變遷，除了是人口性的生物變動外，只有文化變遷。試想，我們所知道的社會變遷，還有哪些方面不屬於文化的範圍？因為，社會的物質設施，如衣服、食物、房屋、陳設、用具、機器、運輸的工具、製造貨物等的內容與形式，較容易隨科技文明而產生變遷，連帶的也會使精神文化也對應改變。同理，教育改革中顯然是教育制度易於更迭，但教育文化卻不易變化。社會文化的變遷，有起於新科技的發明，有起於新文化的輸入，或源於相互間的接觸與傳播，抑由於文化累積達到成熟的結果，或來自有意的引進輸入的結果，其皆不脫離文化的影響。

✳ 文化與社會改造的關係

個人的生活完全受文化的支配；社會的維持與變遷，完全憑恃文化為樞紐。如此，使得文化與人類社會有相當密切的關係，可以推想而知。社會生活既完全受文化的支配，因此當欲改造社會時，即是在改造文化。欲改造社會者，必須從社會的根本要素——文化著手。從物質文化方面，改造社會的物質生活。從非物質文化方面，改造社會的精神生活。物質方面的改造，就在改造日常生活等的內容與形式，以及發展此種改造的知識。非物質方面的改造，就在改造風俗、制度，以及發展此種改造的知識。能從物質方面與非物質方面，雙方施行改造的工作，隨

諸文化改造，人心亦可改造，其他經濟、政治、教育、法律等的狀況亦同時改造，而社會即達成改造的境界。以此檢視我國的教育改革工作，雖倡議打破升學主義，但是因為文化的根深柢固，並非透過短時間的倡導，或是公眾人物的身先士卒，即可以改變匡正，其主要原因便可由文化的內涵加以深究瞭解。

第五節　學校文化的功能

　　學校文化是在學校中形成的一種特殊的文化，它是一種次級文化，是由學校組織成員的價值觀念與行為模式所形成。學校文化具有下列特質：(1)學校文化包括成人（教職員）文化與年輕一代（學生）文化；兩者均受社區文化的影響；(2)學校文化性質複雜；就形成因素而言，它包括校內與校外兩種因素；就人際關係而言，它包括對立與和諧兩種關係；就教育功能而言，它包括積極與消極的兩種功能；就其內涵而言，它包括學校的物質文化與制度文化；(3)學校文化可經由教育力量有計畫的予以導正。所謂學校文化，和一般人所稱的學校風氣（氣氛）意義相近，但有所區別。學校氣氛是指一個學校中各種成員的共同心理特質或傾向，常受首長的領導作風影響；因此，心理上的研究，常將氣氛分為民主的、專制的、放任的，或開放的與閉鎖的等類型。學校文化的概念比學校氣氛廣泛，除了學校成員的心理傾向之外，還包括成員的價值與行為，甚至包括學校的物質文化（學校環境與設備）與制度文化（學校的傳統、儀式、規章與制度等）。

　　正確認識學校文化的功能，既是認識和把握學校文化的性質和特徵的關鍵所在，也是充分發揮學校文化的積極作用、增強人們的學校文化意識的前提。學校文化主要有以下幾項功能：

✳ 規範功能

文化具有規範性，這種規範性既有強制性，也有非強制性，學校文化也是如此。在學校的組織系統中，作為制度性文化的學校規章制度就屬於強制性的社會規範，它規定了教師和學生應該怎麼做、不應該做什麼、應該怎樣做，違反了學校的規章制度就要受到懲罰。學校中非強制性的社會規範主要表現在教師文化和學生文化中，社會控制的這一形式首先建立在個人對社會規範的承諾上，否則就不會遵守它。總體而言，教師文化和學生文化是其成員受社會文化的影響，並透過彼此相互作用而形成的，因此，教師和學生一般對自身所處的群體文化具有較強的認同性，同時，群體文化也強烈地影響著每個成員的行為習慣、思維方式乃至感情等。

管理是一種社會規範與制約，學校為了落實教學與指導學生的活動，都要對其成員進行管理，使其符合社會規範。學校的社會管理有雙重意義：一是保證學校組織活動的正常進行；二是使學校成員遵守社會規範，參與社會生活。實現對學校組織成員的管理一方面要依靠社會每個成員都必須遵守的法律、道德、風俗和習慣等，另一方面還要依靠學校組織的文化，使校園中呈現著講倫理、重道德的圓融和諧文化。

✳ 管理功能

學校組織的目標是使教育的對象得以社會化和人格化，從而成為有教養的社會成員。學校管理的目的也就在於按照培養目標的要求，有效協調學校內部的人、財、物、事、時、空和資訊等諸要素之間的關係，管理學中有 7 S 管理模式，分別是：策略（strategy）、結構（structure）、制度（system）、人員（staff）、作風（style）、技能（skill），以及最高目標（super goals）的英文起始字母，分別表示影響組織成敗的關鍵因素，也足供學校參採。為了謀求在整合基礎上各要素功能的有效發揮，切實地實現各級組織的管理目標。良好的學校文化既有利於增強和提高學校成員的士氣及對組織目標的認同程度，也有利於

增強學校各級組織之間和組織內部的凝聚力，更有利於形成良好的人際關係和良好的校風，這對於學校組織目標的實現無疑有著深遠的作用。在高度競逐的教育環境中為追求辦學成效，有遠見的學校領導人都把建立良好學校文化和充分發揮其管理功能作為學校運作的重要內容和方法。

學校文化除了具有上述正向功能外，還具有反向功能。所謂正向功能是指能夠促進或有利於學校組織的建設和發展以及組織目標實現的功能。上面談及的學校文化的社會化功能、社會規範功能、管理功能均屬於正向功能。學校文化的反向功能是指消極、落後的副文化，具有的阻礙或不利於學校組織發展以及組織目標實現的功能，如校園文化中的偏激文化和庸俗文化等均屬於反向功能。在今日學校肩負道德振興之際，學校文化宜朝向培植積極、健康、人文和優雅的教師文化和學生文化、發揮優質功能，抑制負向功能，逐步充實、發展成為學校的主體文化，進而匡正社群。

學校組織文化的特徵，有別於其他社會組織，其中較為顯著的有下列幾項：

1. 教育組織工作對社會具有重要的功能。它除了培養人才發展人力外，並具有價值引導的功能。簡言之，學校教育有為社會進步的動力。

2. 教育是百年樹人的工作，責任艱鉅，效果不易及時顯現。學校教育目標是培養德、智、體、群、美等各育均衡發展的健全公民，任務繁鉅，不易評鑑成效。

3. 學校文化明顯且易受大眾重視之原因：(1)在現代社會中隨著教育組織與功能的擴充，使人人重視教育、注重教育；(2)教育機會普及化後，人人均接受教育，因此對學校組織均有若干瞭解；(3)學校教育的發展與社群的風氣高度相關，在愛之深，責之切的情況下，易受社會高度關注。

4. 社會普遍期待學校教育能以服務為宗旨，不以營利為目的：從事

教育工作者，宜以「服務」的精神來參與教育工作，而不應以「營利」的觀點來經營學校。

綜合上述學校組織文化特徵，似可得到下列啟示：教育工作者應有強烈的責任感，力求教育目標具體可行，應有勇氣與雅量接受批評，並能自勉自勵，力求革新，並以「服務」重於「報酬」，以「耕耘」重於「收穫」，以「大我」重於「小我」的觀念從事教育工作。

第六節　文化對教育影響

文化決定論（Cultural Determinism）者強調文化對於人類生活的一切行為不僅是影響而已，並且還有決定性的作用和塑造人類心智的力量。因為文化是人類社會普遍存在的現象；所以文化決定民族的特質，而非民族決定其文化。正如懷特（White）所說：「人類行為，應依照他們的文化來說明，而不應求之於人性或是心理傾向。任何民族的一切思想、感覺及行為都是由文化所決定的。」這就是文化決定論的精義。文化的基本表現在凝聚社群並形成生活的傳統。但文化並非凝固不變的東西，它有其形成、發展、演變過程。文化傳統在塑造人、造成人的社會實質同時，也被人引申和再創造。文化型態可分為知識、價值、思維、習俗等因素，它有封閉性、能動性、實踐性、改造性等性質，它使人們產生共同的思想、心理、語言，共同的信仰、價值觀和行為規範，成為群體的一種巨大向心力。文化不但具有多樣性，而且還具有人類的同合性，各個文化區域所形成的文化樣式，將隨著文化聯繫、傳播、交流和吸收，被納入日益擴大的文化綜合過程。每一種社會型態都有自己作為歷史整體的文化類型。爰此，教改落實須契合社會文化方期可成。

正如文化決定論所闡釋文化對社會生活與人們思維的影響性，教育與文化息息相關。究此，近年來社會大力推動的「教育改革的行動方

案」。其中源諸於教改人士提出「廣設高中大學」的訴求，教育部以快速鬆綁方式加以對應，造成教育資源嚴重稀釋。數據指出，一九九六年到二〇〇五年大學生成長了快兩倍，碩士生更成長率超過三倍。大學窄門變寬，也使學生水準變低。監察院進行一項全台二十所大學生英語能力的調查統計顯示，32％大學生英語能力不到高中畢業程度，甚至有8.8％的大學生，英語僅有「初學者」程度。台灣的大學畢業生托福成績遠低於大陸、泰國、南韓和印尼，未來競爭力堪慮。一方面有識者已警覺到放任高等教育浮濫設立，導致大學品質嚴重倒退，社會呼籲正視檢討改善聲音不斷。但是在此同時亦有反映在現行教育體制下，多元入學方案取代聯考制度是一種慢性的折磨。因為為求達到自己的理想學校，從國一開始的三年就學期間，每天就得應付各種大考小考，包括德智體群在內的各種測驗，甚至參加校內校外的各種比賽，只為了累積優異成績，以期能在國三的推薦甄試有好的條件，上好一點的學校。其結果，為了廢止聯考而設計的多元入學方案，最後亦成為學生痛苦的根源。

許多人不禁要問？為什麼多元入學方案反而讓學生在廢除聯考後，又被更沉重的升學壓力禁錮，為了應付推甄入學，除了課後的英數理化補習，還有人假日補習籃球。一些學校每月改選班長及幹部，學生爭著當空殼社團的幹部，為的是讓學生有社團及服務表現以利升學，完全本末倒置。原本的教育改革是為解除學生壓力，讓孩子有一個快樂的學習歷程，卻成為更長期的折磨？為什麼自國外引進的教育體制，竟變成學生的夢魘，家長的負擔？

聯考因行之有年，其錯綜複雜的糾葛已形成一種文化，譬如學生爭明星學校，學校搶優秀學生的心態，又如學生及家長斤斤計較的心態，學生只準備考試會考的科目，拒絕其他學習，學生只會作測驗卷，不會利用圖書館找資料、整理資料，學校的圖書館形成空洞的書庫等，這些都是因為聯考帶來的弊端。如果教育改革沒有整套的措施，未能思考社會文化的特質，則單憑多元入學方案要來取代高中職聯考，將無法有效且全面的解決問題，反而帶來更多的問題。

教育改革的目標，無非是針對聯考制度的弊端所進行的改造，以避免學生深陷於升學主義的壓力下；讓教育回歸正途，讓青少年擁有青春亮麗的生命，讓學生自惡補的泥淖中解放出來，讓長期的表現取代一試定終生，讓多元評量取代智育為尊。然而，如何以更好的制度取代聯招，卻非一蹴可幾。以高中多元入學方案來看，如果缺乏配套的措施，如調整高中高職比例、廣設社區高中、增加完全中學、把直升門檻放寬、打破明星學校的迷思，再輔以大學入學制度的改革，則台灣的升學主義傳統依舊根深蒂固，難以改變。

　　檢視我們社會由於普遍存在的「學歷至上」、「文憑第一」的文化風氣，於是既有的聯招制度或是多元入學方案，皆成為每個升學同學的最大噩夢。是以，雖然推甄制度的設計是有意要解除現在的聯招考試對國中生升學壓力的魔咒，但我們幾乎可以確認，如果「士大夫觀念」依舊存在，「萬般皆下品，唯有讀書高」依然唯尚，則升學制度的改革將不易奏效。再怎麼改，學生的壓力永遠存在，家長的期待將難於避免，而「快樂學習」只是一種遙不可及的憧憬。

　　多元入學只是教育改革的方案之一，目前所遇及的各種困難，其實是社會改革過程中，必然會面對的。由於社會制度的推行必定與整體社會文化息息相關，是以，社會改造自然宜考量社會文化與人心特質，否則易為事倍功半。因此，當我們皆有不能再重回聯考老路子的想法時，更不能讓孩子再陷入僵化教育的泥淖，唯有以更全面的改革，更深化地從學生、家長、教師，到教育體制及社會文化的整體改造，而且探討現行聯招的文化機制，去做配套解決的工夫，才能走出升學主義的深淵，使教育改革所追求的目標竟全功。

結語

　　「教育改革，不僅是教育制度的變革，更是社會文化的變革。」在

教改推動多年，人們發現教育制度與文化的高度關係。因為，文化的基本表現在凝聚社群並形成生活的傳統。但文化並非凝固不變的東西，它有其形成、發展、演變過程。文化傳統在塑造人、造成人的社會實質同時，也被人引申和再創造，文化型態可分為知識、價值、思維、習俗等因素，它有封閉性、能動性、實踐性、改造性等性質，它使人們產生共同的思想、心理、語言，共同的信仰、價值觀和行為規範，成為群體的一種巨大向心力。

總之，文化理論係研究人類文化的型態、價值、結構、功用及發生規律，立足於解決現實中人與文化的關係。所以，文化研究具有多重涵義。從社會學方面說，文化是人類思想創造的工具，藉助於它人可以適應自然、改造自然；從人類學方面說，文化是人類存在的方式，歸結為人在自然和社會中自由的發展；同時，從教育學方面來說，文化是運用符號體系，以傳承人類的智慧。究此，可深知文化在人類社會及對於教育作為的意義及重要性。

第七章　教育與人口

「一個國家如果生活資料的增加不能應付人口一切需要，則必定會更受制於週期流行病的侵襲。」——馬爾薩斯（Thomas Malthus），《人口原理》

第一節　人口的基本概念

　　人口（population）指「在社會學中通常指一地區內的全體居民。它所強調的是人的數目，即個別的人或人類有機體單位，在一特定空間上集合而成的總體。」人口現象是指：「任何一個人口集團所呈現的任何狀態或特徵，都可稱為人口現象。一般按人口的狀態分為動態人口與靜態人口，前者指人口的出生、死亡，及遷徙等現象。後者指一地人口在特定時間之內的數量及其組合情形。更為普通的分類法是以人口的性質或所表現的特徵為根據，將它分為數量與品質兩種。」這些與教育皆有高度的關聯性，因為教育的對象既為人，因此人口的消長也勢將影響到教育的實施。人口素質的優劣，也反映著教育的品質。是以，教育社會學的探討範疇，包括教育和人口之間的關係。

　　人口學（demography population）是指：「研究人口過程及發展規律的科學。」所謂人口過程，是指一個社會人口的自然變動（人口的出生和死亡）、遷移變動（人口在空間上的移動）、社會變動（人口社會構成的變動）這三種變動的總和。人口的存在和發展要受一定的自然條件影響的。這種自然條件既包括人口所在的自然環境，又包括人類自身的諸如遺傳、變異及各種生理機能的自然因素，因此，人口學的研究就不能不涉及人類自身的一些自然因素。人口問題是一個複雜的社會問題。要明白人口過程及其發展規律，就必須清楚社會生活的各個主要方面，這涉及各種社會關係，特別是人口與經濟、政治、文化、家庭等關係。人口學一般分為廣義與狹義兩種。狹義人口學注重人口數量分析，研究人口的出生率、死亡率和人口增長率，至於影響這些數量的社會原

因，認爲不屬於人口學研究範圍。廣義人口學除注重人口數量分析之外，還注重研究人口過程的存在和發展如何受一定的社會生活條件的影響，研究人口數量變動中的規律性。

在人口研究的內涵上，社會學家多半以「出生」、「死亡」、「遷徙」等人口特徵，來描繪人口的現象。

✳ 粗出生率

粗出生率是指一年內某一地區每一千位年中人口之出生數。所謂活嬰係指產婦完全產出或取出之懷孕產物，該懷孕產物在完全脫離母體後，應能呼吸或顯示任何其他生命現象，凡如此出生的嬰兒均被視爲活產。至於年中總人口，一般是以該年七月一日的人口爲準。出生率的多寡，勢必影響接受教育的人口數，尤其是基礎教育和義務教育階段。人口的出生數量，將影響到班級規模、教師的培育等議題。

✳ 生育率

生育率指育齡婦女人數與在一年之中生育活嬰數量之比，亦即一年內每一千位育齡婦女平均之活產數。生育率要比粗出生率更具意義，因爲它已消除了粗出生率中所含性別與年齡組成中的部分因素（如男性、老年人和幼兒）。以目前台灣社會普遍存在子女生育數量愈爲減少情形，同時新生嬰兒中高達七分之一爲外籍配偶婚生子女，此種情形必然牽動著教育的實施。

✳ 人口遷移

人口遷移（population migration）是人口動態的一種，普通限於涉及有較長期居住變更的人口遷徙，並非指任何一種人口移動。例如，甲地人口移往乙地從事較長期的居留，才稱爲遷移。從甲地的立場來說，這種人口移動稱爲人口外移；從乙地的立場來說，則稱爲人口內移。人口遷移的類型可根據遷移的目的和動機，分爲謀生求職與非謀生

求職型；根據遷移的就業性質可分為產業性移民與非產業性移民；根據社會組織情況可分為自發性與計畫性、有組織與無組織、自願與強制性類型；根據移民遷移時間長短可分為：臨時性、季節性、間期性與永久性移民；根據遷移的空間範圍可分為城鄉流動型與地區間流動型；區域間流動又分為國內遷移與國際遷移等。人口遷移受自然、經濟、教育、政治、軍事和宗教等因素的制約，是一定社會生產方式下的產物，同時，它又對遷出地和遷入地的社會經濟和文化發展產生巨大影響。例如，早年台灣社會因高等教育的普及率和素質未及西方先進國家，是以，有相當比例的青年菁英，遠赴先進的歐美社會求學，同時於學成後居留海外就業奉獻所長。其後台灣經濟的發展，對人才需求恐急，使海外學人紛紛返回服務，成為「歸國學人」，此即是人口遷移。人口遷移貫穿人類歷史，愈到近代，人口遷移頻率愈高；規模愈大，遷移過程也大大縮短。值得正視的是，我國近年來由於社會結構的改變，使得自東南亞國家移入的外勞達到三十萬人。同時，外籍配偶的人數也超過了三十萬人。皆對教育的人口結構帶來了衝擊。

　　人口遷移會對一個社會造成影響，其影響層面約有下列四端：第一，人口的影響：在移入國方面，它的人口必然因此增加，同時壯年男子的比例當然也會被提高。在移出國方面，可以暫時緩和它的人口壓力或減少其人口數目，但移出者多為壯年男子，留下老弱婦孺可能影響他們的結婚率、生育率與死亡率。在移入國方面，它的人口必然因此增加，同時壯年男子的比例當然也會被提高；第二，經濟的影響：就移入國移民對它的各種事業必然有很多貢獻，使其經濟更加繁榮，但同時也可能因為人數眾多，與當地居民容易發生經濟上的競爭與衝突，而遭歧視、排斥。就移出國，因為移出者多為壯年男子，它的勞動力必定因之減少而影響其農工商業等的發展；但從另一方面來看，如果它的僑民在外國發達，而有大量的款匯回祖國，這也不無補償；第三，政治的影響：移居的僑民，因受其政治思想和行為之影響，而將其灌輸給祖國同胞，可能引起政治改革作用；第四，社會的影響：移民對於祖國一方面既可以把自己的文化帶到外國，另一方面也可以將僑居國的文化傳到祖

國，而文化的變遷乃社會變遷的一個來源。

✳ 人口增加率

　　人口大小的改變稱為「人口增長」。影響人口增長的原因包括：出生、死亡、遷入和遷出。經由遷移造成的人口變化，稱為社會增加；經由人類自然地出生與死亡造成的人口變化，稱為自然增加。因此人口增長是社會增加與自然增加所產生的結果，其計算的比率分別為自然增加率與社會增加率。

　　1.自然增加率：係指一個國家或地區全年人口成長數（出生人數－死亡人數）對該年年中人口數的比率，以千分比表示之。
　　2.社會增加率：係指一個國家或地區全年人口遷移數（遷入人數－遷出人數）對該年年中人口數的比率。

✳ 性別比

　　性別比是指：「男女兩性的分配狀態。」性別比的測量通常是指一時一地的人口中每一百女子與男子人數之對比，即以女子人數除男子人數再乘以一百。在懷孕時，男性比較多，其比率大約一二〇～一三〇男性對一〇〇女性，在出生時性比率平均常在一〇五左右，在中年時數目差不多相等。不過女的壽命平均比男的長，大約到了四十五歲之後，女的數目漸漸超過男的，大概年齡愈高，性比例就愈低。影響兩性不均的因素，除生育與死亡的生物因素外主要的有三個：(1)戰爭：在戰爭中被殺的多半是男的；(2)移民：向遠地遷移的普通是男性的較多；(3)社會態度：重男輕女的社會大半男多於女，如我國。

　　人口與社會發展息息相關，也與教育高度關聯，隨著知識經濟的來臨，高等教育的擴充發生了重大變化。西方工業化國家的高等教育普遍從精英型高等教育過渡到大眾化，並朝向普及化方向邁進。但隨著人口出生率大幅度下降，適齡青年數減少。將使得教育產生「供需失調」的

情形，對於教育的發展產生相當大的衝擊。

第二節 教育與人口理論

　　人口與社會的關係是一種相互影響：一個人口的組合、大小與變遷情形，都會影響社會，而社會也會影響人口結構。面對人口的變化，社會學家提出以下的理論。

✳ 馬爾薩斯理論

　　人口學研究者馬爾薩斯（T. R. Malthus）認為，人類的生育能力與食物的生產能力，有一種恆常的不均衡關係，因為人口的成長是依循著幾何級數的速度，而食物的成長是算術級數的速度變動，因而人口增加超過食物供給。當食物嚴重不足時，饑荒、瘟疫與戰爭等災難即可能發生，而增加死亡率以減少人口，是屬於積極抑制（positive check）。由於食物供給的限制，乃成為人口成長的絕對極限。因此，世界的大部分地區，除非能突破生產技術或抑制大量人口生產，否則，龐大的壓力人口可能帶來災禍。人類也可能逃過積極抑制的慘境，那就是社會要能夠對人口實施預防抑制（preventive check），如遲婚與節制生育。第二次世界大戰後，因為死亡率的下降，全球人口的增加主要是因出生人數超過死亡人數。人口數的激增，不僅會影響到糧食、能源的供給與分配，社會的組成與制度也會發生一些變化。而影響任何一地區人口數的主要因素，除了自然性的出生與死亡，還有社會性的遷移；值得注意的，不論出生、死亡或遷移，這些現象的形成與改變，也都不純然是生物性、氣候或地理環境的制約，舉凡經濟、心理或文化等，也會促成人口的一些改變。

✳ 人口轉移論

人口轉移論（the theory of demographic transition）強調：「社會現代化以前的人口，經由高死亡率與高生育率的均衡，形成一種穩定的成長數量。當他們開始經歷現代化的影響時，營養與健康標準的改善，減少了死亡，但生育率仍維持在高水準，因而引起人口的快速成長。後來，都市化與工業主義的發展，生育率因此開始下降，而再次與死亡率達成均衡。」本理論正說明人口成長與社會經濟發展及現代化的關係，及人口轉移帶來的問題。面對著人口變遷的情形，一個地區如果人口成長速度過快，勢將造成資源匱乏的窘境，如果成長速度過緩，亦將帶來整體社會新陳代謝的問題。這也是何以政府會重視人口計畫的主因，以企圖引導人口合理的成長。爰此，運用在檢視教育職別上，則由於學生是教育的主體，早期台灣隨著學齡人口增加以及教育的普及，學生人口一直在增加；雖然各級學校入學率仍不斷地提升，然而在生育率持續下降的情形下，使得接受教育的學生數產生了變化。根據統計在一九九一學年度之後，學生人數已不再增加，可是教師數與學校數仍持續的增加，且速度並沒有減弱，教育的發展似乎已開始脫離學生的人口結構了！以目前出生與死亡水準來推估未來台灣人口趨勢，在外在條件不變下，台灣未來人口變遷將有幾個和教育發展相關的現象：(1)老化將於十年內因「第一波嬰兒潮」進入老年而加速；(2)二十五年內台灣十五歲以下人口將和老人一樣多，且於彼時開始台灣就是「高齡社會」，老人人口將逐漸超過小孩；(3)獨生子女、單親子女與外籍新娘所生子女，比例會不斷增加。以近幾年生育率繼續下降的趨勢來看，將有利於「小班制」的推動，可是，為了維持經濟規模以及學生在社會化過程中所需要的同儕互動，一旦需要進行併班，師資的需求銳減，老師就業將首當其衝。這正是近期社會所呈現的「流浪教師」的現象。針對此，政府必須及早規劃諸如適當的班級規模，審慎計算師資培育的數量，並透過評鑑機制來調整數量或轉型，以避免教育和人口脫鉤的深化！

人口消長與食物生產彼此間息息相關已於馬爾薩斯理論中說明，實

則教育發展與人口數量有著高度關聯性，因此在探討教育與人口議題時，不僅馬爾薩斯理論可提供思維，同時人口轉移論亦可作為主要的論據。

第三節　人口趨勢與教育

　　有鑒於人口品質乃為經濟發展的主要動力，台灣過去教育發展主要為了提供經建所需的人力；影響最大的，莫過於一九六八年推動九年國教，實施三年後入學率很快就提升至82%，可是成長到某一個程度，不僅產生學校數量與學生分布的不均，也影響到教育的內容與品質。

　　觀諸西方先進國家發展大眾教育（public schooling）較早，例如，十九世紀末，美國的學齡人口即有高達九成進入小學，歐洲的英、德、法等國也有六成以上的在學率；第二次世界大戰後，英、德、法這幾個國家的中等教育在學率平均超過三成，美國的高等教育在學率在一九七○年時更達三成六。Lipset曾指出發展教育乃國家進入現代化的重要機制，也是人民提升勞動力品質，增進市場競爭力的重要管道。為了證實教育與國家發展的關係，Walters and Rubinson分析教育擴充與經濟發展兩者確實存在正面的關係。同時教育在勞動力市場的表現明顯具有優勢。然而隨著高等教育的快速擴充，加以人口結構的變動，使得自二○○○年以後，大學學生來源人數下降。為此，經建會建議：(1)未來中央政府新增的教育資源，應用於成人教育上，讓在職人員有不斷進修機會。成人教育的推廣可以利用現有校舍，不必再新增太多軟硬體建設；(2)緩解新設大學院校的增設；(3)健全技職教育體系，著重實物教學，建立學校的特色；(4)大學生及研究所學生的成長政策，應重新修正，以配合未來學齡人口減少而調整；(5)增加人力素質的競爭力；同時也可以培養第二專長，提升就業人力。

　　基於先進國家的經驗，教育發展除了經濟之外，地區差異與人口結

構也是重要的課題，尤其應注意的，台灣人口正處於少子化與高齡化的趨勢，不論是生育率下降或是高齡化的攀升，其速度都將超過歐美國家。因此，人口結構對於教育的發展衝擊相當可觀！鑒於此，檢視人口發展的趨勢與特質，乃是今後教育運作的重要因素。

「教育擴張」使人人有學校讀雖未必是不佳的決策，但必須建立在人口發展與趨勢的認知上；以目前來說，擴張的政策應為其後所帶來的衝擊為妥善的對應！尤其是，台灣地區出生人口自一九九〇年開始迅速且穩定下降，二〇〇二年只有二十四萬七千人出生，總生育率降到一‧三四人，當中還包括每八位新生嬰兒就有一位嬰兒是外籍新娘生育！二〇〇四年情形更不敢令人樂觀，只有二十一萬的新生嬰兒，總生育率更達到一‧二人，在亞洲列屬生育率最低的國家。此種情形所帶來的衝擊是：

第一，受到出生人口遞減，學齡人口與招收員額呈現嚴重失衡的現象：因應學齡人口的銳減，教育部統計二〇〇四學年度國小減班數，總計各縣市國小共減四百七十四班，預估未來五年總計減班數將高達四千二百八十七班，平均一年減少八百班。另外，從大學供需發展空間分析，依出生人口及學生人數統計分析現有大學人數，將隨階段性出生人口遞減而面臨招生學齡人口減少問題。

1. 二〇〇三至二〇一六學年度十三年間，平均十八歲學齡人口較二〇〇二學年度減少人數約在四‧五萬人左右，減少比率約12％。
2. 二〇一七至二〇二〇學年度四年間，平均十八歲學齡人口較上一階段平均學齡人口約再減少四‧五萬人，較二〇〇二學年度則減少人數約九萬人左右，減少比率約24％。
3. 二〇二〇至二〇二九學年度十年間，依出生人口推計，平均十八歲學齡人口較上一階段平均學齡人口約再減少二萬人，較二〇〇二學年度則減少人數約十一萬人左右，減少比率約30％。

第二，台灣加入世界貿易組織（WTO）後，包括大陸、歐美等國

家大學也可來招收學生，將使本地大學招生雪上加霜，大學校院及高中職校出現無法經營的情形已是勢不可免：我國大專院校除面臨學齡人口因出生人口減少而招生數遞減的危機外，隨著加入世貿組織後，外國大學為擴展學生來源，亦加強對我國學齡人口進行招生宣傳，並以有遠距教學為號召，招攬就讀。此外，由於大陸擁有廣大市場，且在加入世貿組織後開放市場，在全球化比較利益考量下，不免對國內人才造成一定磁吸效果。加以國內企業對大陸投資已有一定規模，國內學生在選擇就讀學校時，亦必然考量未來就業市場等因素，以致形成學齡人口向外流動情形。

第三，高等教育品質問題：因應教育改革所強調廣設高中大學的政策，使得近十年來大學數量及學生數的快速增加，我國高等教育已由菁英教育轉為普及教育，平均素質因而降低，經業界與以往畢業生就業表現比較，認為學生整體的素養有下滑的趨勢，確實是我們必須思考與正視的問題。其中所涉是學校學習成果評量標準降低，或所提供學習資源與內容本身就無法塑造出符合時代要求的標準畢業生，或者是因為大學量的擴充，讓資質實無法經由一定年限學習而達到標準的學生亦進入大學等，均是我們要克服的問題，以避免教育成果無法滿足社會期待的窘境。

第四，教育經費明顯不足，以致無法培育高素養的社會專業人力問題：由於大學數量的持續擴增，政府挹注於教育的經費並未適時增加，所提供給高教經費於平均每校能分配數卻不可避免的因相互排擠而產生緊縮。私立學校雖以學生的學雜費為運作之主要經費來源，在民間對於捐助高等教育的風氣未能形成，而政府教育資源有限情形下，在目前大學數量的擴充速度大於大學教育經費資源成長情形下，高等教育補助經費不足及資源排擠將陸續存在，並影響辦學成效。基於學校資源的運用有其整體性及不可分割性，學校經營應有適當在學人數，才能充分發揮資源的效用。在此前提下，究竟學校的最適經營規模如何，不同研究有不同數據，而實際最適規模亦因區位、成本、類科、實際經營能力、方向與內容暨收費情形而異。部分學者指出我國國立大學之最適經營規模

值為9,800至13,806之間。

綜合上述，的確不難看出人口趨勢與教育發展所具備的高度關聯性。人口結構對於教育的發展與資源分配影響相當可觀。有鑒於此，檢視人口發展的趨勢與特質，乃是今後教育規劃與作為的重要課題。缺少人口方面知識而執行教育計畫將是盲目而危險的；同時勢必造成教育作為窒礙難行！

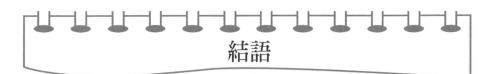

結語

有鑒於近年來我國人口出生率銳減，致大學入學學生數量降低問題，各大學規劃系所及招生名額除應盱衡國家社會人力需求、學校發展及校內資源配合條件外，尚應考量大學招生不足之問題。由於近年來國家社會及產業人力需求變化迅速，為利於高等教育人才培育制度得以配合國家政策及產業需求彈性調整，進行多項改革，如授權大學自主規劃系所、多元人才培育管道及支援補助重點系所等，現階段因應措施如下：

第一，建立大學校院增設系所及招生名額自主及彈性調整機制：為鼓勵大學主動反映國家重要建設及社會人力需求，建立大學系所及招生名額彈性調整機能，俾大學培養之人力能與社會與產業需求密切配合。

第二，高等教育多元化的人才培育管道：高等教育人才培育除經由一般之大學系、所途徑外，尚可經由多元彈性之回流教育體系，擴大辦理在職進修教育，增加在職人員進修機會，強化教育體系中之在職教育功能，並藉由推動大學校院開辦跨學系、院之學程，擴大辦理輔系及雙主修課程，使學生具備多元就業專才並培養產業需求人才。

第三，依據產業需求人力情況，擬定專案人才培育計畫：依據經建會人力推估供不應求之系所領域，擬定專案人才培育計畫方案，俾提升大學科技系所教學品質，進而提升我國產業競爭。

第四，就我國產業政策考量，未來我國大專校院研究所合理規模：依據整體社會發展中就科技人力供需趨勢。縮短人力供給及人力需求之間差距，以符產業之需求。

　　教育的主體是「人」，而人口品質的指標之一乃為「教育」；因此，一個國家的發展攸關人口與教育的適切配合。就現今社會所呈現的情況，如果能就上述內容妥慎規劃，則將使人口趨勢與教育培育有最適當的配合，藉以帶動社會的發展。

第八章　教育與社會組織

「當社會出現危機時，魅力型人物可以促進人們改變價值觀念和信仰，使人們接受一種新的信仰和做法。」——韋伯（Max Weber），《經濟與社會》

　　研究教育制度中的社會組織與教育關係，係指有系統地應用社會學理論與觀點，分析教育行政制度及各級學校組織中教育人員的角色與行為，以期建構領導者與被領導者之間的良好的關係與規範，進而溝通觀念，共同一致努力達成教育目標。包括：教育機關中科層化與專業化兩種功能有效協調、組織領導與學校風氣協調及科層制度對於專業工作的影響等。

第一節　社會組織的定義

　　社會組織是一個社會或一個團體內的各部分相互關係的總體。人類的社會組織不是散漫而無秩序的，社會的各部分彼此都有密切的關係的，是一個有系統實體。亦即社會組織是「存在於特定的社會環境之中，由相互間具有有機聯繫的要素有秩序地組合起來，為完成特定功能或達到某種目標而建立，並隨著內部要素和外部環境的變化而尋求生存、適應、變革和發展的一個複雜的社會系統。」社會組織是人類社會存在和發展的前提條件。人正是憑藉組織的力量使自己擺脫自然狀態，又使自身不斷得到發展。組織擴大了個人的力量，造成一種新的合力。當人們經由組織把許多孤立的個體結合成一個能動的團體時，正如同社會學家涂爾幹所強調，它所產生出的力量超過同樣數量個別的「機械總和」，並足以提高工作的效率。

　　值此先進國家均在倡導「邁向學習性組織」之際，終身教育將是引領世人因應世界快速變遷所帶來挑戰的良方。未來人類要能適應社會變遷的需要，必須進行永續的學習。過去的教育比較偏向教導學習知識，

較忽略教導學習做事。在終身學習的社會中，爲因應社會改變所帶來的種種挑戰，教育的理念、內涵、組織也應有適格的調整，以因應社群成員進行持續的學習，才能不斷回應社會的變革。學習性組織的建立，就是運用教育機能給每個人：學會認知、學會做事、學會相處及學會發展的有效途徑，它是未來社會發展的願景。

我國社會在邁向開發國家的過程中，面臨了相當多的挑戰，面對此景，個人應具有何種能力及知識，始能應付挑戰，已爲社會所關注。先進國家皆以「推展終身教育，建立學習社會」作爲主要的途徑，認爲這是解決當前問題的重要趨勢。一九九六年《歐洲終身學習年白皮書》就指出：「歐洲未來的社會是學習社會。在這方面，教育體系中的教師及其他社會參與者應扮演重要的角色。教育與訓練是個人自覺、歸屬感形成、自我改進及自我實現的主要管道。個人得自正規教育、在職教育或非正規教育管道的學習，決定自己前進與未來發展的關鍵因素。」現代社會應該是一個學習社會。推展學習性組織的社會，不僅能夠重建社會的價值，而且可以解決目前的教育問題。

在學習社會中，個人所需的不僅是學校教育，而且終身的教育。終身教育的思想，在一九七〇年代以後，由於聯合國教科文組織（UNESCO）積極倡導，不少國家均採取具體措施，極力倡導，鼓勵民眾終身學習活動。爰此，教育組織也需要因應調整以建立學習社會爲其目標。

組織理論是屬於一種系統化地認識、研究和解釋社會生活中組織現象的觀念知識，它力圖揭示各種組織發展變化的規律，目的在於對組織實施有效的管理，提高組織的效益。若以時間先後順序，則組織理論的建構概可區分爲三個時期：

✳ 傳統組織理論

亦稱古典組織理論，產生於十九世紀後期和二十世紀初期，其產生與工業革命要求發展新的組織形式，工業組織的興起有密切關係。主要

代表人物以德國社會學家韋伯爲代表。傳統組織理論的主要觀點是：(1)組織是分工體系，強調專業分工的意義；(2)組織是一個層級控制體系，強調指揮統一；(3)組織是一個權責分配體系，講究職責分明；(4)組織是一個法令規章的體系，具有明文規定的制度、規範；(5)組織有明確的目標；(6)組織活動的目的在於追求效率。傳統組織理論突出的特點在於：追求組織結構的系統化，因而十分強調組織設計、合理職責權限分配及完善的層級節制體系；追求組織運行的計畫化、標準化，強調任何工作都要計畫，處理一切事務都要依賴可靠的事實或一定的標準；追求組織管理的效率化，認爲組織管理的目的在於提高效率，以最經濟的手段獲得最大的效果。傳統組織理論的缺陷在於：過分強調「機械」的效率觀念，把人認爲是經濟人，以至抹殺了人性的尊嚴；過分注重組織的靜態面，忽視了組織的動態面；將組織當作「封閉系統」來研究，未能涉及組織內外環境的關係及彼此間的相互影響。傳統理論的學者大多以其本身工作的環境和專業知識爲基礎來研究組織問題，並試圖建立普遍適用的組織原則。

✳ 行爲科學時期的組織理論

　　針對傳統組織理論和研究方法的偏失，從二十世紀三、四〇年代起，許多學者用行爲科學的理論與方法研究組織現象，提出了一套不同於傳統理論的理論模式和價值體系，從而形成了行爲科學時期的組織理論。這一時期的主要學派和代表人物是：梅約（Mayo）、馬斯洛（Maslow），其立論的要旨在於：(1)組織是一個心理、社會系統，它不僅是經濟的技術系統，同時也是人們爲了達成共同目標所組成的一個完整體；(2)組織是一個平衡體系，人們參加組織並爲組織作出貢獻，組織也能給他以最大的滿足。組織之所以存在和發展，就在於組織成員對組織的貢獻。兩者保持平衡狀態；(3)組織中的各種行爲本質上是一種制定決策的行爲，組織本身也是提供合理決策的機構或制定合理決策的社會系統；(4)組織不僅是在權責分配、勞動分工基礎上建立的正式的組織體

系，還有人們在相互交往、彼此瞭解基礎上建立非正式組織；(5)組織不僅是權責關係的結構系統，而且是人們在相互交往過程中產生的影響力系統，這種影響力貫穿於組織之內，不僅上級可以影響下級，下級也可以影響上級；(6)組織是一個溝通系統，沒有溝通的組織不能稱為組織；(7)組織是一個人格整合體系，組織是由許多不同的人所組成的，不同的人格對於事物的認知、理解與解釋也不相同，故組織的衝突也便存在，組織的基本功能之一便是協調衝突，達到人格整合；(8)組織人的行為出發點便是人的動機，為了激勵組織中人的積極性，提高組織活力，必須透過滿足人的需要等手段來激發人的動機，即實施激勵；(9)在組織管理上講究由監督制裁走向人性激發，從消極懲罰走向積極激勵，從專斷領導走向民主領導。這一時期的組織理論的主要缺點在於：(1)過分強調組織中人的行為研究，甚至根本否定組織結構及法律規章的重要性；(2)在研究非正式組織的過程中，有忽視正式組織研究的傾向；(3)研究對象雖然是組織中的人，但仍未能涉及外在環境對人和組織的影響；(4)由於重視實證、統計的研究方法，因而缺乏必要的綜合與歸納，致使研究的內容分散，理論體系支離破碎。

✳ 系統方法時期的組織理論

從二十世紀六〇年代起，組織理論的研究從而進入系統理論時期。主要觀點是：(1)組織是一個「結構的社會技術系統」，它由五個次級系統構成，即管理子系統、心理及社會子系統、結構子系統、技術子系統、目標與價值子系統。每個子系統雖然各有其功能，但卻相互依存，構成一個完整的統一體；(2)組織是一個開放系統，與外界環境保持著物質、能量和訊息的交換；(3)組織是一個反饋系統，一個組織在實現其目標的過程中，對所採取行動所產生的效果或情勢，予以認知、判斷，根據偏差進行適當的調整或修正；(4)組織是一個生態系統，必須不斷適應內外環境的變化，不斷變革和調整，從而才能維持其生存和發展；(5)組織管理的權變性，組織管理沒有永久不變的定律，要隨機應變，不可執

著，組織管理的方法也是多樣化、殊途同歸。系統理論為組織研究開創了新的歷程，它促使人們從整體、系統的觀念認識現象，對組織的研究產生整合的作用；並促使組織管理富於彈性。

第二節　社會組織的特性

自社會結構的角度分析社會組織，則可以發現社會組織包括下列特性：

1. 社會運作工具：社會學家把組織視為達到特定目標，結合必要的人力、物力、資源、制度、規範。為求達到組織的目標，組織要求高度理性化，務求達到最高效率。
2. 為一社會系統：組織為一種社會系統（social system），諸種因素是互有關聯的；一個發生變化，必導致其他因素也發生若干變化。
3. 與環境的關係：組織的有效性，端視其自主範圍，組織的領導者的主要任務之一，就是要創造一個能不受外界干擾以達成其目標的環境。例如，學術團體或慈善團體之理事會，其主要是設法使社會認為他們所代表的組織有存在的價值，所作的活動合理合法，同時又能為組織謀求它所需要的各種支持。
4. 有明確的目標：組織的目標，是組織力圖達到所期望的狀況。經由自身的結構和職能，整合全體成員努力實現這些期望和要求。組織不僅有明確統一的目標，也有明確統一的價值觀，建立共同的遠景。
5. 有固定的分工：一個組織的各級單位，由於任務的不同，要作的決定也各異。組織的最高層級單位，其功能在協調組織與外界社會的關係，為組織謀求精神與外界的支持，以便達成其目標，並

能繼續生存。組織的中間層級是管理級，其任務是取得和分配其所需的人力與物力，並協調各單位之工作。最低層級是技術級，其功能是在技術上如何完成本單位的任務。以大學爲例，大學教育是否應與經濟建設配合，其經費來源如何等，是大學最高級協同有關組織（如政府）應作的決定。至於應招多少學生、建多少教室、請多少教授，是管理級應作的決定。至於如何招生、如何建教室、如何請教授，那便屬於技術性的決定了。

6.有規章與制度：一個組織要達到一定的目標，必須有其獨特的活動領域，在該範疇內組織有其特定的規章制度，它們體現組織的目標和利益，並且是使組織運作得以緊密規劃井然有序，成員的互動產生規範性和預期性。

7.維持外界互動：社會組織要發揮其效能和作用，就需要不斷與外部環境交換資訊、物資、勞務和人員，方能使組織具有生命力和活力，並且保有成員和理念的新陳代謝，促進組織的暢旺活力，此正如教育機構提出國際化的目標，其目的即帶動組織的發展。

8.形成有機體系：組織中各個組成部分相互聯結、交互作用，成爲一個有機的社會組織，以整體性進行作爲。

學校爲社會機能中的正式組織，除具備上述的組織特性外，尚且強調：

1.學校組織的目標：各種社會組織，正如前述，都是具有目的性的。學校的功能，從社會學觀點而言，乃在於提供適當的環境（包括場所、設備與人員），使學生除能獲取專業能力養成外，並且順利完成社會化的過程，以便圓滿的參與社會生活。因此，學校組織的目的，應在於傳遞社會文化；而文化內容又涵蓋整個人生的領域，包括知識、技術、與價值觀念，教育的內容自然也就包括認知、技能、道德三方面，以達到陶冶人格，服務社會人群的目標。

2. 學校科層化結構：學校制度逐漸擴充，科層化趨勢日益明顯。為達成其目標，學校（與其他組織一樣）必須有功能上的分工——即根據法定章程、規則，依照所需的專業才能，分別任用各級行政及教學人員。所有教育人員（包括行政與教學人員）在各自體系中，占有一正式（法定）的職位，享有一定的權利，並負有一定的義務。

3. 重視協調與溝通：為促使科層體制產生積極功能，改進學校行政與教學效率，充分的溝通與協調是非常重要的。行政組織是一種協調合作的體系，有效的協調作用，並不僅是將組織成員機械化的聚集在一起，而是指成員之間必須有密切的意見溝通（communication），彼此互相瞭解，互相影響。在學校中意見溝通的途徑很多，縱的方面，可以作到「上情下達」、「下情上達」；橫的方面，也可以作到多向溝通；除了正式管道外，非正式的人際關係也可以善加利用。協調溝通的成敗常取決學校的組織文化，在學校組織中，如能發揮民主的理念，充分協調、有效溝通，將有利於彼此和諧一致達成學校教育的目標。

第三節　學校組織及運作

　　正式組織（formal organization）是人們為了達到特定目標，經由人們設計，在勞動分工、職權分配、層次劃分的基礎上而建立的關係模式。也就是我們在一般意義上所說的組織，它是相對於非正式組織而言的。正式組織的主要特點是：(1)經過規劃設計而建立，並非自發形成；(2)有明確的組織目標；(3)組織成員的活動有明確的規則和制度；(4)組織內各個部門的職責、權限均有明確規定；(5)組織內部的各個職位，依照等級原則進行法定安排，形成自上而下的等級系統。這種正式組織的

運作，就宛如學校設置有各種處室、班級一般，平日校長與教師、教師與行政人員、教師與學生、教師與家長等，皆依照組織的運作方式而互動。

　　相對於正式組織而言，非正式組織中的若干成員由於生活接觸、情感交流、興趣愛好、利益一致、個人經歷、社會關係、居住區域等因素的作用，在相互交往和互動過程中，自發地形成的一種互動交往的人際關係網絡或模式。人們參加非正式組織的原因在於滿足情感、友誼的需要，獲取人們的認同，保護自己，謀求發展。非正式組織具有以下特性：(1)非正式組織是人們自願結合而成的，是順乎自然的，沒有人去故意安排、設計，在認知和情感基礎上自然結合的群體；(2)人們在非正式組織中彼此來往，相互瞭解，發生互動行為；(3)由於相互交往，彼此間的感情較為密切，心理上較為相容；(4)組織成員之間的社會距離和差距較小；(5)沒有明文規定和法律，也無地位的高低，屬於平等交往；(6)非正式組織中若有領袖，那不是靠權力，而是靠影響力來領導；(7)非正式組織具有組織成員所公認的行為規範，雖不是明文規定，但存在於每一個成員心中；(8)非正式組織具有強烈的內聚力；(9)成員的角色重疊性。學校雖屬於正式組織的運籌範疇，然而成員之間或因為彼此關係的熟稔，或是因為互動的特殊性，而衍生出非正式組織，例如，因同好而成立的讀書會、各項社團，或是因私人共同旅遊組成的團體等。

　　於組織運作上，學校為社會提供了人力培育的功能，並非如公司行號，其所賦予的教育使命，攸關人力素質，其運作具有下列特色：

1. 校產公共化：學校的財產係屬社會的公益，非屬特定性的人員。因此，不動產必須建立清楚的財產資料；動產必須建立完善的會計制度，基金孳息及結餘更應登載清楚，以為全校師生、家長、校友、社會大眾及主管教育行政機關的監督。

2. 財務公開化：財務是學校的命脈，也是社會所關切的重點，學校財務能夠接受社會檢視，或有更客觀、透明的措施，其公信力更大。

3. 制度明確化：維持學校正常運作及永續經營發展的方法，就是必須建立明確的制度規範，透過制度的監督與運作，才能使學校運作步上正軌。

4. 人事透明化：學校教師及人員的聘用，能公正適格的作為，當有助於擇定優秀的人員，並給予必要的保障措施，則能使學校運作獲得人才的參與，而提升品質。

5. 經營自主化：學校的辦學理念經費宜尊重學校的自主性，讓學校自主經營，方可落實自由化的理想。

6. 運作合理化：學校的行政組織，追求一個有效率的運作，必須兼顧各單位的平衡；相互尊重彼此的權責，也唯有各自堅守本分，彼此為校務相互尊重，方可促進學校的不斷進步與發展。

7. 學術國際化：國際化（internationalization）是發展的潮流，學校必須積極走上國際舞台，努力開拓國際交流市場。一方面提高國內的競爭能力，同時提升自己的辦學視野。因此，舉辦國際性學術會議、與國外學校締結姊妹學校、交換師生、交換教育資訊、共享教育成果等，都可為學校開拓更遠大的胸襟，為二十一世紀的知識社會，奠定雄厚的競爭條件。

8. 教學品質化：在自由開放的時代，學校要獲得社會的信賴，必須提升教學品質、增聘優秀師資、充實圖書、儀器、設備、改善教學環境、建立有效的學生輔導制度、營造研究氣氛、鼓勵教師不斷進修等，以全面提升教學品質。

9. 監督法制化：學校是個有生命的機制體，主管教育行政機關干涉太多，將限制有機體的成長與調適。主管教育行政機關與學校的關係、定位、職守劃分得宜，必須依法行政，法律以外的事項，不應擴權解釋與干預。

　　學校對社會的貢獻有目共睹，培育優秀人才，以為社會所用。在自由民主及開放多元的時代，主管教育行政機關應調整心態，輔導學校建立制度，大幅開放各項限制法規，促使教育自由發展。使辦學成效受到

社會肯定，培育出能為國家發展所需人才，此項工作應為學校、政府乃至社會共同攜手努力。

第四節　科層制度的影響

　　在正式組織裡，經常伴隨著科層制度。所謂「科層制度」（bureaucratic system），是一種分層負責處理事務的安排方式，也就是各種有等級的地位與職務之關係的一個體系。這種現象在現代一般大且複雜的正式組織，如政府、工廠、公司及大學中幾乎普遍存在。

　　根據韋伯的論述，建立在法定權力基礎上的行政組織體系有如下特徵：

1. 層級節制：科層體制的權力結構是一垂直的層級，權力集中在頂端。低職位者為高職位者所監督控制，有清楚的主從關係。為了要安穩而有效地執行工作，部屬必須要接受他們的薪資水準、他們的權限、責任與職務。

2. 分工原則：在科層體制內，基於功能性的專門化，對個別成員或職位均有明確的分工，用專才來執行專門性的工作。由於能使人只負責某一種明確的工作，因此易於發揮專精的特長，而增加總生產的效率。

3. 成文規章：用以規範每一正式職位之權責，個別成員之權利與義務；以及組織運作上，每一特殊情況的處理程序。科層組織的運作有一種符合組織目的的抽象管理原則，這種規則常是明確而成文的規定，這種規則存在有兩種目的，預測組織個人的行為和有助於組織運作的持續。

4. 非人情化：亦即強調組織內理性化與合理化的人際關係，成員經由正式化的溝通管道，依組織的正式規則互動，其管理係立基於

書面的文件。韋伯認為私人的情感與職位分離才會產生合理的行動，而適合於完成組織的目標。

5. 能力勝任：在科層體制內，舉凡聘僱、升遷均唯才是用，亦即使用一套一視同仁的標準，遴選知能合格者循組織的層級晉升，而不致受個人政治與社會因素所左右。個別成員經由能力之認可而據有某職位後，組織以「終身職制度」保護之，所謂終身職制度，就是一種對生涯事業保障的制度，使個人得免於專橫權威之恣意解職，同時也對個人在專業知能上提供保證。科層組織的理想特徵在於強調人員的雇用、委任與晉升，都必須依據技術的資格審查，經由一系列公平基礎的條件來評鑑資格與工作的表現，才能達成更大效率與促進合理的行為。

韋伯相信妥善運用科層制度，將可創造出最有效率的行政組織，同時也將是組織理性之所在。儘管科層制度已快速滲透到包括學校等，為諸多組織建構的體制，然而在享有其提供的效率，非私人化，穩定處理例行工作，產生極大的功能之餘，社會學家也曾剖析其對組織及個人造成的負面影響，諸如：它未能完全允許個人的成長與成熟人格之發展，易養成個人的從眾性格，甚至在其潛移默化之下，個人變得陰沉、遲鈍，成為一個被制約了的「組織人」。同時，由於它未將非正式的組織以及各種突發意外的問題納入考慮，加上過時的控制與權威系統，因此往往無法掌握時效，作彈性機動的應變。

科層制度深入現代社會已是不爭的事實，隨諸分工的細密，現代社會愈強調專業工作的重要性，兩者互動的頻仍使科層制度影響到專業工作，尤其易於大型組織中出現，正如同學校中教師與行政人員處於衝突或對立的狀態。至於其受到社會學研究者的重視和關切，就如同派克所析理：「科層制度所造成的官僚組織有一些反功能（dysfunction），例如，具有疏離性、非人性化，以及僵硬的性質。同時引發了科層組織控制者的責任問題。甚至造成員工對工作的低度投入，以及不良的工作生活品質，這些可由頻繁的勞工轉業、曠職及罷工得到證實。」尤以專業

工作者往往會感受到科層體制駕馭其上，使專業人員深覺距離決策與重要訊息過於遙遠，個人在整體關係與溝通的非人性化，以及形式化，形成對自由裁決與創意的侷限。此種組織運作趨向於形式化與僵硬化的情形，使技術性與專業性的員工特別有挫折感。因為依據專業人員所受的訓練，他們原先會期望自己的工作能有一些自主性。當我們的社會日趨複雜與互賴，而各組織的規模也不斷擴張時，不可避免的也就有愈來愈多的人受僱於科層組織。即使在過去以「自由」著稱的專業如教師等，也深受科層化潮流的影響。職是之故，更有賴我們對專業工作的科層制度加以探究。

第五節 學校的決策模式

由於組織運作與發展的需求，學校隨著教育主管、官署的規範，本身辦學理念，民眾期待與認知與社會環境的變遷，形成諸多種決策管理模式，例如，雙重組織模式（The Dual Organization Model）、學術共同體模式（The Academic Community Model）、政治模式（The Political Model）、有組織的放任模式（The Organized Anarchy Model）、官僚主義模式（The Bureaucratic Model）及制度模式（The Institutional Model）、過程模式（The Process Model）、團體模式（The Group Model）、菁英模式（The Elite Model）、博奕理論模式（The Game Theory Model）等。儘管學校裡有若干決策管理模式，但是，我們可以從中抽象出最基本的決策管理模式，以對應學校內部存在教師專業和行政專業兩種機制，以這兩種專業為核心，便形成學校內部兩種最基本的系統。

✳ 雙元決策管理類型

雙元決策管理類型主要有以下兩種：

■ 以行政專業為中心

是一種科層模式或官僚模式。這種模式是以行政權力為核心進行決策管理，德國社會學家韋伯對這種模式的研究最具有代表性。這種模式的優點在於它有正式的結構、權威與分工，以及標準的作業程序，並藉理性作為產生最佳效率，以達成組織目標。布勞（Blau）認為，學校的管理若採取科層模式能讓人一目了然。布勞認為，從教師和行政管理人員之間的決策影響力的分配型態，可以看出專業權威和科層權威主宰學校的程度。但是，這種模式也有其顯著的缺點：第一，這種模式可能忽視學術權力的存在，決策按正式行政權利系統進行；第二，這種模式忽略非正式權威與影響力；第三，會使學校機構完全形成組織化，背離學校的「學術導向」；第四，忽視學術專業的存在，將會造成學術專業和行政專業之間的緊張狀態。

■ 以學術專業為中心

也稱之為同僚模式或學院模式。這種模式主要強調學術界應自己管理自己的事務。例如，由教師經由校務會議決定學校的政策。這種模式的主要特徵是：(1)學術界自己管理自己的事務；(2)專業能力的權威受到重視；(3)決策過程採取共同負擔、參與或其他均權方式；(4)教授與行政人員之間彼此接納，相互信任；(5)教師有發自內心的滿足感，易獲得內在滿足；(6)強調人文教育。同樣，這種模式也有缺點。詹姆斯·瑪奇（Jams G. March）認為，學校的目標與教師的目標往往相衝突，且權力的均衡若應用到授權上，將會導致團體利益的分歧及次要目標的發展，繼而造成各次要目標間的競爭，進而導致與整體機構目標相競爭。大學中如果完全由學者來決策，將會產生一系列的問題，其中主要包括：(1)決策的品質會因廣泛的參與而受到影響；(2)參與造成潛在的學

術觀點（或價值）衝突表面化，以致阻礙決策的進行；(3)參與的幅度未能與預期相符；(4)參與者發現自己缺乏有效參與的技巧與價值，或難以作決策；(5)個人可能發現參與不能滿足個人及人際關係的需要。

由上述分析可以看出，以行政專業爲中心和以學術專業爲中心，這兩種模式不僅有各自的特點，還有各自的作爲機制。因此，爲了化解其中所存在的矛盾，需要協調兩種模式，使這兩種模式達到整合，發揮最佳的管理效能。

※ 決策整合管理模式

所謂整合模式，就是從學校存在行政專業和學術專業爲基礎，試圖找到一種最佳的決策管理模式，謀求兩種基本模式相互補充、相得益彰。整合模式不是一個固定的模式。它不是一個一成不變、放之各處皆適宜的模式，而要根據學校內部的整體條件和所處的環境來協調彼此，實行有效靈活的決策管理。整合模式主要有以下三種：

■ 分權管理模式

這種整合模式的主要特徵是行政專業負責行政事務的決策，學術專業負責學術事務決策，美國高等學校的決策管理就類似這種模式。在美國的高等學校中，董事會決定大政方針，校長及其行政系統決策行政事務，由教授組成的評議會（教授會）決策學術事物。這種模式需要雙重組織之間架設很好的橋樑。約翰‧考爾森（John J. Corson）在一九六○年所著的《大學和學院的管理》（*Governance of Colleges and University*）一書中提出，高等教育決策管理存在兩種截然分開的不同管理形式，及學術事務管理與行政事務管理。考爾森指出，這是高等學校內部決策過程中提出的一種「獨特組織的雙重性」，其中學術事物的管理一般由教授決策，而行政事務的決策由董事會和校長負責。組織雙重觀點強調高等學校決策管理應將學術事務組織與行政運行組織截然分開運用，校務委員會（university council）或校評議會（senates of assemblies）來進行決策管理。

■ 雙元決策模式

　　這種整合模式的主要特徵是學術權力和行政權力共同決策學校中的重大學術事物和行政事務。德國和日本大學的校級決策管理類似這種模式。這種模式主要是在大學中設評議會，其成員及包括行政官員和教授，重大問題經評議會決策會決策後由校長執行。米利特（K. Milter）在他的《學術共同體》（*Academic Community*）一書中指出，在董事會、行政人員、教授、學生以及校友之間的權力關係，並非彙集權力關係，而是共同體關係。雖然大學內部各類人員對許多問題也許有各種不同的看法，但是他們有一個非常重要的共同興趣，即努力實現高等學府組織本身的健康發展。米利特指出，大學必須遵循「共同體權威」的原則來組織，即由教授、行政人員及學生、校友共同分擔職權。

■ 協商溝通模式

　　高等學府有教授、學生、行政管理人員等各種群體，有代表這些群體的利益團體，如教授會、學生會、工會等。這些全體和利益團體都可能有不同於其他群體和利益團體的觀點。協商模式或協調模式就是充分注意聽取不同群體的意見，協調它們的觀點和利益，以便要求同存異，達成共識，並形成學校的決策。維克托·鮑德里奇（J. Victor Boldridge）在一九七一年提出了高等教育機構決策管理的協商模式。他認為，教授、學生、行政人員作為利益團體都有不同於其他團體的觀點。鮑德里奇將各種團體的利益衝突視為權力之爭；權力之爭的結果必然產生必要的妥協和協調，使所有利益團體在一定程度範圍內發揮有效的作用。根據鮑德里奇的觀點，這種權力之爭以及權力所產生的妥協最好將其視為協商過程。

　　事實上，除了上面介紹的三種模式之外，還存在著其他一些整合模式。但不管是哪一種整合模式，都必然要考慮到學術專業和行政專業的存在及其相互之間的作用，其出發點都是謀求學術和行政二者的平衡與協調。

結語

　　組織既為適應環境的一種機制，隨著社會的變遷為了保有必要的競爭力，以為發展挹注生命活力，須賴組織變革。「組織變革」是指：「組織系統為了適應組織外部環境和內部因素的變化，根據組織系統所出現的弊端，進行分析、診斷，對組織的結構、功能進行不斷地調整，改變舊的管理型態、建立新的組織管理型態的一種組織行為和管理過程。」由於教育環境的變動，組織也宜有所因應，其中組織變革的特點在於：第一，組織變革是組織主體主動地、自覺地使組織適應環境的過程；第二，現代組織變革是有計畫的變革；第三，組織變革是一個克服阻力的過程；第四，組織變革的方法和途徑具有多樣性。組織變革的動力或壓力來自組織外環境因素的變化。一般而言，組織結構、組織運行、組織成員等方面的變化是組織變革的內部原因，如組織結構非合理化、組織決策緩慢、溝通不靈、效率低下、缺乏創新、組織衝突等。同時，由於組織是一個開放的社會系統，外部環境的變化必然要影響組織的變化，一個組織要求得生存與發展，就必須不斷地進行內部調整，以便有效地應付來自外界政治變革、經濟變動、市場競爭、技術進步、社會價值的改變和社會需求的壓力。組織變革的方法主要有以人員為中心的變革、以組織結構為中心的變革、以技術為中心的變革以及系統的組織變革。

　　爰此，隨著產業型態的變革，必須建制學習型社會加以因應，使得學習與教育能相互配合，讓教育的機會處處存在。要滿足每一個人的學習需要，無論在內容、方式、型態上都要多元化與多樣化。因此，在教育機會的提供上，就需要各類型團體組織的加入。僅由政府或學校來辦理，並無法滿足需求。況且，如能充分結合民間組織，以提供各類型的學習與教育活動，當能符合教育的需求。再則，考量政府目前在教育方面的財政負擔，業已相當沉重，要再為社會成員提供隨時隨地學習活

動，將不勝負荷。因此，須激發學校重視終身教育及鼓勵民間組織積極加入教育的行列，則學習社會的願景才有可能實現。

第九章　教育與社會階層

「科層組織會發展爲少數人的統治，這些人會持續維持他們的影響力，甚至於危害組織的發展，形成寡頭政治的獨斷專行。」──米契爾（R. Michels）

　　無論任何東西在其區分，若是有分爲高低不同的各種等級，都可稱爲階層化。其中每一等級都是一個階層。應用於社會方面，它是指一個社會中的人，按照某一個或幾個標準，如財富、權力、職業、或聲望之類，被區分爲各種不同等級的安排方法或狀態。社會階層是指一個社會之中，根據個人學歷、權力、財富、聲望等因素的差異，而形成高低不同的社會等級的狀態。而社會階層化則爲一種普遍的社會現象。社會階層與社會階級有時可以相互混用，因爲兩者意義相似。不過有人認爲社會階段含有「意識」的主觀因素，屬於同一階級的人，常有一種「群屬之感」的存在。他們不但在教育、經濟、地位及聲望上比較相似，而且在生活方式、社會態度、認同及意識上也常趨一致。

　　許多研究皆顯現社會階層化與學生學業成就有顯著正相關，然而有些學者以爲社會階級因素並不直接影響教育成就，而是透過一些中介因素來影響它。例如，社會階層化乃透過家庭背景中各項中介因素影響教育成就。因此無論屬於何種社會階層，只要父母關心子女教育，採用合理的教養方式，建立積極的價值態度，仍能爲子女創造有利學習的環境，進而提高其教育成就。根據學者林清江對於「家庭文化」的分析，認爲父母的教育態度對子女學業成就最有影響。他說：「如果父母教育態度良好，對於子女教育多加關懷，雖然本身的職業地位及教育程度偏低，子女仍然會有較高的教育」。有些學者認爲，「社會階層化可能決定擔負教育經費能力，影響家庭結構、價值觀念、語言類型及教養方式，從而對教育成就發生影響」。此外，有些學者強調家庭社經地位影響學生的智力發展、成就動機、抱負水準、學習環境等，這些因素都直接間接影響其教育成就。

　　教育與社會階層關係的研究一般可以從兩個方面來進行：一個是教

育對社會階層的影響，另一個是社會階層對教育的影響。關於教育對社會階層的影響，早在一九二七年，美國社會學家索羅金（P. A. Sorkin）在他的《社會流動》（*Social Mobility*）一書中就提出學校是使人從社會底層向社會上層流動的電梯，學校透過考試對受教育者進行選拔，這在很大程度上決定了人們的社會地位。至於，社會階層對教育的影響，則學者柯林斯（R. Collins）認為，學校的主要作用是傳授階級的優勢文化，學校教育發展的動力在於不同階層團體之間的高度競爭。

由於教育既是國力的來源，也是個人發揮潛能的管道，不僅家長重視子女教育，政府也不斷以提升國民教育作為施政的重點。然而教育的發展不能一成不變，必須隨著外在環境與內在結構來調整，其中學齡人口乃為教育的主體，教育發展當然應重視其結構與變遷。由於教育主體不論在地理的分布、家庭背景、或是個人特質均相當異質，如何制定適合當下又能夠銜接未來的教育政策，將是在探討教育與社會階層時重要的課題。

從事學校學生家庭社經背景（socio-economic background）的分析，這方面的調查分析，可以瞭解我國目前教育制度以及學生入學甄選制度是否符合教育機會均等的原則，一方面作為探討社會階層、社會流動、與教育之相關研究的證驗資料，一方面提供教育行政機關作為改進教育措施的參考。

第一節　社會階層定義和性質

「社會階層」是以探討社會關係層級化為領域的學問，自是社會學中重要的部分。因為社會階層影響人們的互動、行為模式、教育態度，甚至喜好等，正如同總統子女的教育機會絕非升斗小民可以比擬，是因為彼此在社會階層上的差異所導致。是以為瞭解社會現況，探求人際互動，我們不能忽略社會階層這項主題。

階級的概念與社會團體之區分或階層化當然有關。凡是有階級的社會，總是同時包括幾個團體的人，有不同的經濟、政治、或文化地位，並且各自感覺到彼此有尊卑的差異。一個社會階級就是在一社會中有相同之社會地位的一個團體。這樣的團體平常不一定在形式上有具體的組織，也不一定完全住在一塊；可是在心理上所有分子差不多常有一種「我們感覺」或「內團體」的觀感的存在；在行為上的表現差不多也常趨於一致。換言之，每一社會階層通常都有它的共同習慣、態度、情操、觀念、價值及行為標準。各階層常利用某種標誌或象徵物，如服裝、徽章及權利與義務等，以區別尊卑同異。凡屬某階層的人大概都知道依照某種規定方法去思想和行動，因此，階級分子之行為便有其固定性與可預測性，這對於社會秩序的維持，關係的延續相當重要，故社會階層事實上可視為社會約制的一種組織或安排。因此，社會階層的研究可以幫助我們瞭解一個社會的結構、社會關係、權力與財富的分配、分工與合作、個人與團體的地位和職務、個人的思想、行為以及生存的機會等問題。

　　社會學對於社會階層的定義通常是指：社會上對於有用的資源採取不平等的分配狀態。這其中的社會資源係包括：物質資源（財富）、政治資源（權力）和社會資源（知識和學憑）等範疇。這些資源對於滿足個人需求與實現社會功能是有必須的，因而社會成員皆希冀獲得它們，因而被賦予特殊的價值。社會階層既可以以個人為單位，也可以以群體為單位來界定。例如，把家庭當成一個階層單位。其原因在於家庭是一個共同消費的團體，尤其是在現代社會的核心家庭中，一家人只要一個人有職業，其他家庭成員不僅分享其所得，同時分享其職業上的權力和聲望。因此，在進行階層的實證調查，通常以他目前的職業來測定；孩童的階層地位則用他父親當時的職業來測定；夫妻的階層地位，用配偶的職業來測定。也就是說，雖然階層地位是就個人加以界定的，但是由於同一家庭的成員具有相同的階層地位，因而社會階層分析實際上大多可以家庭為分析單位。社會階層的取得方式，大致可以分為兩類：一類是依據出身身分以界定其階層地位，稱之為「歸屬地位」；另一類是完

全依靠自己的努力成就以達成的階層地位，稱之為「成就地位」。傳統社會因為社會流動有限，多半屬於歸屬地位。例如，印度的喀斯特（Caste）制度即是強調歸屬地位的社會，每個社會成員的階層完全是由家族和血緣所賦予，且社會地位是固定。成就地位則是現代產業社會所強調，這種社會由於職業變更快速，而造成社會地位的變動頻繁，同時是根據個人於工作上的表現與成就原則來確定的。因此易給人社會變動急劇的感受。教育社會學所關注的是工業化民主社會中教育機會與社會流動之間的關係。究此，學者穆勒（W. Muller）與卡爾（W. Karle）的《歐洲教育體系的社會選擇》一書中，所關注的為社會階層與所達成的地位之間的關係。即社會出身——歸屬地位（社會階層、經濟地位、性別、種族等）與成就地位（尤以教育成就為代表）之間的關係。他們將教育視為一種社會階層的改造，教育對既有的不公平的社會結構進行重新改變，學校教育能夠為弱勢群體提供補償性援助，使他們能在一個更為公平的起點上選擇其職業、文化與社會歷程，因而學校被視為一個形塑民主與公平的社會機制。

　　「教育機會均等問題」在教育社會學的觀點上就成了「知識與控制」的問題。教育機會均等後面是教育公平與教育民主等核心價值，其後又是所建構（make）出的「貧困」概念。在英國二十世紀五、六〇年代，「貧困」的內涵逐步由經濟意義轉變為文化意義，貧困者逐漸由物質上的赤貧者被建構為文化上的匱乏者。究此，社會思想家布爾迪厄所強調的「文化資本」成為一個重要的解釋觀點，而優良合理的教育應該成為「補救」文化匱乏者的利器，教育機會均等成為建設公益社會的重要途徑。隨著對教育機會均等的關注，學業失敗者、學業能力欠佳者開始吸引教育研究者乃至公眾的觀點，並被建構為一個教育問題，對這個問題的研究取向，最初是從功效觀點出發，認定其為「教育浪費」；隨著探究的深入，這個問題逐步被轉換為不同的表達、不同的關注興趣乃至不同的研究思維。學業失敗者的特徵首先被描述成心理特徵，諸如智力商數、學業能力等等；其後，學業失敗者的特徵又與一組社會變數相關聯，諸如家庭、階級、種族乃至性別，學業失敗者與社會中弱勢人群

相關聯。此類研究後隱蔽著歧視、排斥甚至壓迫——社會的階級秩序再製於學校對學生的分類過程中。

　　持守衝突對立觀點的教育社會學者疑問是「學業失敗者」過去怎麼不成為「問題」？並非是過去沒有學業失敗者，而是學校是現代社會的人才編碼場，學校最重要的工作就是對各階層人力進行分類、塑造，在強制篩選、強迫分類的教育觀下，教育的一個職能就是分層與淘汰，學業失敗者自然在教育決策者、實踐者與研究者的視線之外，或隱匿不現或視而不見。由此看來，「學業失敗者」的產生與建構符應了福柯（Foucault）的建構（making）過程：即從隱匿到可見，從命名到定義，從描述到治療，都是社會建構。是以，知識社會學家開始追問：學校中的分類標準由誰制定？學校中的知識代表誰的利益？在何種利益角逐中，誰被界定為「學業失敗者」這一連串的問題指涉：社會中的弱勢人群被不公允的對待，課程在整體不平等的結構中被扭曲，「法定文化」順從在種種既得利益之中被賦予和給定的，知識是一種加諸階級組織的知識，課程是「做」出來的「社會建構」。課程是經由意識形態（既包括政治的意識形態，也包括階層的意識形態）所界定的知識、所選擇的知識、所分配的知識，以及所實施的知識。無論是正式的官方課程還是非正式的潛在課程，這些課程無論假借聖諭的權威，理直氣壯地假借科學的魅力，將自己轉換為客觀、中立、遠離是非利益的「真理」，都被披上階級利益者的面紗，被迫承認其情境性。知識也罷、課程也罷，都是置身於偏狹的社會、歷史、文化情境中的一種建構，甚至是複製利益群體之間相互角逐、相互妥協的社會建構。課程早已不是一種天賦的（take）的客觀事實，而是一個人為的（make）社會建構。既得利益階層的有意建構。是以，在教育場域上造成「上品無寒門，下品無貴族」的扭曲現象。

第二節　社會階層理論與教育

　　就社會階級的觀點，不論是衝突論者或功能論者，都察覺到社會是不平等的。階層的落差除了傳承上的差異，基本上也是個人努力的結果，有些人對於階級現象的呈現所關心的不是層級存在與否？而是落差是否有機會獲得改變？而非具處於弱勢者，在教育發展中無法獲得公平的機會，或無法享有相近的教育品質，並且繼續在世代間傳承，產生所謂的「階級再製」效果。教育差距是社會階層發展的歷史脈絡，不僅是投資數量與比例的差異會產生不同樣態，也會因為政策理念與規劃執行方式而有不同效果。而許多社會既存的機制和教育發展具有關聯性。例如，城鄉差距，生活型態、空間區位、文化建設與交通設施等，都和教育階層有關。城鄉之間從教育發展的時程與規模觀之，不僅在過去不同，未來也都不可能一樣，就算是學校軟硬體投資拉近，也未必能消弭城鄉或都會間的教育階層的距離。

　　許多社會學者在考察社會階層的現象後，紛紛提出不同的理論，企圖深入描述並詳細解釋社會不平等的現象。其中較為著稱的為：

✳ 衝突論的看法

　　衝突論者看到存在社會中的遊戲規則原本就不公平，就算是大家有都有機會進入學校，卻未必能接受一樣的教育品質；甚至從教學內容到升學管道，從師生關係到考試評量，在在充斥者優勢階級的「意識形態」與「設計」，人們不知不覺落入「圈套」而被宰制；居於弱勢者無法察覺自己的處境，而讓居於優勢者繼續維持其既得利益與優勢地位，甚至複製不平等到下一代！該觀點是源自於馬克思，強調社會的階層化，主要是因競爭社會上有限或稀少的經濟資源的結果，當資源集中於少數既得利益者的手中，因此產生不同階級之間的對立。社會階層為一階級壓迫另一個階級之工具。階層常會埋沒一些人才，維持不平等之機會，社

會階層是經濟的剝削、衝突與鬥爭，它是無益於社會的發展。歸納而言，衝突論對社會階層的看法：

1. 階層是非必須亦非無可避免的。
2. 階層影響社會機制的公平運作。
3. 經濟是為社會階層區分的主軸。
4. 階層是因為競爭與衝突而產生。
5. 階層阻礙社會的人際互動功能。
6. 階層反映社會團體偏好和價值。
7. 權力是掌控於社群少數人手中。
8. 階層影響社會資源的公平分配。
9. 階層結構須由革命來徹底改變。

衝突論強調在教育的傳遞過程中，學校教育強化著既有的階級結構，學者鮑爾斯與金蒂斯提出的「符應原則」；揭示著教師與學生的社會階層，受到教室中的社會控制的影響；知識內部有著明確的等級差異。課程、教學已成為不同利益群體的角逐場，文化實踐中包含著權力鬥爭，教育中充滿著不平等的競爭與階級壓迫。

✳ 功能論的看法

由於人們的出生與成長環境本來就不一樣，即便是生理條件趨於雷同的同卵雙生子女在相同環境長大，也未必會有相同的成就；功能論因此主張透過教育機會的擴充與均等，讓大家都有機會入學。功能論者認為，只要肯努力加上天生的稟賦，不論出生富貴貧賤，每個人都有出頭天的機會；因為「將相本無種，人人當自強」。而這種結果的不平等是社會的常態，也是社會分工的合理基礎。社會學家戴維思和摩爾（Moore）認為，社會階層是為整體的社會利益所作的必要性安排，社會階層把每個社會分子分配於組成不同之地方，角色乃有重要層次之差別，角色重要者其付出之勞力、技術亦較多，但每一角色皆不可或缺，

整體功能始能發揮。社會中須有報酬之系統，誘導個人占有位置，報酬方式因位置分配不同，社會必須有階層，否則無法有效發揮作用。即不同職位有不同角色與不同報酬，階層依這種理論而言是有利於社會，因階層具有共同的價值系統，依角色而獲不同報酬，鼓勵最有資格之人作最重要之角色或工作，因此不平等的報酬是需要的。功能論對社會階層的看法：

1. 社會階層是必須且無可避免的。
2. 社會結構型態影響著階層型態。
3. 社會階層由多項因素導致而成。
4. 階層是回應社會的需求而產生。
5. 階層激勵了社會與個人的功能。
6. 階層反映不同團體的共享價值。
7. 權力是社會階層中必要的機制。
8. 不同層級獲不同資源是合理的。
9. 階層可經漸次改善而達到公平。

美國社會學家凌斯基（Lenski）從宏觀的歷史角度來考察人類社會文化的發展。他發現不同的人類發展階段，會出現不同的階層體系。不平等的分配導致社會緊張和衝突，但是卻有助於社會運作。此外，他認為不平等不一定會隨工業化而加劇。因為隨著工業科技的進展，生產力增加，貧苦大眾的生活水準提高，專業技術工作也鼓勵就學，消除許多文盲。識字人口增加之後，可以在政治上有較大的聲音，不平等的現象因此得以消減。在科技進一步發展之後，許多人由藍領工作轉換到白領工作，使生活境況獲得更大的改善。此外，工業化削弱了男性主宰女性的力量，兩性關係比以往更傾向平等。

✳ 菁英論的看法

美國社會學家密爾斯（Mills）強調組織的權力集中在少數位尊權

重的菁英手中，階層化的基礎來自於資源控制的經濟關係。同時，巴杜亦認為教育在維持現存社會與經濟結構上的重要性，教育傾向於再製並合法化財富與權力的不平等。教育維持菁英階級所建構的制度：教育的文化強調支配階級的文化，支配階級的文化界定被用來標示學生素養高低的標準，教育合法化菁英階級的權力與文化。巴杜認為，菁英階級的學生容易獲得與教育揭示相類似的文化。因為學生早已透過家庭的社會化而獲得該擅長形式。至於基層階級的學子由於缺少主流文化資源，他們無法在教育中表現出優雅與才能。使他們在教育上難與菁英階級項背而獲得成功。例如，學童的語文教學，學校教育所提供的是拼字和發音的規則，但是當我們評價一篇文章時，更多的比重卻放在風格意境、特性描寫以及創造思維上。然而，學校教育通常並未能明確地告訴學生良好風格的規則如何獲得良好的特性描寫，這些基本擅長形式往往不是經由學校教育管道所獲得的，而是源自家庭生活素養的導入。是以，教育制度只是部分自主的，一切教學權威都是來自於菁英階級所委派的，而有利於優勢階級。

德國社會學家達倫道夫強調權威關係造就了階層化。這裡的權威是指合法使用權力的能力。他提到優勢者合法地取得權力，而強迫其他人順從。因此，在達倫道夫看來，階層化是採取強制手段的體系，權力和權威則是體系中用來控制人們的行為。雷諾（David Reynolds）在教育與階層關係上的觀點，修正了馬克思主義者所強調的教育是經濟決定論的概念。在學校裡進行，學生不完全是經濟制度的無助犧牲者，同時也是主動的行為者，學校具有某種獨立於經濟需求之外的自主性。這種教育制度相對自主的觀念強調，我們難以看到資本主義經濟基礎與教育制度之間有任何密切的「符應」。教育與經濟的「需求」之間只有一種有限的契合。此外，學校課程與經濟制度的要求之間，幾乎沒有符應。誠如雷諾所說：「自由主義的，甚至於人道的課程在學校裡存續著並且是有意的維護；現在強調的是為了知性上的自我改善，而非為了物質所得的增加。」此外，這種教育制度的自主已經被教學專業團體用來促進它自己的階級利益與地位利益，而這並不是資本主義經濟企業必然的功

能。學校實際上是在「教化」學生，而不是在反映「資本主義的價值」。雷諾強調有一種日漸成長的知識體系吸引我們去注意學校的獨立性，學校擁有自由可以去啓發學生，使學生具有學校所期盼的那種品質，這種品質有助於公益社會與階級平權的實踐。

第三節　社會流動模式與教育

　　在社會學中首先對社會流動進行系統性研究的爲索羅金，他認爲社會流動所指稱的是：「個人的地位從一個階層改變到另一個階層的過程，亦即社會位置的變更。」也是指個人或團體由一社會階級流向另一社會階級，然而流動不一定表示社會位置改善。社會流動有三種不同的現象：一種稱爲「水平式社會流動」，另一種稱爲「垂直式社會流動」，還有一種爲「代間式社會流動」。水平式流動指一個人或一個群體從一個社會位置移到另一個同等位置上。例如，職位雖有改變，但仍停留在原屬的社會階級中，是指在相同的社會階層但是不同的團體間的移動。例如，由教育部部長轉爲內政部部長，在階層上並無差異，只是服務單位不同。此種調整，對當事人的影響不大。垂直式的流動指一個人或一個群體由一個社會階層移至另一個社會階層。又可分爲上升性的流動和下降性的流動，前者例如，次長升任爲部長，後者如總經理貶爲職員。由於垂直式流動影響一個人的社會階層是具體而明顯的，因此往往使當事人須要重新調適於新的環境和作爲。至於代間式流動是指不同世代間社會階層的改變。以不同世代間的社會階級作爲比較的依據。相較於代內流動則是指人一生中經歷不同的社會地位而形成的流動現象。由這項改變可以看出社會開放的程度，大凡一個愈先進的國家，多能提供各種管道以促使人們改變其社會地位，只要一個人有努力的作爲，可在合法的保障下取得社會階層的晉升，當然原有階層在快速變遷的環境下亦非終生的保障，例如，農夫之子可以貴爲國家元首，部長子女也可能是升

斗小民，即表示出社會階層在不同世代間的變化，當變化愈快代表社會開放程度愈高，愈能鼓勵社會成員對自己的作為和努力成果負責。

社會階級的分類，通常可歸納為二：第一種是封閉式階級制；第二種是開放式階級制。在第一種制度是封閉式階級制下的社會成員，一旦生於某一社會階級中，幾乎終生屬之；階級界限森嚴，彼此很難踰越；第二種制度是現代開放性社會的特徵，階級界限並不嚴格，社會成員有流動可能。一個人處於何種社會階級是憑其才能與努力獲得，不為其出身的家庭或團體地位所決定。

社會流動可依不同的社會結構，而建立起下列三個典型的社會流動模式：

1. 封閉式的社會流動模式：社會流動在傳統的社會裡，頗為不易，尤其是社會地位的提升，一個平民要變為貴族是絕對不可能的事，因為社會呈現的是靜止的，社會地位有固定的組織，沒有特殊原因是不會變動的。例如，印度的喀斯特社會，把社會成員區隔為婆羅門、剎地利、吠舍、首陀羅（即奴隸）與賤民等五種階層，階層與階層之間嚴格禁止社會流動，並且嚴禁彼此通婚，所以在這種社會之內，完全由血緣決定社會地位。皆屬固定的層級，並且無世代間的變化，這種社會的流動模式，毫無垂直的流動，至多只有部分的水平流動。

2. 開放式的社會流動模式：在一個現代化的開放社會中，因交通的便利，職業機會的擴大，個人的地位不像傳統社會，受到種種的阻礙；經由自身的努力，成功的命運操在一己的才能，和對社會的貢獻。是以，社會對各種不同的職業等級訂有不同的報酬標準，報酬的高低是吸引人的因素。要獲得較好的報酬，必須具較優的能力。具有較好的報酬必然易於到達較優的地位，能夠獲得較優的地位，是競爭的結果。工業社會給人們在職業上較多的競爭機會，使社會流動的情形，增加了變動的速度。社會充分允許人們改變其階層的可能性，因此階層與階層之間的地位改變較無

限制，同時類屬之間的流動極爲頻繁。換言之，開放的社會，不僅有水平的社會流動，更有垂直的社會流動及世代間的流動。

3. 折衷式的社會流動模式：折衷式的社會流動，指的是在一個社會中並非全部開放，也非全然封閉，而是部分階層可供人們自由競賽獲取，部分地位則係基於特殊血緣亦可擔任，例如，中國傳統帝制社會，皇帝之下有諸侯，皆爲世襲，故一般平民無法爭取到這個階層，而其下爲士大夫，由科考延攬，平民可經由考試而進入此階層。故其社會流動的模式是在士大夫階層之下各層形成開放式流動模式；諸侯和士大夫之間，無法有垂直的社會流動，形成喀斯特流動模式。至於士大夫以下則爲開放的社會流動模式。

從社會流動的情形，可以瞭解該社會階層化的歷程是如何的運作，以及該社會結構的特性與開放的程度。社會流動具有下列三項重要功能：第一，個人成就地位的揚升：現今社會所強調的個人的成就地位已較歸屬地位更具重要性；換言之，社會地位的改變，個人的努力程度和成就的高低愈來愈具有關聯性。因此，在流動機會愈開放的社會中，愈能激發個人向上流動及追求成就的動機；第二，社會階層的重新分配：要避免社會形成僵化的階級制度，追求公平社會，就應保持社會流動，藉由社會流動使階層不斷地重新調整，否則社會階層反映的將不是個人功績的高低，而是個人承襲的差異。近年來教育社會學，將教育視爲一種獨立變項，用以改善社會不公（gross inequality），尤其是那些低社會階層者及其子女所遭受的不利。社會流動的機會是否能夠眞正的公平開放，關係到社會階層的重分配的結果是否公允正義；第三，社會體制認同與參與：任何社會都會面臨如何維持社會成員對社會制度認同的議題。尤其是如何讓低社會階層者，在分享較少的社會資源承受較低社會聲望下，仍然願意繼續遵守社會制度，使社會秩序得以穩定和諧的運作。其中極重要的因素之一是，社會流動的歷程和結果，是否讓社會成員，尤其是低社會階層成員覺得是公平的。積極努力的基層社會階級者，如果因其弱勢的背景而無法獲得向上社會流動的機會（warm up）

作用；或才智庸劣的上層社會階級者，如果因其優勢背景的庇蔭，而無須擔憂淪落低層階級的冷卻（cool down）作用，將會使社會成員對社會制度喪失信心及認同，而造成社會衝突或社會秩序混亂的結果。

學者在探求社會流動與教育的關係時，延伸社會階層理論將主要觀點區分爲兩種主要的論據：一是功能主義學派：包括：殷克斯（A. Inkeles）與史密斯（D. H. Smith），咸認爲現代社會相較於傳統人們是比較有機會向上等級流動的，而只有學校教育才能使一個人真正現代化。哈維格赫斯特（R. J. Havighurst）認爲個人向上流動的因素有三項：第一，科技的發展：改變生產方式及勞動力、技術勞動力職位、生產量，與中產階級的快速增加，將有助於社會成員尋求階級改變的機會；第二，差別生育力：社會階級較高者往往生育力較低；反之亦然，這使得基層階級能藉著人口數量的優勢形成階層攀爬的機會；第三，個別的努力。肯特（Harry J. Crockett）認爲三項人格因素是社會流動的潛在原因：(1)能力：如智力、技能等；(2)認知：如態度、信念、價值等；(3)動機：即成就動機。安德遜（A.Anderson）認爲教育只是影響社會流動的一個因素，智力才是決定是否流動的主要因素。二是與功能主義學派相對立的衝突學派：包括：(1)認爲學校教育是符合資本社會的需要，根據學生出身的社會背景選拔學生進入適其身分的學校，接受適合的課程，透過學生導入經濟制度爲其服務；(2)學校教育是以訓練人格特性，價值觀念爲主，而非以知能傳授爲主。因此學校不可能有促進社會流動的功能。

由社會流動的定義和性質可知，愈屬現代化社會，愈尊重並肯定個人努力成果，因此社會流動的管道愈多，影響社會流動的因素可歸結如下：

1.教育因素：在各項流動因素中教育的提升是最有助於垂直流動的管道，如謀職要靠學歷文憑。同時教育所獲得的知識也是社會發展的基礎，因而學歷高，容易尋得更好的工作，因此社會的職業結構愈複雜，其依賴教育程度也愈深。

2.成就動機：個人的成就動機，是一個人追求自我成長和期待成功的慾念，亦即當成就意願高，則會朝著目標努力以赴，促成向上的流動性。

3.人口因素：社會中各階層人口的變異並不一致，當某階層人口有不足現象，可由另一階層者來取代，如生育率低、人口少，會影響此一階層之結構。若出生率提高或死亡率降低，個人向上流動的機會即減少。除此之外，正如同索羅金所強調：(1)移民；(2)生育率之高低；(3)死亡率之高低等人口因素皆會造成社會階層的改變。另外，如同農村人口逐漸移向都市，亦影響社會地位的流動，並可激發當地人民向上的流動。

4.社會分工：在高度分工的社會裡，職業類屬也隨著科技改善和環境變動而有改變，亦牽動著社會階層的變化。而現代社會中由於專業化程度和技術訓練要求增高，在隔行如隔山的情形下，社會流動的情形已異於往昔。

5.技術變遷：技術革新不僅改變社會結構，亦可改變社會階層。由於技術變動改變職業結構，吸引某一階層人口至另一階層。例如，在已開發國家由於技術改變，大量擁入白領階級，當白領階級人口增加時，亦增加社會之流動性。

6.變遷速度：社會變遷激烈的社會，社會流動的限制較少，個人向上或向下的轉移容易，因此加速了社會階層的變化。例如，工業革命造成迅速的社會流動。

7.機會結構：社會流動最有效之力量為機會結構，在封閉社會中階層流動的機會低，在工業社會中各階級的流動機會增大，因此強調「將相本無種，男兒當自強。」相對的在農業社會則流動性小，使得社會的穩定性高。

8.種族因素：社會中存在種族偏見，明定某一種種族不得擔任某部分的職業，同樣也會阻礙社會流動。例如，過往南非種族歧視的情形，將會影響不同種族者社會流動的機會。

結語

　　個人教育成就的高低除了影響個人未來所獲致地位外，同時也受個人的歸屬地位的影響。教育同時具有的兩種功能：第一，轉換的功能：是指教育成就可以獨立於個人的出身背景之外，憑持自己的努力和表現獲得向上社會流動的機會；第二，傳承的功能：有較佳社經背景的上一代，可以憑藉其優勢協助子女追求較高的教育成就，繼續上一代的優勢在下一代複製，並獲得有利的階層地位。

　　一九九〇年代以降，台灣多元社會逐漸形成，政黨的解禁與威權的解構接踵而來；更重要的是，當年的嬰兒潮已離開學校，取而代之的是他們的子女入學。這時學齡人口數量已開始下降，教育資源相對富裕，可是社會階層化情形，除了原有的省籍與性別差異在過去五十年有了改善，城鄉之間的教育差距卻仍明顯，來自不同社經背景所造成的差異雖沒有惡化但也沒有改善。令人擔心，近年多元入學的實施與升學率的大幅提高，雖讓中下層家庭子女有機會進入大學，卻因為文憑主義，必須苦苦追趕，所付出的代價將更高，最後仍然無法改變相對的劣勢！這正成為追求公義社會的挑戰。成就地位，是指憑恃個人努力及成就而擁有的社會地位。教育通常視為是介於個人獲致地位和歸屬地位之間的一項重要中介變項。教育是個人社會階層地位高低、社會流動方向的重要影響力量。就教育和地位取得之間的關係而言，出身背景以外的因素對個人社會地位的影響力大於出身背景。教育具有獨立影響個人社會流動的作用，社會地位的高低並非完全決定於個人的血緣關係，而是和個人教育成就有密切關聯。教育是社會弱勢者的最佳社會流動管道，是影響獲致成就地位的最重要的中介因素，也是社會階層重分配的最大公平化力量，讓社會弱勢者有機會憑藉教育成就所產生的社會流動效果，改變原來弱勢的社會地位，將是探討社會階層與教育作為的主要課題。

　　許多自由主義者多同意「教育知識對階級平權的意義及重要性」的

概念。誠如，阿諾德（Matthew Arnold）強調教育對所有社會階級而言都是合適的，他主張：「許多人嘗試給予大眾心智糧食，而該糧食是經過他們認為適合大眾實際情況的方式來準備和調適的。一般流行的社會價值與偏好是將優勢職業、公眾人物或政黨信條的觀念和判斷，來界定優勢階層的內涵並且灌輸給大眾。教育的目的並不嘗試說服他們贊同這個意見領袖或那個政黨團體所擁有的見識和口號。它尋求社會公允正義，使所有人都生活在人道和關懷的教育氛圍中，在此氣氛中他們可以不分階級、種族、性別、信仰、黨派等差別，而自由地使用觀念，形成人際互動，就像文化本身使用它們一樣──被它們所助長而非限制。」

第十章　教育與社會制度

「在社會結構中，只有一個制度化的價值系統才能產生整合的行動。」──派深思（Talcott Parsons），《社會體系論》

　　孫末楠（Sumner）說：「一種社會制度是一套由民俗與民德所交織而成的社會行為，這套行為得符應社會規定，受民眾公認，並有定型的軌道與步驟，其中形成系統的觀念、概念及興趣，並且這套行為是放在一種結構（structure）中，此結構是一種裝置或盛器（apparatus）或一群人員（a group of functionaries）。藉此裝置或人員，行為被發動起來並繼續前進，以應社會的需要，或使有關人士得到滿足。」社會學者龍冠海教授說：「社會制度可以說是維繫團體生活與人類關係的法則。它是人類在團體生活中，為了滿足或適應某種基本需要所建立有系統、有組織並為眾所公認的社會行為模式。」

　　社會制度就是社會行動所經由的途徑及所用的方式成了定型，不會隨時改變。有了不隨時改變的定型，人一旦要有行動，就可以不費周章的依照而行。依照而行可以節省甚多心力與時間，成為行動的憑藉。使人在營謀生活上有甚多便利，於是個人生活及社會生活都會內涵豐富。故社會制度的終極作用是使一個社會的生活豐富、品質提升且能合乎人的期望。

　　教育為一種社會制度，與政治、經濟、宗教、家庭等制度存於社會結構中。各種社會制度是為滿足或適應某些基本需要而形成。傳統社會變遷緩慢，教育被視為指導下一代適應社會結構要求的機制。現代社會變遷迅速，教育的基本功能不得不有所改變。依照派深思的說法，教育的主要功能包括：(1)社會化功能（socialization function）；(2)選擇功能（selection function）。前者在於培養個人的社會信念與知識能力，以便適當扮演個人未來的成人角色，後者是根據社會的結構與需要，將每個人按其性向與能力分配到社會上適當的位置。這兩項功能，從社會學的觀點而言，都是非常重要的。如從文化的觀點而言，教育具有選擇、傳遞、創造與更新文化的功能；如從政治的觀點而言，教育可

以孕育民主信念與政治容忍的態度，並培養領導人才；如從經濟觀點而言，教育功能則在直接方面改進人力素質，提高勞動生產力；在間接方面提高人民知識水準，增進其積極進取與服務創造的精神，並培養人民適應經濟發展的習性與態度。從社會階層化的觀點而言，教育有促進社會流動（social mobility）的功能，能使原屬於較低階層者因而受到良好教育而獲得力爭上游的機會。

現代社會的特質是變遷迅速。教育的重要任務是如何在變遷過程中，指導正確的發展方向。根據一般學者分析發現：社會、文化、政治、經濟的整體發展，須依賴教育力量。教育制度已由社會結構的外圍地位轉移至核心地位。

第一節　教育機會均等

教育應配合學習者之能力、性向、興趣及需要，提供各種適性學習機會，以發揮其多元潛能，建立社會多元價值觀，達成國家多元發展之總目標。

✳ 教育機會均等的意義

所謂「均等」是指「機會」的均等，而非結果的均等，即是指立足點的平等，而非齊頭式的平等。此外，「均等」亦是指形式上的平等，且含有實質的公平與公正之意。教育機會均等，不對學生之就學機會加以性別、宗教、種族、社會地位等限制，積極地更含有提供彌補缺陷的機會，促進立足點的平等，以便充分發展個人才能的意義。教育機會均等包括教育內容、過程、情境均等，亦即學生不但具有同等的入學機會，且在入學後，應在同等的條件之下接受適性的教育。而這些條件主要是學校經費、師資、設備的均等，當然也包含家庭與社會環境以及其他影響學業成就不利因素的合理改善。

✳ 教育機會不均等原因

社會地位為造成教育機會不均等之最主要因素。例如，上層階級子女所受的教育多為菁英教育，而下層階級子女則多半接受職業教育，形成不平等的狀況。包括：

1. 性別因素：自古以來，女性在接受教育的比例、修課的類型或受教年限上均不同或遜於男性。
2. 政治因素：不同政治體制之下，會有不同的教育制度，因而教育政策的訂定宜詳加考量與規劃。
3. 經濟因素：家境清寒的學生常因經濟條件的限制，許多方面受到壓抑；而富家子弟對學校的選擇較多、較彈性。
4. 地區因素：城鄉之間的教育水準有所不同，文教區與商業區的素質也不同。更明顯的是，文化不利的偏遠地區，如山區、礦區等，與市區比較起來更顯得教育機會不均等。
5. 生理因素：在特殊教育不受重視的社會，學習障礙的學生或殘障人士的受教機會常遭受剝奪或限制。
6. 人為因素：入學考試標準的適當與否問題；學校素質及資源設備的差異問題；學校教育制度的結構是否合理的問題。

「物之不齊，物之情也」；由於所有學生並非都站在同一起跑線上，為維護社會公平正義，國家應將有限之教育資源作合理的分配，使社會經濟劣勢之學生有充分合理公平的機會得到發展。為了促進教育均等之道：在社會地位方面，包括：(1)提供完整的義務教育：不論階級地位，均應接受完整的義務教育；包括幼稚教育的健全化，以及國民中學的普設等等，以期使各階級能接受相同品質的教育，避免因社會地位不同，而造成弱勢學生的不利影響；(2)改善入學途徑：增加高等教育入學考試或入學申請的公平性，俾真正具有能力接受大學教育者，皆能進入大學就讀，以發揮所長；(3)致力於偏遠地區的教育：劃定「教育優先

區」，合理運用教育資源。教育優先區的劃定，以政府行政力量，政策性地重新分配與運用教育經費或資源，使教育水準落後的地區，得以獲得充分積極的支援，並期望藉學校教育素質的提升，改造社區環境，引導社區發展。這些因為地理因素不佳、資源落後、開發較晚或偏遠及離島而形成教育資源不足的地區，應補助其教育經費，輔導其子女接受義務教育，以平衡城鄉發展，消除教育機會不均等；(4)實施補償教育：在教育的過程中，要使來自社會地位學生，接受均等的教育。不只要使其獲得教育的機會，且要使他們得到補償文化經驗不足的機會，對於因故失學的青少年，或欲接受再教育的成人，應提供其就學管道，例如，大專院校推廣進修部或社區學院等。在政治方面，包括：(1)發展特殊教育：基於人道、人權的立場，應為資賦優異、智能不足、肢體殘障、行為異常、視覺障礙與聽覺障礙等特殊學生增設各種特殊學校或班級，予以適切性的教育，使人盡其才；(2)促進各地區高中教育的均衡發展，對於鄉村地區學校的教學設備尤其更應該充實，並常舉行鄉村地區學校教師的進修活動，加強改進其福利設施以吸引優秀師資，並提高各地區高中教育水準。在經濟方面，包括：(1)提高學生獎勵金及助學貸款名額、金額，低收入而又有眾多子女家庭具減免額，並廣設公立托兒所與幼稚園，以利教導低收入家庭之幼兒；(2)真正要達到教育機會均等，唯有由中央統籌處理國民教育財政，齊一各校間師資素養，以及學生單位教育經費，才能使各地教育均衡發展，落實教育機會均等的理想。

　　教育的實施是對社會價值觀、傳統文化慣性的實踐，是對個人的培育，也是對社會的建構。重視學習者的個性、特性，發揮他的才能、創意與創造力，國力將隨之提升。適性揚才是實事求是的作為，務期學生潛能之充分發揮，以實現自我，邁向成功之路；迎向全球是國際視野之開拓，期在國際之合作與競爭中取得優勢，引領國力揚升及國人生活素質之提升；扶助弱勢則是人文關懷的表現，期實踐社會之公平正義。讓教育理念落實到每個個人，使其發揮最大潛能，成就自己，個人能力充分發揮即是國力的提升。教育除激發個人的原創性外，亦應引導個人有寬廣的世界觀與長遠的歷史觀。

第二節　校園倫理振興

　　歷史上許多文化及價值，歷經人類社會長期驗證、自然淘汰或萃取保留，去蕪存菁，形成今日多元的文化面貌，但在多元之中，仍然有大家共同遵循和追求的普遍倫理價值。今日地球村時代，人類的共通追求，如人權、自由、民主、社會正義等普世價值，將是現代國民的具體指標，也是校園倫理所實踐的基礎，倫理觀念是社會進步的基本核心價值，這是東、西方的基本道德共識。美國前教育部長芮理察（Richard W. Riley）強調發揮優良的傳統價值倫理，以及道德範疇涵蓋的品德與誠信，這也是美國九〇年代教育改革推動的核心工作。如今，當倫理、誠信、品德已在美國社會開始落實時，我們宜以此為借鑑。

　　人類只要悖離了倫理與公義的理性準則，善良的人性就會消失，以致為了牟取不法暴利而違法亂紀；政客為了勝選，可以罔顧社會倫常、不擇手段。品德是做人的根本，但長年以來品德教育從「形式化」進而「虛無化」，流於八股。當今之政策應將品德教育融入其他學科之中，譬如體育，遵守遊戲規則，承擔輸贏，即是栽培正人君子的基本要求。自覺性的責任感教育亦受忽略，我們應發揚利他情懷，強化學生對自我及國家社會的責任，並提高學生自律與自治的能力，及強化民主法治的多元普世價值。具體言之，校園倫理是指學校中校長、教職員、學生、學生家長之間「應有的」、「良好的」人際關係。如詳加分析，包括「校長與教師」、「教師與學生」、「學生與同儕」、「教師與同儕」、「教師與家長」等關係。

1.校長與教師關係：(1)校長領導方式影響學校氣氛與學校文化甚鉅。校長宜以專業素養與民主作風領導全體師生來實現學校教育目標；(2)在行政體系上，教師應尊重校長；在教學專業方面，校長應尊重師長、信賴教師，並適當鼓勵教師；(3)校長應關心教師

生活與福利，保障教師權益。

2. 教師與同儕關係：(1)教師同儕之間可能形成非正式規範（如教室自主），這些規範又形成教師次級文化，影響同仁之間的觀念與行為；(2)教師同儕次級文化為推行校務與實現組織目標的阻力或助力，校長宜善加引導與運用。

3. 教師與學生關係：(1)社會變遷影響師生關係：如師生關係趨於疏淡，師道觀念自然趨於現實；(2)教師應善用專業知能、充分發揮愛心、多方的關懷、瞭解與輔導學生；(3)注意學生次級文化的傾向，引導其積極面的發展。

4. 教師與家長關係：(1)家庭社經背景（尤其是家長的教育態度與價值觀念）與學生成就關係極為密切，因此，加強教師與家長之間的聯繫；(2)建立學校與家庭的正常關係；推行學校社會工作以協助適應困難的低收入家庭學生；(3)加強推行親職教育活動，健全家庭親子關係，改善父母教養態度與方式。

為建立良好的校園倫理，須考量師生雙方在交互作用過程中，均受若干社會因素的影響，在教師方面，包括教師的職業聲望（occupational prestige）與社會地位（social status）、教師在班級教學中的角色觀念（如角色期望、價值導向、權威觀念等）；在學生方面，包括家庭的社經背景（socio-economic background）以及同儕次級文化（peer subculture）。茲分別簡述如下：

1. 教師的職業聲望與社會地位：通常所謂社會地位，有客觀與主觀兩種決定因素。前者係指依個人的教育程度、職業類別、經濟收入及居住環境等；後者則是根據社會組成分子對該社會中某種職業所具有的聲望，加以評價而獲得。職業聲望與社會地位常具有其歷史文化背景，一旦形成不易改變。同時職業聲望也影響從事此種職業者的工作態度與效率。

2. 教師的角色觀念：班級是一個小型的社會，教師在班級中與學生

維持多種角色關係。有時他是學科專家，負責傳授知識與技能；有時他是訓育人員，負責學生日常行為的輔導；有時他是評鑑者，負責評定學生成績；有時他是心理諮商專家，幫助學生解決生活上與情緒上困擾問題。在當今變遷快速的社會中，教師的角色觀念常受價值導向（value orientation）的影響，隨著社會價值趨向多元，學校教師的角色扮演益愈困難，師生關係在不同價值中應如何抉擇，或應如何協調與統合，甚至教師權威應如何適當運用等，均為值得加以深入探討的問題。

3. 學生的家庭社經背景：教學的對象是學生，從心理學觀點，要瞭解學生身心發展特徵，據以教學。從社會學觀點，則須瞭解學生家庭的社經背景，有的學生來自社經地位較高的家庭，有的學生則來自社經地位較低的家庭，是學生本身無法控制的因素，但是對學校教育的影響卻非常之大。就教師從事教學的目的而言，教師應該設法去除這些不利的影響因素，以增進教學效率，進一步發揮「有教無類」與「因材施教」教育理想。

4. 學生的同儕次級文化：所謂次級文化，是指在社會團體中，其成員所形成的特殊行為模式與價值觀念。在不同職業、宗教、種族、地區、社會階層、年齡團體中，各有不同次級文化。青少年為未來社會的主幹，其所代表的次級文化，常為一般人所特別關注。在探討學校教學活動時，當然不能忽略學生同儕次級文化的作用。學生次級文化的性質頗為複雜與歧異，有積極的一面，也有消極的一面；有符合於教學目標與教師期望者，也有與學校要求牴觸者。前者可用以輔助教學進行，後者則對教學產生不利影響。因此，學生次級文化可能是教學的助力，也可能是阻力。教師若能有效運用社會方法與技術，注意導正同儕團體的規範，避免消極性次級文化的產生，同時設法引導學生次級文化趨向積極面發展，庶幾可以奠定教學的良好基礎，並提高班級教學效果。

在社會急遽變化，價值規範迷亂之際，倫理與品德已在西方社會中

重新找到定位。二○○一年美國恩龍公司醜聞，讓企業家引以為鑑。二○○三年三月《紐約時報》特以「倫理問題：如何傳授」為題，深入報導美國十餘所知名高等學府，不約而同地增設倫理必修課。哈佛大學著名的「倫理資源中心」網站，特別強調，倫理與品德已經成為二十一世紀企業、機關學校、政府組織經營管理的圭臬。倫理為社會發展的基石，也是人類文明進步的泉源。我國過去經濟與政治的成就，是與世界先進文明互動的結果，當前教育的推動亦然，要放在全球的架構中思考，以世界先進國家為標竿，不斷要求自我提升，使我國教育亦能邁入先進國家之林。在特殊與普遍的目標中，落實到教育政策上，建立符合多元取材及適性發展的教育機制，重視學生多元智慧啟發；強化公民意識，營造一個有助於人權與多元文化發展，重視性別平等及生命價值，能相互尊重、包容與關懷之友善校園，強化多元與普世價值的具體作為。同時在校園倫理的振興中宜強調責任教育，對自己負責，也對別人負責的道德信念。

第三節　性別平等教育

　　近年來，女性主義正風起雲湧的席捲台灣社會，各種女性主義論點的言論也如雨後春筍般出現，也出現了顛覆既有的男性主導的社會結構，使得我們不得不正視這個數千年來一直爭論不休的老問題。而現代社會，婦女獲得了受教育和參政的機會。較諸傳統社會，男女兩性平等許多；男女兩性在現今的社會中，一同受教育，一起工作，也共同參與社交活動，使兩性之間的關係比過去的社會來的密切。我們傳統文化對於男、女性的教導，因社會的轉型，實有商榷的必要。若一味地以傳統的價值觀，去教導學生或子女，並期望他們能適應現今的環境，必然會造成許多適應不良的問題。

　　「女性主義」（feminism）是一種要求女性享有身為人類的完整權

力，並且反抗所有造成女性無自主性、附屬性和屈居次要地位的權力結構、法律和習俗。「女性主義」是對父權主義下所造成兩性不平等的關係；以及不合理的價值觀，所提出的抵制與反抗。雖然女性主義的發展，在不同時期，因不同的派別而各有不同所重視的觀點，但其基本上都脫離不開排斥：「父權體制」、「性別的體系」，以及「性別歧視」三種：(1)「父權體制」（patriarchy）：它是一個常被用來指稱女性受壓迫的社會結構，它的形成是由以男性為中心所產生的權力關係為基礎。父權源自於被父親所支配的家庭體系，並經由這種以性別角色所廣泛的社會化，而形成出一種以男為主（尊），女為輔（卑）的價值模式。當然這種男尊女卑的「性別體制」不但為兩性階層化形成一個基本模式；也為男性擁有支配女性的權利，獲得一個合理說詞的基礎；(2)「性別的體系」（sex gender system）：包括性別區隔、性別分工，以及隨文化與時間而有不同認定的性別相互因素。社會藉由這一套設計，將生物的「性別」轉變為人類活動的依據，並以此作為社活動的基礎；(3)「性別歧視」（sexism）：就是男性優於女性的一種社會關係。無論是男人或女人的行為，政策、語言或行動等都在說的一種被機制化、系統化或一致化的觀點：即女人是次等的。無論是「父權體制」，或是「性別的體系」，還是「性別歧視」，都是被運用來區隔兩性在社會、文化價值下產生的不同標準，得以合理的基礎。這也正是女性主義者所要對抗的基本原由。

女性主義的研究者由於不同的觀點與策略，因而採取不同的理論分析架構。學者將女性主義性別研究的理論架構分為五個主要派別：自由主義、文化主義、馬克思主義、社會主義、激進主義。

1.自由主義：此派承認男女是有生物上的差異，亦即先天上的差異，但是反對生物決定論，認為男女性別的差異主要是後天學習的成果，理論的核心價值是在強調個人有自由選擇的權利。其主張透過教育、法律和制度的修正來解決女性的次級地位，並且提供兩性平等競爭的地位。

2. 文化主義：此派主張女性非男性的附庸，他們認為女性的道德觀優於男性，因此女性獨特的文化一旦獲得解放，自由、和平的世界就會到來。其策略為婦女解放的力量，透過激進的與政治的手段，也就是說由女性來主政，來推翻男性霸權。

3. 馬克思主義：馬克思主義認為婦女被壓抑的原因，在於資本主義的核心家庭單婚制與私有財產制度之形成的交互作用下，女性逐漸被驅逐出社會生產工作之外，而淪為男性之私有財產的一部分。因此，此派的解放策略為推翻資本主義體制，隨著勞動階級的解放，婦女必能獲得解放。新馬克思主義者雖然注意到父權意識形態與資本主義一樣，是壓迫婦女的大敵，但同樣認為婦女要獲得解放，一定要參與社會生產，並且和階級運動結合，以革命的手段來打破婦女被壓迫的情境。

4. 社會主義：此派認為女性是資本家的消費品，亦是家庭中的奴隸，女性淪為「消費動物」和「性商品」。而其主張消除資本主義與改變父權體制，來提升女性的地位。

5. 激進主義：其主張強調婦女是歷史上第一個被壓迫的團體，而且根深柢固，是最難消除的壓迫形式，因被壓迫者受男性至上的社會偏見所影響，往往不能察覺被壓迫之苦。其解放策略為：透過生產科技的創新來解放婦女；另外，還有人認為女同性戀主義可以對抗父權主義壓迫。

　　如何讓性別平等得以落實，保障婦女本身的平等權益，進而達成一個平等、自由的性別平權社會呢？在性別方面，可以：(1)以政府頒行「兩性平等教育法」為遵行標的：建立兩性平等教育組織及運作模式；培育兩性平等教育師資及專業人才；充實兩性平等教育課程及教育涵養；發展兩性平等教育研究及資訊服務；加強宣導兩性平等觀念及相關措施；增進校園人身安全環境及性別意識；(2)消除性別意識：減少不當的限制，把不必要的性別差異規範，改成中性化的規範，亦即性別不再成為指標，兩性一視同仁地去面對許多要求；男女之間心理特質有分

別，但不應擴大將之刻板化，甚而延伸至其他事物；對知識的學習不必以性別來區分，男女兩性可以開放的心靈去接觸各種知識，並選擇真正適合的學門深入探究。目前，最迫切的需要，是建立一套婦女新文化。兩性的關係是互相影響的，當婦女新文化逐漸建立起來時，傳統的男性文化也必然受到衝擊。男女兩性將在更平等的立足點上建立相互尊重的關係。婚姻關係也必然跟著改變，兩性將可以更自由、更人性地選擇適合自己的角色，兩性的新關係，不但能增進社會的和諧，而且更增加人類生活的品質和幸福。隨著兩性平權的社會建立，亦將有助於我們對於弱勢者的關懷，對社會的重視，對環境品質的堅持，對公義社會的要求等，這些新興的領域，將會使整體社會改造添加更豐富且踏實的內容。

第四節　職業能力培育

當我們要從一個人，來預測他的價值、態度以及生活型態，則最能瞭解他的是他的職業。職業是個人的主要角色。同時，職業與個人聲望、權力及所得之間有高度相關。工作的地方會影響其人際互動，與深受同輩團體的壓力。因為大多數職業都要求某些必須條件，如年齡、教育、體力、技能與過去經驗，因此從事相同職業的人，會有一種同質性。另外，人們對於職業，常具有某種刻板印象，如律師是精明的，教師是誠篤的，企業家是尚利的，政客是虛矯的等。對上述印象的期望，會影響該種職業者的行為；許多人會有意識或無意識地接近某一種典型。這些都足以說明職業與個人之間的關聯性。因此，我們經常以工作是瞭解社會系統與個人行為的一個重要指標。在社會層次上，工作者的人數與種類，為解釋社會系統的經濟組織提供了線索，這就是職業結構的領域。

職業與個人的生涯息息相關，職業的獲取是一項長期的過程，依照生涯發展的觀點，則包括了個人的全部生涯，亦即從幼兒直到成人，依

照職業認知、職業導向、職業試探、職業選擇、職業計畫、職業準備、職業安置、職業進展。循序漸進，而每一階段均有其特殊的發展任務須待完成，經由該階段的逐步實施，使個人獲得職業的生涯，並建立個人生活型態，以促使個人能過一種經濟獨立、自我實現及敬業樂群的生活。

　　職業選擇就個人而言，是進入工作市場並在工作分類中決定自己偏好的一項決策態度或行動。就社會而言，個人的職業選擇也就是社會人力資源的分配問題。所以個人的職業選擇不只是配合自己的性向、能力和興趣的工作決定過程，同時也是個人對應社會變遷的自我成長和調適社會生活的行為反應。

　　職業選擇的有關理論主要處理那些能產生事業型態或是決定其發生可能性的主要事件和現象。國外學者大多由心理層面和社會層面來研究職業選擇。最早的概念見於派深思的〈職業選擇〉一文，他以為：「個人欲做明智的職業選擇，首先瞭解自己的能力、興趣、性向、抱負及優缺點。其次是熟悉各行業成功的條件、報酬及展望各種可能的利弊。而這其中的許多作為是在學校教育中獲得養成。尤其是今日社會分工細密，多數工作皆須相當專業才能擔負，是以，日益依賴學校提供專業陶養。因而，教育與職業能力更顯得密切。」

　　職業選擇是一種個體與環境互動的程序，它常會受到教育內涵的影響，包括：個人興趣的發掘、職業屬性的認知、敬業精神的培育、職業道德的陶冶、教育水準的高低等。所以說職業選擇是一種發展性的過程，其中個人會對他自己的喜好、能力以及價值觀愈加的瞭解，則愈能穩健獲得期待的工作。

　　自第二次世界大戰以來，高等教育的擴充已經成為一個最重要的趨勢。全球範圍而言，適齡人群（20～24歲）中約有7％進入了高等教育機構，這一統計數字表明，戰後接受高等教育人員正快速增長。這種趨勢首先出現在美國，其後則在歐洲；目前，擴充的領域已經朝向第三世界和新興工業化國家。高等教育的擴充有多種原因。其中的主要因素是現代社會和現代經濟的日益複雜化，從而需要更多受過專業訓練的勞動

力。高等教育機構幾乎無一例外地被要求提供所需要的訓練。誠然，在許多領域內，以往屬於在工作中傳授的許多訓練都在高等教育機構中落實並且具體化與正規化了。電腦科學等全新領域已經湧現，因而須依靠大學為它們提供專業的教育和訓練。高等院校不僅提供訓練，而且為當代社會中的許多角色和職業提供考試資格和學歷證書。在大多數國家，愈來愈多的職業把大學文憑當作員工錄用的先決條件。的確，在現代社會，學歷證書在大多數情況下對於獲取職業資格所必備的要件，也是未來成功的決定性因素。各國之間學術界的體制各不相同，但大多數情況下都十分強調在大學裡有良好的學術成績和考試成績，是要想獲准進入某些特定的職業領域的必要條件。

隨著高等教育普及化的趨勢，職業化是高等教育改革中的一個重要趨勢。世界各國普遍相信，大學課程應當為各種日益複雜化的職業提供相關訓練。為找到報酬優厚工作的學生們要求學校的課程更加具有實務性，雇主們也要求課程更直接地與他們的需求相關。在工業化國家，課程職業化涉及到高等教育中另一個重要的世界性趨勢：即大學與工業界之間的聯繫日益密切。專業部門力圖確保它們所需要的那些技能能夠被反映到課程中去。由於大學與實務界的許多聯繫主要集中在研究方面，因此，這種趨勢對學術研究產生了影響。實務業界與大學建立正式聯繫和科學研究夥伴關係的目的，在於在它們感興趣的領域得到幫助。在瑞典等國，工業界的代表加入了高等院校的校務決策委員會。在美國，大學和一些公司簽定了正式的協定，以分享研究成果。在許多工業化國家裡，公司為其雇員提供有針對性的培訓專案，這些培訓有時是在大學的幫助下進行的。此種現象亦引發若干的批評，認為：實務業界通常對基礎研究不感興趣，因此，這種互動可能會削弱高等院校研究的性質與能力，傳統上以基礎研究為主的大學可能會逐漸轉向實用的和營利性的專案，隨著要求大學為經濟提供直接服務的壓力不斷增大，關於高等教育與實務領域的互動關係爭論也將繼續下去。

第五節　私人興辦教育

　　二十世紀末二十一世紀初，教育中最有活力、發展最快的部門是私人興辦教育。由於對教育的需求空前增長，而政府又無力或不願意提供必要的資助，二者的結合使私立學校在市場化情形下蓬勃發展。私立學校在教育事業上已有很長的歷史，目前在規模和數量上均在擴大或增加，在那些依賴公立學校的國家和地區，私人辦學也變得愈來愈重要。教育在全球的擴張使得私人興學的地位和特殊性顯得必不可少。私立學校與公立學校有著相同的淵源，有些功能也相似，但是私立學校也有自己的特點。其中最爲重要的就是經濟來源——私立學校要自籌資金，其他一些特殊方面包括內部管理和經營，與政府部門的關係以及學校規劃等，皆有別於公立學校。

✳ 實施現況

　　私人辦學雖然在全世界都展開了長足的發展，但是各國的情況大相逕庭，有時即使在一個國家內部也會有所不同。公立大學在大多數西歐國家依然占據主導地位，雖然私立學校的數量不斷增加，在學術體系中的作用也在不斷加強，但是私立學校仍然是少數，數量不斷上升的是專業學校，尤其是商業學校，還有一些是多功能私立大學，儘管如此，西歐95％以上的學生都在公立大學就讀。私人辦學在歐洲最爲快速發展的區域是東歐和前蘇聯各加盟共和國，在這些地區，由於政府無力爲擴大公辦大學的規模提供足夠的資金，這使得私立學校有發展的空間。

　　美國的私立學校分爲以下幾個類別：學術排名最前的有哈佛大學、耶魯大學、普林斯頓大學、史坦福大學、芝加哥大學、麻省理工學院等。這些歷史悠久學術聲望深受肯定的學校，對學生素質有相當嚴格的要求以致於淘汰率很高，然而這些著名學府都擁有大額捐助基金。附屬於教會的大學是私人興學的另一主要類別，其中有一流大學如波士頓學

院。最後一個類別包括一些營利性專業學校，大多數規模很小，在二千多所私立大學和學院種類繁多，它們當中的絕大多數依靠學費來維持經營，構成了美國教育中一個充滿活力和多元化的寫照。

相較而言，私人興學在亞洲表現得最為突出。在包括日本、韓國、菲律賓和台灣，私立學校在整體教育中具有相當的數量，從數量上統計80%的學生都在私立學校就讀，並在高等教育體系中占據主導地位。儘管在這些國家，公立大學最有名望，但一些私立學校也居於名校行列，高等教育中發展較快的部分多是私立學校。幾乎任何一個地方，私立學校本身類型各異。由於私立學校能夠迅速適應不斷變化的市場狀況、學生興趣和經濟需要，所以它產生的影響將會愈來愈大。

✳ 經費籌措

經費影響教育的推動，甚至是辦學的成效，私立學校的經費來源有多種模式。對大多數私立學校而言，學費收入是學校的主要經濟來源，沒有學費，這些學校就無以為繼。使得私校須對招生的數量、每個學生的費用和財物支出進行仔細籌劃。計算有誤、招生計畫未招滿或是未預期到的支出都會給學校的預算造成恐慌，有時甚至會危及學校的存續與發展。大多數的私立學校都沒有多少財政支援，而對學費的高度依賴意味著學生必須有能力支付學校的收費。反過來，又給學生所屬的社會階層造成了衝擊，也會影響到學校提供的課程的種類。如此一來，私立學校有可能使社會階層的劃分和其他教育品質進一步區隔和擴大，成為私校追求卓越的考驗。相較而言，只有很少一部分私立學校擁有其他資金來源，例如，宗教團體捐資興辦的學校有時可以從宗教組織獲得資金，至少還可以依靠全體工作人員的幫助。在一些國家，少數學校可以依靠校友和其他支持者的捐助和其他資金。美國尤其如此。在那裡，少數私立學校擁有數目可觀的大量捐贈，這為學校的自身運作源源不斷地提供了資金。隨著民營機構的壯大，有關資金來源的爭論，尤其是關於私立學校能否獲得政府的補助經費、學生學雜費是否開放學校自主，以及學

校是否可以有合法的營利作為等問題的爭論，將愈來愈多。

✳ 營利歸屬

傳統上，學校屬於非營利性機構，在國家法律規範下運作，提供教育、從事研究以及其他與教育相關的活動。有些私立學校為非營利性機構所有，如宗教團體。有些學校則由贊助機構擁有並負責經營。各國在這方面的法定規範各不相同。包括日本、韓國在內的一些國家，個人和財團可以擁有和創建大學，通常由家族透過董事會進行管理。在這種情況下，學校從法律上而言是非營利性的，但是營利和非營利之間的界限有時很難完全釐清。像董事會的成員通常可以任命自己的接班人並擁有實質的管理權。

部分國家允許私立學校可以有營利行為，這些學校通常培育是在企業管理、工商經營及電腦科技或其他需求較殷切的相關專業領域，並且足以形成私人興學的鼓勵作為。然而僅有少數國家的法律明確允許私人教育機構營利。在眾多其他國家，透過教育賺錢在文化和法律上都不被接受。毫無疑問，營利性高等教育已成為一個討論的議題，而且它還會繼續擴張。無論如何，由於社會對教育的高度需求，而政府無法全然因應時，當私立學校雖然學費較高，但在滿足學生及家長的情形下，仍然有相當立足的空間。此種營利性觀念對學校的認證和管理提出了特殊挑戰，也勢將改變學校在教育市場的運作。

✳ 辦學品質

民辦高等教育已成為整個國家體系的一個重要部門。但是它比公立部門更難協調，因為它們的經濟來源不是公共撥款，所有權並非隸屬於政府，所以對於責任規範也成為學校和社會所關切。有些國家採取嚴格控制，比如我國與韓國，教育主管機構有權對招生計畫、學費標準、教師資格、薪水保險等等加以限制。日本在這方面稍為寬鬆。至於美國由於強調自主精神，是以一直都依賴非官方的認證機制來確保私立學校的

辦學品質。

因為私立學校是依靠提供有吸引力且適當的「品質」來確保自己的生存，所以它們希望能成為學術體系的一部分。在大多數國家，特別是在發展中世界，幾乎多數新興的私立學校都處於教育等級的基層。部分原因是因為建立學術聲譽和地位需要很長時間，另外也是因為這些學校提供的是應用課程，而且經費有限。較為例外的是如美國史坦福大學和哈佛大學這樣的私立學校能成為名校，這是因為鉅額經濟資助和高超的領導藝術使然。

✳ 學校自治

在私人興學的概念與作用中，應該給予民辦高等教育多大的自治權？私立學校在決定目標、標準、學費、課程、人事、學術標準等方面是否應享有全部自由？還是應對私立學校進行控制以確保它們遵守國家標準和學術實踐的規定？是否應將私立學校視為受政府指導的學術體系的一個不可分割的部分？對私立學校應進行品質評量還是實用性評量？私人辦教育對公共利益應承擔多少責任？責任制可否因社會狀況的不同而存在差異？發展中國家的和富裕國家的私立學校是否應享有同等的自治權嗎？

各國對這些重要問題的回答各不相同。有些國家對私立學校採取了相當嚴的控制，有些國家則給予私立學校很大程度的自治權。國際上的大趨勢是給予私人辦學更多的鼓勵和自主性，同時也堅持要求私立學校實行某種責任制，保證向潛在的學生提供正確的資訊，保持一定的品質，並依法處理財政問題。

✳ 社會責任

就社會的運作機制而言，教育被視為符合公共利益，且滿足個人需求的社會單元。它提供的服務與造就的產品很獨特，即知識以及在社會運用知識的資格證明。因此，它為個人提供了可用來獲取更高收入及促

使事業取得更大成功的技能。同時，教育也改善了社會發展和現代經濟運作所需的人力資源。最近，關於教育主要貢獻的討論很多，思維的中心問題是教育的第一受益者是個人還是主要是社會，如是個人的話，個人或他的家人應為此付出較為合理的支應。來自所有社會的資料都表明教育能確保畢業生獲得較高的收入和更多的機會。對上過大學和沒上過大學的人的比較說明，有學歷的人總是獲得更多好處。這一模式是全球一致的。除了教書育人、授予學位外，大學對社會還有其他重大貢獻。大學圖書館是知識的主要貯存地。大學是研究和發展中心，在大多數國家它們還是大部分基礎研究的發源地。它們透過創辦出版社、舞蹈團或樂隊，透過舉辦文化演出和文化活動，也成為重要的文化中心。在許多社會中，大學是獨到見解和批評思想的少數形成地之一。這些都是大學的主要責任，是以，自大學建立以來始終成為社會價值的核心所在。而引發社會探討的是，私立學校是否皆要如同公立學校一樣全般接受相同功能與責任的檢視？

✳ 未來發展

　　正因為私人辦學教育的迅速擴張，以及它在全球高等教育體系中的地位愈來愈關鍵，私立學校面臨著特殊的挑戰和責任。毫無疑問，對大多數國家而言，私立學校在滿足教育需求方面已產生重要作用。它的重要性與目前頗具影響力的民營化思想和減少公共開支的全球趨勢相聯繫。各國政府無力滿足全球對教育的需求，導致了民營部門的出現。由於這些原因，私人辦學的繼續擴張是不可避免的。

　　由於教育品質的良窳關係私校的發展。爰此，民營部門必須在自治和責任制之間找到平衡。應鼓勵它提供全新的高等教育模式和方法，以確保節省開支。同時，還需要建立責任制，以確保新方法帶來合格的教育品質。

　　由於私人辦教育隨著市場需求盡力滿足眼前目標，因此必須遵循並落實教育的傳統承諾，即追求知識和真理，提倡在學術上自由提問的價

值觀。不是每一個學術機構都有能力達到如牛津、哈佛般,但是傳統的學術標準對所有學校都是一樣的重要,即使是那些只從事職業培訓和只提供專門學歷的學校也應鼓勵敬業精神、學術自由和人格陶養的基本標準,同時還肩負維護卓越價值觀的責任,並開展社會服務,經由公共服務和品質保證讓社會受益。

二十一世紀,私人興學將在許多國家變得愈來愈重要,即使是在西歐和北美的富裕國家,引導民間參與教育建設對社會發展也會變得更加關鍵。因此,應確保私立學校不僅滿足市場需要,且滿足社會需要,將是重要且有意義的事情。

結語

制度其對個人、團體及文化皆有其不可取代的功能:第一,制度對於個人的功能:一方面滿足個人的需要:個人在生存上有種種的需要,有了制度之後,他的這些需要才能有比較合理的和有規則的滿足,例如,有了經濟制度,個人便可以從生產、消費、交易及分配的各種方法中獲取日常生活的必需品。同時成為個人行為的嚮導:制度是社會所規定的行為法則,要是沒有這種法則,個人在社會中的一舉一動,都無成規可循,有了制度,個人的活動,可以順利進行,如有了婚姻制度,男女就知道結合之道;第二,制度對於團體的功能:社會制度對於團體的一個主要功能就是維持秩序;不過這只能視為消極的作用,此外,尚有積極的作用,即加強社會關係。這就是說,制度可以使人群由散漫的、無組織的,變成團結的和有組織的,或由不合作的,變為合作的;如婚姻制度加強了男女的關係;第三,制度對文化的功能:這也可分為消極的兩方面來說:在消極方面,社會制度的功用是把過去人所創造的東西保存起來並傳給下一代。前人的思想、信仰、風俗及生產工具之保存完全靠社會制度之功能;在積極方面,社會制度的功能是鼓勵創造新的東

西，以促進文化的進步。

　　教育社會學爲社會學的一支，其主旨在於從事教育制度與組織的社會學分析。易言之，由於教育制度已成爲一種重要的社會制度，教育社會學者認爲教育機構與組織可提供一良好的研究領域，使社會學者對於教育制度中的社會結構與過程能有更充分的瞭解；在這種研究中，可形成觀念、提出假設，並經證實後成爲社會學重要理論。此等理論或可應用於教育問題之解決，早期教育社會學所探討的問題較爲廣泛，迄至一九六〇年代其探討主題仍偏重於宏觀制度的探討。一九七〇年以後，教育社會學的發展在微觀制度的探討方面，有逐漸增加的趨勢。此類研究著重於學校內部班級社會體系中人與人之間的互動關係，包括師生關係、學校文化，以及教育內容與歷程等。

　　如同學者米契爾認爲，目前的教育制度是基於「知識階層化」（the stratification of knowledge）此一概念，在這種制度之下，某些形式的知識被認爲是比其它知識要來的優越且因而值得學習。今天有些形式的知識和思維被認爲是優質的，「因爲在專業智能與人格陶養上有助於國民素質的提升」。因此，一個教育制度將必須奠基於這樣的思維，以便民眾能夠有接受「卓越教育」的機會。而且這樣的一種教育素養，不只在培育建立現代化社會的人力基礎，同時，就「激勵所有心智潛能與發展能力的可能性」而言也是重要的。

第十一章 網際網路與教育

> 「資訊的豐富帶來注意力的分散。」——賽門（Herbert Simon）

提升國家競爭力，是多數國家當前重要的發展目標。此項目標的達成，關係能否成為開發國家與提升國際地位。無論亞太營運中心的推動或國家競爭力的提升，基本上均仰賴高素質的人力資源。高素質的人力資源，是達成國家發展目標的重要條件與基本動力。對於地狹人稠、自然資源有限的我國而言，只有豐富的人力資源是面對國際競爭的最大本錢。提升國家競爭力的基本動力，來自於人力素質的不斷提高。在知識社會中，資訊的生產快速，使學習的領域擴增，對個人造成了極大的挑戰，知識的「半衰期」不斷地縮短，估計每隔五年至七年即過時一半。如果不時常學習，將無法趕上時代的脈動與社會的發展。例如，電腦文盲在未來社會將形成工作與生活極大的不便。因為電子化的資訊已成為全球通用的語言，透過電腦的普遍應用，使得我們在家中、學校、工作場所或任何資訊點均可快速取得各種有關資料，不受時空的限制。目前各行各業均透過電腦，廣泛而深入地獲得資訊、利用資訊、使用資訊。如果不懂電腦的運用，顯然無法適應現代社會生活。

在資訊科技的影響之下，先進國家發展出開放及遠距教學型態的大學。遠距型大學又可分為三種型態：一是獨立設置的遠距教學大學，如英國及其他國家的開放大學（包括我國的空中大學）；二是實施遠距教學的一般大學，先進國家有愈來愈多的大學，在傳統教學以外，採用遠距型態實施教學；三是遠距教學服務網路，此種網路本身並非大學，卻提供各種大學網路課程，如舊金山的電子大學網路（Electronic University Network）以及英國的全國推廣學院（National Extension College）等。遠距型大學雖有不同型態，但是其共同特色則是：招生條件開放、課程設計及選擇極具彈性、採用衛星、有線電視或電腦網路實施教學。遠距型大學將是未來學習社會中的一個重要支柱，值得正視。

第一節　傳播科技與教育

　　所謂的傳播科技，指的是社會上所發展出來科學地傳播各種資訊的技術。自人類發展科技以來，各種有效的傳播方式漸漸的被發展出來，如早期的報紙、雜誌等平面媒體，再來有電視（影）、廣播等聲光媒體，以及目前最受注目的科技——網際網路。這些傳播科技之所以深深地影響到現代的社會，是因為透過它們，可以把地球上各個角落的訊息在最短的時間內，以最寫實的文字、畫面呈現在眾人面前，而非像過去口語相傳的慢速傳統方式。馬歇爾‧麥克魯漢（Marshall McLuhan）在其所著的《認識傳媒：人的延伸》中，創造了一句話：「媒介就是訊息」（The medium is the message）。 指的就是傳播的載體，不論是人的聲音或是已經印出的版面或電子媒介，對訊息、傳送者或接受者的影響，也就是對社會的影響，超過所能想像的。傳播科技，也就是所謂的大眾傳播媒體，對社會的功能至少可以分為：(1)娛樂；(2)新聞；(3)評論；(4)教育；(5)公關。由此可知，在傳媒影響社會之深的現代，如果沒有一種社會自覺的契約來節制媒體的傳播功能，那麼傳播科技所扮演的角色就不只是單純的訊息媒介，負面的也有可能成為社會動亂的導火線。

　　傳播科技所展現的訊息內容是十分強大且快速的。所謂的「強大」，指的是它所影響到的人數、連結到的距離和面積，都十分的廣大。而「快速」就是指時間的跨度。因此傳播科技的內容對於視聽大眾有相當重要的功能，大眾傳媒存在著教育的功能，就是一般通稱的社會化（socialization），可以影響我們的社會觀念，更瞭解現代社會的想法。在兒童及青少年社會化的過程當中，傳播科技所創造出的種種，無疑地，深深影響國家社會的下一代。現代社會中的兒童及青少年十分地依賴傳播媒介的意識形態，不管是社交、規範，甚至感情，都容易使得兒童及青少年接受傳媒的想法。包括：第一，形成模仿行為：兒童及青

少年人格尚未穩定，尤其傳播科技所創造的鮮明印象，更容易引起兒童及青少年的仿同行為；第二，改變學習過程：傳統的學習過程，兒童與青少年的社會價值與道德標準，首先來自家長及老師；現代社會中，由於傳播科技的發展，媒體（尤其是電視）的教育，可說占了兒童及青少年學習過程的大半；第三，塑造社會價值：傳播科技傳輸了許多未經說明的觀念，在長期薰陶下，對下一代的價值觀有了潛移默化的影響。

由於傳播科技的興盛，使得社會結合成更大的群體，彼此之間，有更多的聯繫與互動。倫勒（Lerner）說：「現代化是一個社會發展過程的名詞——就是低度發展社會朝向高度發展社會共通特性的社會變遷過程，這個過程起自國際間或社會間的傳播。」從這句話中更可以令我們瞭解到傳播對現代化的影響。傳播科技形成的媒介是現代發展的推動者，也是增強者。可以使人知道其他世界，站在其他人的立場設想，和自己作比較，以幫助人接受改變和快速適應新的需求。社會的現代化，除了政府的宣導之外，大部分都是透過媒體的學習。

由於資訊與通信科技的高度發展，使人類進入資訊傳播全球化的時代，消除了距離的障礙，共同且有效地參與明日社會的塑造。這種國際的趨勢是世界性的潮流，世界各地的正確和最新的訊息，可以及時提供給地球上任何人使用，無遠弗屆。目前所有的文字、聲音、影像已能轉換成數位化資訊，傳遞迅速，資訊化的社會業已來臨。一個互動頻繁、緊密相連的地球村亦正迅速地形成中。資訊社會所帶來的國際化趨勢，對我國的教育與學習體系產生極大的挑戰。

藉由通信網路的迅速發展，使得過去陌生遙遠的事物已大量出現於家庭中，也傳送到大都市，更傳送到偏遠的鄉村。這些文化產業透過電信和各種媒體的傳播，傳達了不同國家或社會的生活方式，使多元文化的世界愈來愈趨一致。對不同文化之間的相互瞭解，已成為全世界文化發展和經濟繁榮的一個重要因素。唯有透過相互瞭解及彼此合作，世界各國才可能對世界的和平及繁榮有所貢獻。因此，每個人應摒棄狹隘的價值觀，敞開心胸，開放視野，邁向國際。

當地球上的居民在國際化加速時，鄰居可能都不再是同文同種的

人。這樣日益多元化的地球村，對個人與教育體系的挑戰都是巨大的。我國國民是否瞭解世界、瞭解他人，正是邁向全球化思維的教育所要迎接的挑戰。科技決定論認為科技的進步將為社會帶來了一個整合新文化的力量，人類的社會將會變得更為美好；我們也無可否認的，網路科技的發達，讓人們的溝通跨越了舊有的科層制，以及克服了距離上的問題。

第二節　網路互動的特性

　　網路作為一個溝通媒介，提供了傳播媒體所沒有的功能，是以改變了學習的方式及關係，這些特性正如同：網路BBS上獨特的「參與性」與「互動性」，任何人只要通過「註冊」的手續，在幾乎沒有「門檻」限制的情況下，就可以參與討論，也符合理想溝通情境的開放特質。網際網路能成為教育的優質輔助系統，是因為網路上所存有其他媒體無法項背的特質，包括：

✳ 學習的自主性

　　「高度自主性」是網路空間的一大特色，隨著網路的開放性，接近使用的便利，可說是對任何使用的人開放。提供資訊、溝通觀念、討論時事等，在網路世界中都一一呈現。同時可以提供多人使用。網路的特色就在於它是個人溝通媒介與大眾傳播媒體的結合，並且傳播媒介是雙向的。網路提供個人按照其意願建立溝通聯繫的可能性與範圍之主動性。主動性意味著個人可以在自己決定的時間與對方互動。資訊科技的發展，使得人們可以在家中私下接上網際網路，利用新聞討論群（newsgroup）或其他的功能達到學習的目的。電腦網路作為一種媒介，與電話或是電視有著極大的不同。網路是私人溝通媒體與大眾傳播媒體的結合，並且，這個媒介不僅是多媒體的，還是雙向的。網路不只

可以當作私人間通訊的工具，也使得個人得以獲取與傳散有關公眾事務的各種訊息。

✳ 空間的延伸性

經由網路媒介的溝通，其實是極為特殊的，一方面，你可以舒適地待在自己的家裡，另一方面，卻彷彿進入一個公共場所，能夠與他人交流、或是發表意見。電腦網路上的互動關係就像舞台上的表演，表演者在前台扮演著眾人期待的角色，並且努力地把後台隱藏起來。其實，在真實世界中，尤其是在現代的都市生活裡，我們也都在不同的場合扮演著不同的角色，以局部的人格與他人互動。網路的互動不僅使得空間上的接近性不再那麼重要，人們因而可以藉此跨越地域的限制，形成不受地域侷限的團體。由電腦所架構的社會網絡乃是個虛擬社區，與真實社區情形相比，為我們塑造了一個新的場域，讓原本存在於其他場域，有其他互動關係的人們，因為"internet"這個場域而產生了新的互動關係。

✳ 使用的親便性

由於個人電腦的操作系統所能提供的軟體及硬體介面愈來愈考慮到人性化的設計，也就是所謂「使用者導向」，使用者的背景層面因而逐漸擴張，全球資訊網由於可以瀏覽多媒體文件，包括圖片、聲音、動畫、電影、文字可能成為二十一世紀網路上最主要的形式。隨著網路頻寬及速度大幅提升，全球資訊網甚至可能取代目前的電視和電話。口袋型電腦出現成為隨身用品，其功能兼具電腦、電視、電話、百貨公司、超級市場、圖書館等，突破於場地、時間限制；筆記型電腦的普及，更令此特性發揮得淋漓盡致。只要有電話的地方，運用隨身攜帶的筆記型電腦，就可盡情的與遠在天邊的人們聯繫，或寫電子郵件或開電子會議或是聊天，莫不方便至極。隨著寬頻網路時代的來臨，影像傳輸的技術提升及人人可以隨身攜帶電腦成為一種必需品之後，原有的網路功能勢

必將有新的面貌，尤其是在教育方式，必然也隨之更迭。

✳ 資訊的廣泛性

　　網路上探討的議題，由輕鬆到嚴肅、由學術到休閒、由主流到非主流，可以對不同議題進行廣泛的討論。內容具備多樣性：可針對相同的主題，因著討論社群的差異，細分為不同面向的討論。經由電腦網路媒介的人際關係，藉著創造一個代號（ID），使用者可以暫時隱匿部分或全部在真實世界中的性別、學歷、職業乃至於地位等身分，甚至跨越地域的限制與遠方的其他代號，形成互動或資訊交流。因此，網路上的人際關係是由這個「塑造」後的角色與他人產生互動，具有陌生人的特性，所謂的陌生人並不意味著毫無關係，相反地，陌生人仍然是社會的一分子，是一種特殊的互動形式。由於陌生人的地位特殊，因此容易得到他人更多的信任，而與他分享祕密。此外，陌生人所常有的非慣俗行為，也會為群體及其成員帶來視野的拓展。

✳ 思維的解放性

　　電腦網路是一種「人和人互動」的系統，也是一種「人和機器互動」的系統。所以資訊可「堆積」在電腦中，隨時隨地提供給不特定的人「查詢」、「檢索」、「瀏覽」和「取用」，電腦網路也可提供一個「場地」，隨時供上線的任意人即時「談話」和「討論」。個人藉著電腦網路在互動當中保有呈現自我、塑造自我的主動性。網路空間提供了人們跨越物理空間限制與他人連結，以及探索自我認同的自由。在其中，心靈擺脫了現實的束縛，找到了幻想的新天地，至此，網路空間不僅是在物理空間之外提供了其他的可能性，也被某些人當成是較無拘束的一個空間，帶來重構與解放。

✳ 傳輸的即時性

　　透過電訊的傳送，貼到BBS上的信件幾乎隨傳隨貼，可以立即傳播

出去。網路的特性是快速、便捷又省時，免去傳統傳輸的耗時耗力，電子郵件只要短短數秒之間就可送達，此外，電子郵件不單是可以傳達文字而已，聲音、影像亦可傳達，較傳統信件有趣多了，多樣化且多元化。電子郵件可說是把朋友拉近到自己的身邊了，這是一件很不可思議的事！電腦網路是一種「協力大眾媒體」。由於傳送訊息的快速，加快了互動的速度，共同的訊息可以在短時間內完成數回合討論的效果。是一種「大家一起工作」、「多點對多點」與「同時兼有信息來源和接收者的功能」的協力訊息媒體，此和傳統大眾媒體「一點對多點」的方式相異。同時幾乎可以即時的傳輸最新穎的知識或資訊並且達成立即反應；即使遠在地球的兩端，都能使兩邊的人如面對面般的溝通，暢快無比。

任何一項新科技的創造與運用，皆對既有的社群造成影響，尤其是電腦科技的發展，已促使人們進入資訊的社會與年代，其影響的層面相當廣泛，且仍持續進行中；但無可諱言的，網路的運用在教學上亦有其優點與缺點。電腦網路的優點主要有：第一，增進資訊吸收：資訊一直是教學中的重要部分。藉此得以加強人對事物認知的能力。透過電腦網路，人們可以寫或讀別人的訊息，藉此交換意見、想法、資訊；第二，提升社會互動：社會互動在傳統國家中，由於人與人須面對面的限制而無法充分發揮其功能。在台灣的教育體制下，學生與老師之間仍未能充分地溝通。例如，有些學生害羞或害怕與老師交談。現在電腦網路可提供一種比較隱私的溝通方式，它不僅可改善師生間較情緒性或尷尬性的對談，並且能增進學生與學生、學生與老師、老師與老師、老師與家長間的互動關係；第三，連結環球資訊：環球資訊的流通對現今的社會來說是重要的，人們都渴望得到正確且豐富的資訊。電腦網路在此扮演著眾望所歸的角色，因為，電腦網路也可像前述的資料庫系統的運作一樣，連結世界各地的消息來源，以幫助各國人們交換資訊。世界圖書館資料系統就是一個例子，它可提供學者連結各國圖書館的參考出版資料，對專家學者及研究人員貢獻很大。然而，電腦網路於應用上雖然網路在教學上提供了很多正面的影響，但仍然存在有兩點技術上的缺憾，

那就是電腦相容性及人類語言的限制。不同的電腦機種常有不同的網路系統，其相容性也常是地區性的。為達到環球資訊連結的目標，國際性的電腦網路是必要建立起來。然而，建立各國相容的電腦網路，又常受限於不同的人類語言而無法實現。這些硬體上的技術問題，時常阻礙了軟體的發展及網路優點的發揮。例如，不同系統的電信網路，建立了不同方式的接收地址，人們常為無法順利傳送訊息而感到挫折。又如，各國建立了自己語言的資料庫系統，也常因無法翻譯或解碼而阻礙了參考資料的交換及查詢。因此，為使電腦網路充分發揮其優點，電腦相容性及人類語言解碼的問題仍有待克服。

第三節　網路與教育作為

　　電腦網路的興起，為人類互動與社會聯繫帶來的新面貌，網際網路對社會的衝擊，是從線上（online）的聯繫彰顯出來。其不僅反映出網路的特質，也能據以建立新的社會網絡關係。網際網路上的互動與聯繫以快速、便利、超越時空限制為基本特質。在網路這種特殊的場域裡，「人際」互動大有超越既有的同質性與強大聯繫原則，形成嶄新的虛擬社群。在資訊交流方面，經由網路媒介的溝通，其實是極為特殊的，我們在網路上所能夠得到的有關他人的訊息，大多數都要依賴對方有意的表現。當電腦輔助教學日益普遍應用於教育上時，我們無非是期望電腦能扮演著輔助的角色，來改善過去傳統教學方式所帶來的問題。電腦網路的功能，除了兼具電話及傳真機的優點之外，還能儲存及搜尋大量的資料，並且提供龐大的參考資源及教育互動。網路科技所提供的電子郵件和即時交談功能，令溝通兩造，所面對的不再只是那些有固定反應模式的機器，而是真實人員，只不過相距較遠或相隔較久而已，有效減低了溝通者的疏離感及不適應。以往學生主要的學習是從教科書及課堂上老師的講授中獲得，透過網路，學生一方面可以從世界各地的網路資源

上吸收各式各樣的資訊，另一方面也可以在彼此跨校際的網路上討論與交流。如此一來，不但可以拓展學生的視野及世界觀，甚至在討論的過程中，無形中也培養了創意思考的能力。由以上得知，電腦網路的發展，的確在教育、輔導上有著不容忽視的貢獻，對現代的莘莘學子而言，可說是一大福音。

所謂的「電腦網路」，用最簡單的方法解釋，它是一種提高電腦化效益的方法，它利用一些軟硬體將電腦與電腦間連接起來，而使得它們彼此之間可以共用記憶體、周邊設備（如印表機等）與軟體檔案等，達到節省資源與電腦通訊的效果。而構成電腦網路的「傳播行為模式」，主要有以下幾種方式：

1. 電子郵件（E-mail）：可跨越空間的藩籬，迅速傳遞檔案給世界上任何一個網友。也可同時傳遞給數千、數萬個網友，若接獲電子郵件並可在數秒鐘之內回信給對方。

2. 電子布告欄（BBS）：可同時在線上即時交談，也可在各種的電子公告欄上，張貼訊息、回覆訊息、下載訊息、瀏覽訊息。

3. 檔案傳輸協定（File Transfer Protocol, FTP）：可進到別人的電腦任意抓取資料，如文字檔、圖片檔、執行檔等。公用程式便是用這種方法擴散。

4. 網際網路提供雙向溝通界面（Gopher）：可以結構性地瀏覽文件或連接資料庫，是各種資訊服務最常用的型式，大部分電子式期刊、電子新聞信都是以這種方式來儲存和傳送。

5. 討論群組伺服器（List server）：各種線上會議，學術討論群常用的傳送方式，每一個討論群自成一個封閉系統，討論群上的每一項訊息都會自動電子郵遞給每一個「訂戶」。

6. 全球資訊網（ＷＷＷ）：一種多媒體介面，並有超聯結（hyperlink）功能。能製造一座虛擬電子圖書館（Virtual Library）。

就電腦網路在傳播的意義而言，最明顯的特色是時間和空間的壓縮，數萬言的資料，數秒之內可傳送到地球另一端電腦裡，可以說把原來汗牛充棟的書本變得像一粒灰塵般微小，以利傳送、閱讀和儲存。

　　在現代社會，人類正逐漸地向資訊挑戰，人們不斷地追求高科技的結晶，以求得人類在世界文明中的進化，而如今，網際網路以其強大的威力取得了世界性的地位，透過它，世界之間的距離似乎只有「一鼠之隔」了。人類以不斷進步的科技成果追求生活品質的不斷提升、文明的持續演進。網際網路的盛行已為全世界帶來一股新興風潮，經由網路的無遠弗屆，人類之間的互動變得更加頻繁了，資訊交流的速度也更快了，世界上大大小小的事似乎都可以在網路裡一探究竟，正好印證了「網路無國界」一詞。至於，網際網路如何與教育作為相結合？可由幾點來討論。

1. 資訊傳遞：早在網際網路尚未盛行以前，學校中所架設的BBS站便已經開始進行學術交流的工作了，在BBS站上可藉由兩人或多人的線上文字交談來獲取學問、資訊等，或是在站上發布文章、論文等，而此種情況常可見於國內外發生了許多的重大事件之後，BBS站上的討論區立即會有廣泛熱烈的迴響，而網際網路盛行之後，使得功能更為強大，再加上各種的影像、聲音、特殊和明顯的文字符號，大大加深了網路使用者的印象，此外，並可轉錄、轉貼文章，所以時效性也是顯而易見的。網際網路的最大功能是資訊流通的作用，古時所謂的「秀才不出門，能知天下事」，另外有一個網際網路獨特的特性是網站連結的功能，可經由一個網站連接到性質相似的網站上，還有一個是網路的搜尋系統，只要輸入相關的字體就能找到所需要的網站資料，再進入網站中就能夠找到想要的資訊了。最重要的幾項是與社會互動有密切相關的，一個是可由網路進入各個圖書館查詢資料，另外一個是從網路上下載資料。另外一個是可直接由網站上直接下載任何的影像、文字、圖案、檔案、程式等資訊，這更是方便，對於莘

莘學子及期望獲得資訊的人來說是一大福音！

2. 輔導諮商：電腦網路可以應用在輔導工作上達成的諮商輔導功能：第一，以資料庫及電子郵件來達成「諮詢」功能：如「職業資料探索系統」即是一個對學生生涯規劃非常有用的資料庫。電子郵件更可隨時來詢問一些疑難雜症問題；第二，以貼布告欄方式來完成「預防」功能：在BBS中，如能在此發布一些心理衛生活動的訊息或發表一些心理衛生文章，即能達到心理衛生的預防功能；第三，以網路上的社交測量來達到「診斷」功能：諮商員可以固定的一群人（如一個班級），要他們針對彼此的特色，用電子郵件互相回饋，諮商員即可以管理者的身分，對這群人的互動狀態、交往情形詳細瞭解；第四，以即時交談及電子郵件來進行「處理」的功能：學生遇到難以解決的困境或情緒困擾，可透過即時交談或電子郵件與諮商員作「線上晤談」，可兼顧互動性與私密性。

3. 教學活動：網際網路可以結合影像與文字、聲音融合成爲一種教學的利器，這也是網際網路一項重大的突破，利用新開發的視訊軟體及影像的接收設備來達成此一目標，造成收訊的兩地或三地甚至於多地的多方即時通訊的效果，這表示不同學校的學生可以在同一時間上同一位教授的課，這就是遠距教學，參加遠距教學一樣能夠得到知識與學問，不會再有距離的限制！

4. 學術社群：網路社區，它是以網際網路作爲骨幹來架設成一個社區，目的是用來加強整個社區內的聯繫。這一個社區的每一個住戶都有一個標準命名的電子郵件信箱，所以即使不知道對方的姓名、電話等，依然可以將訊息送給對方。以往國內學者只能靠參加國外的研討會或出國進修，才有機會與同領域的學者一齊交流討論。現在使用電子郵件已成了學者間最經濟有效的交流工具了。另外，透過全球的新聞討論群，散布在各地各領域的專家學者可以快速地討論各種主題，成爲學術活動活絡的社群。

當我們針對教育實施與電腦網路系統相結合時，下列四項特質是不可或缺的。

　　第一，培養合作學習：教育電腦網路的第一項特色應在培養學生全面性地互助合作的學習方式，來超越傳統教室的學習方式，以擴大教育的視野。因為透過電腦網路，學生可彼此交換心得，獲得更大且多樣化的思考空間。合作學習不僅能集思廣益，更能達到事半功倍的效果。

　　第二，訓練解決問題：教育與電腦網路科技的結合宜培育學生解決問題的能力。電腦網路中的科學活動，可增進學生資訊的蒐集，但是資訊並不等於知識。是以，宜積極培養同學思考習慣及問題解決的能力。適當的教學活動以激發同學腦力激盪，對應問題，進而澄清問題，評估結果，不僅有助於周延觀念的建立。

　　第三，發展功能性學習：功能性學習活動，就是能發揮教育功能的學習活動。例如，專為聾啞特殊教育而設立的學習活動，或為加強寫作技巧而設立的學習活動，或是增進思辨邏輯的學習活動。無論是思維辨證、語言方面、藝術方面、或科學方面，凡是以教育為目的，對學習又具有實質意義的活動，則統稱為功能性學習活動。

　　第四，建立隔空學習：隔空學習是學生可透過電腦網路，學習到來自不同地區不同背景的社會風俗和文化型態。因此，隔空學習不僅可以幫助不同國家的學生，享有文化互動交流的機會，更可擴展到國際間的政治、經濟、社會等交流。因此宜培育具備國際觀的包容性態度及對跨文化的尊重。

　　網路時代，教育不應再沉緬於過去，而是要求教育從未來的經濟與社會發展關注今日的本質內容。教育必須改革純粹是文化和知識傳播的作法，而是要把作為人的本質的創造精神引發出來，使教育真正成為文化知識傳遞與創新融合的一個連續體。教育的最終目的不是傳授已有的東西，而是要把人的創造力量誘導出來，將生命感、價值感喚醒。使得原本在人的生命歷程中最充滿想像和創造熱情的加以激揚。同時，網路時代，必須切實改革填鴨式教學方式，使參與式教學成為可能，使終身學習成為普遍趨勢。在傳統的教育模式中，都基於將學生置於接受知識

的地位，網路教學不僅是告訴知識的結果，更主要的是讓學生們體驗這種發現的結果，打破了學生單向獲取知識的方式有利於教師根據學生的實踐靈活機動地安排教學方法、進度及目標。

網路時代，網路大學、網路教育、遠程教育的逐漸普及，將使教師不再站在教學的絕對主導地位上，向學生傳授知識與技能，而是處於教與學互爲一體的位置上，教師則發揮引導學生掌握資訊處理工具的方法和分析問題、解決問題的能力的作用。因此，網路時代教師將會面臨更嚴峻的挑戰，教師上課光有授課藝術是不夠的，還必須善於利用多媒體技術，以學生最容易接受的方式展示教材；網路教學的主持人雖是教師個人，同時宜結合許多人在幕後擔負編寫腳本、導演、攝像、編輯等工作。所以，我們更須大力提倡教師之間的團結合作。如果一個教師不能適應未來網路的需要，那麼，就會被逐漸淘汰。

當電腦網路漸漸普遍使用於教育機構及學校時，我們不難發現，電腦網路對解決現今教育系統所面臨的問題非常有潛力。以教育的觀點來說，電腦網路是一個以電腦科技爲媒介，爲營造一個無代溝、無脫節的互動學習環境而設立的通訊系統及學習平台。

第四節　網路教育的省思

以往知識的累積大都是透過具體的符號與物件的形式反映出來的，譬如書籍、圖紙、檔案、模具和具體的科技產品等。受物件形式的制約，知識的存在方式往往具有固定、集中和穩定等特徵，因此，圖書館、資料室、展覽館、博物館等地方必然成了知識的大本營和集散地。在這種條件的限定下，雖然知識的總量隨著各個學科領域的發展在不斷膨脹，但規模和速度畢竟是有限的。例如，有的學者指出，人類社會的知識總量在十七世紀中葉到十八世紀末的一百五十年裡增長一倍，在十九世紀的一百年裡又增長一倍，在二十世紀的前五十年裡增長一倍。知

識的獲得則意味著人們必須要不斷地閱讀和查詢書籍與資料，其效率可想而知，對教育中的廣大師生而言，必須馬不停蹄地往返於圖書館、資料室、實驗室和課堂之間。從知識的生成到撰寫再到出版乃至最終發行，少則需要半年，多則需要幾年、十幾年甚至幾十年的時間。

在網路時代，知識的載體不再僅是由書籍或其他的實體，愈來愈多的是沒有重量、顏色和形狀的符碼（bite）和訊號，只需銅線、無線電頻譜或光纖，就能以每秒上千萬比特，甚至是更快的速度傳遞資訊，而且無需專用的設施，如在臥室、教室、辦公室乃至遊樂場所，甚是是在你行程中的任何一個地方，網路中端延伸到哪裡，哪裡就能成為資訊的集散地；現在透過電腦網路可以取得國外最新研究資料，大大縮短了時空的落差，在網路時代，教育的教學、研究和其他活動必須將隨著知識的載體、傳播速度和獲取方式的變化而發生深刻的變革，課堂、課本和教師的中心地位正面臨著前所未有的衝擊和挑戰。很多人都認為網路世界形成全球最大的無政府組織。網路的出現的確提供了一個很好的環境，讓大家可以不受時空的隔閡而一起進行研究。另外，促成各校彼此間良性的互動，更改變學生傳統受教育與學習的方式。從樂觀的角度，不但可以拓展學生的視野及世界觀，甚至在討論的過程中，無形中也培養了創意思考的能力，可謂是「一舉數得」。

虛擬空間（cyberspace）乃是當代人類社會所共同創造出來的魔術；就在彈指之間人類建構了新的社會、教育以及經濟的社會結構。這個嶄新的電子空間，將幫助現代人類更快速獲得資訊，並企圖改變教育方式。至此，人類社會朝向學習社會邁進，似乎有了到臨的曙光。然而，情況真的如此美好嗎？ 事實上，有三個截然不同的理論觀點，在當代社會學界仍爭論不休。

✳ 樂觀論

一群樂觀的社會學家、心理學家及哲學家辯稱電腦乃是近幾世紀以來，人類社會文化最偉大的發明。此項發明將無可置疑地對當代的人類

社會產生積極而正面的革命性影響。根據這派理論的觀點，「電腦化」將有助於幫人類更快速獲得教育資訊。原本教育資源等的不足與不均將可藉此得以避免；因而擴大教育影響力。在個人的層次上，電腦也有能力將個人從單調的、例行的工作生活中徹底解放出來，因而使得人人能夠有更多的時間去發展各自獨有的潛能與興趣。換言之，電腦及電腦所架構的網路將使人類社會更人性化，而個人生命的存在價值，也將因而獲得無限的提升而更被強調與重視。個人藉此可重拾知識的成長，人生亦將從而變得更為深刻、更有意義。新的人類社會的教育方式，或許將會轉移成以「電腦網路社群」的架構；而提高學習社會的來臨。

❋ 悲觀論

有一些比較悲觀的學者，他們則持全然相反的看法。如同賽門（H.Simon）所言：「資訊的豐裕，帶來注意力的貧乏。」同時「資訊並不等同於知識」，其理論重點在於教育的內涵不僅是資訊，尚且有思維、辯證、討論等，並不能簡化單一訊息的提供。這些悲觀論調的支持者非常憂慮地預見了電腦在社會上的、在人與人之間關係上的，甚至是對個人自身的，使人更加異化、從而與其所生存之社會環境更加疏離的潛在破壞力。哲學大師伽達瑪（Gadamer）認為科技的進步使得人類傳統的價值愈來愈薄弱，人文社會愈來愈疏離，人類也因此產生更多的痛苦。到底人類會因為資訊科技而全球化，或也因資訊科技而失去互信、互愛，是另一個矛盾。而上述矛盾，可引導出更多的矛盾。例如，知識經濟本是要以知識取代資本，成為生產最主要原素；但是知識經濟的成敗，似乎仍必須靠股票價格來衡量，這是知識與資本的矛盾；其次，資訊科技應使得政府更透明，企業更互助；但是聰明的政府與企業，卻以提供接近無限的資料與分析，來模糊焦點，造成所謂的分析癱瘓，這是另一種資與知的矛盾。這些學者所戒慎恐懼的是：在「一切電腦化」的路途上，人類所需付出的代價，無疑的將是很昂貴且沉重的。

✳ 折衷論

還有一些人持比較折衷的看法：電腦之於人類，猶如一種文化的羅氏墨蹟測驗，是一種實用的工具，談不上具有絕對性，而人才是使用該工具的主體。聰明的人類應該是「役物」而非「役於物」。在當代這個凡事資訊化的年代裡，電腦乃是當代人類生活的一個隱喻或象徵，人們將他們對「電腦」此一新奇事物的感覺、憂懼與期望，全部都投射在這個「資訊化」的社會中。這些人的觀點，同時也將電腦視為一個機會（opportunity），認為電腦將能夠幫助人類更深入地理解其自身的意識、價值與本體。 這些持折衷觀點的學者提醒我們大家：電腦之於人類，是敵是友、是好是壞，是機會還是噩運，完完全全是掌握在人類自己的手中。

這三種不同的見解，反映出電腦對人類社會及教育實施所造成的衝擊，事實上仍在混沌未明的狀態。在這種情況下，若欲前瞻人類社會未來發展方向，或是預示電腦科技與社會變遷之間的複雜關係進程，則吾人必須重新審視、深思近代電腦科技的發展結果對教育的意義為何。

結語

在當代人類社會中，種種跡象顯示：網際網路正默默地在主導一個人類新社會的成型。網際網路所帶來的，基本上，其實是一場傳媒的革命，而傳媒乃是人類文明得以傳布的基礎。一個以電腦網路架構為主軸的「新型態社會」，已以雷霆萬鈞之勢，不斷衝擊、挑戰當代的社會生活方式。這一波強而有力之浪潮的衝擊，對人類的生活經驗而言，將會是空前的。

教育實施與網路科技的結合，是社會發展必然的趨勢。藉助於現代科學技術，網路教育具有多優越性和先進性，促成教育資源能得到最充

分共享和更有效利用。網路教育能提供快速而多元的交流、討論；學生自主學習、個性化學習、輔助性學習及補強性學習；教學空間的擴展；能夠滿足人們求知的慾望。網路教育所建構的學習，是任何傳統學習所無法比擬的；虛擬技術更有效模擬現實，解決教學難題；促使教育社會化，使教育從學校走向社會與家庭；而網路也使全球教育資源的共享成為可能，使一大批學生，不出家門，就可以「飄洋過海」、「留學海外」，達到「秀才不出門，能知天下事」。不少學校，在國際化的思維下已經利用遠距教育，讓學生坐在教室裡，聆聽遠在大洋彼岸教授的講課。同時，網路教育有利於教育的均衡發展。我國教師資源分布，其素質、能力、學術水平，由於地域和經濟發展的差異，也呈現出不平衡現象，主要資源集中在大城市，而一般鄉村地區教育資源相較是不足，教育專業門類不齊全，而網路教育則較不受地域限制，能夠集中最優秀的教師資源，使最優質的教育傳遞到全國各地，推進師資力量薄弱地區的教育發展。另外，網路教育建構終身學習的體系。傳統的高等教育，普遍遇到的困難是經濟財力嚴重不足，教學形式不能適應在職人員繼續接受教育的需求。網路教育以其涵蓋面廣、適應性強、能夠為各個年齡段提供相應實用的教育內容而受到歡迎，並是一個良好的自身發展的機遇。網路教育突破了時間、地點的限制，滿足了人們的學習要求。此外，經過網路教育，可以吸引那些無力負擔昂貴學費的學生，無疑也是一種可行性方案。網路教育，也是一個市場，美國著名的網路大學Unext的創始人羅森·菲爾德（R.Field）就曾說過：「我們欣賞哈佛這樣的名校，但問題是只有1％的人有機會、有時間、有金錢上頂尖大學，我們瞄準的是99％。」說明網路教育正蓄勢待發的發展潛能。

第十二章 高等教育與社會發展

> 「大學之道,在明明德,在親民,在止於至善。」——《大學》

　　現代大學的直接源頭是歐洲中古世紀的大學,當時的大學受教會統治,教育目標是爲宗教而學習,爲神而研究;文藝復興時代則以廣義哲學爲中心;教育目標強調培育具有博雅基礎的文化人,不重視實用的趨向;十九世紀學者紐曼(Jonh H. Cardinal Newman)認爲大學是一個提供博雅教育(liberal education),培育紳士的地方,大學目的在「傳授」學問,而不在「發展」知識,注重在對古典文化傳統之保持。隨著工業革命、啓蒙運動及科學之發達,大學也開始重視職業人才及專門人才之培養。而隨著時空的變遷、教育理念的更迭,是以,自從第二次世界大戰結束以來,全球的高等教育歷經了史無前例的快速擴充。根據聯合國教科文組織(UNESCO)的估計,一九六〇年全世界高等教育學生的人數是一千三百萬,到了一九九〇年已經增加到六千五百萬,預計西元二〇二〇年全球可能有一億五千萬學生接受高等教育;其次,就高等教育學生占同年齡層的比例來看,在已開發國家就一九七〇年的15％提高到一九九〇年的40.2％;在開發中國家,則由7.3％增加到14.1％:(UNESCO, 1995)。就台灣而言,二〇〇三年的大學生人數爲837,602人,約占同年齡層的50.05％,若再加上專科學校部分,其比例已超過70％。

　　高等教育在人數方面的快速擴充,使得高等教育的特質在下列五個方面有了根本的改變:包括:第一,教育普及化:高等教育在許多國家已經由就學率的精英型(15％以下),走向大眾型(15～50％),甚至普及型(50％以上)教育;第二,職業技能化:高等教育的功能已經不止於社會菁英的培育,而涵蓋民眾在職業的準備;第三,性質多元化:傳統精英式大學已無法完全符合社會多元化的需求,高等教育必須採取多樣性的發展,在學生類別、學習年限、課程內容、教學方法、經費來源、研究取向及機構規模等方面必須重新定位因應不同的需求;第四,財務自籌化:高等教育的擴充造成沉重的財務負擔,政府資助高等教育

的能力普遍降低，高等教育機構自籌財源的比例逐年上升；第五，經營效率化：為了提升教育資源的分配及使用效率，高等教育的內部效率（例如，學生單位成本，及外部效率；研究成果及畢業學生之類別及品質，能否配合社會及經濟的需求），逐漸成為社會關注的焦點。

隨著高等教育的大眾化及環境的劇烈變遷，顯然高等教育已經走上迥異於過去的發展路徑。在充滿競爭性的全球局面下，各個國家的大學的經費也必然會在整個教育經費中占一相對高的比重〔據1995聯合國教科文組織（UNESCO）年報所示，英國占19%，日本占22.2%，加拿大占28.6%，美國則高占40%〕。由於大學的發展是國力的一個指標，因為大學不止是高素質「勞動力」的來源，也是產生知識最主要的地方。人類對國計民生產生重大影響的科技成果，有70% 是在一流大學產生的。

在全球化的趨勢中，大學是任何社會中最前沿的組織體之一，如胡笙（T. Husen）所說：「學術的社會思潮（ethos）意含著普世主義。」現在大學的領域中，隨著政府角色的轉換、經費的緊縮及市場的壓力，帶給各國高等教育機構空前的挑戰。大學經營的企業化及知識、課程與學位的商品化，固定提升了經濟效益，卻也使高等教育的目標與功能面臨了必須重新界定。

第一節　台灣高教的變遷

回顧過去五十年台灣地區大學教育發展的歷程，大體上呈現幾個主要的轉變趨勢：

✳ 教育目標：菁英教育轉為普及教育

一九五〇年國內四所大學校院在學學生人數僅五千三百七十九人，占當時人口總數的0.71% 。到一九七〇年大學校院總數已增為二十三

所，在學學生人數達十萬三千三百五十九人，占當年度人口總數的6.85‰。到一九八〇年，台灣地區的經濟快速成長，一般家庭生活獲得明顯的改善，生育率的降低使家庭對於子女教育日益重視。又由於知識的快速累積，個人對於教育的需求也隨之提高，大學教育數量擴增的壓力隨之快速增加，大學教育的普及化乃為發展的趨勢。政府從一九八五年重新開放私立學校申請籌設，同時輔導部分專科學校升格改制，大學校院數量快速擴增，到二〇〇五年大學校院的數量已遽增為一百六十七所，在學學生人數超過一百二十萬人，占人口總數的21.1‰。大學教育已不再是社會上少數菁英所獨享，大學聯招的錄取率已超過85%，大學新生招生額也已超過高中應屆畢業學生人數，幾乎絕大多數的高中畢業生都有進入大學的機會，因應普及化的趨勢，大學教育的本質已經有所轉變。

✳ 教育規劃：經建主導轉為建立特色

　　台灣地區由於缺乏天然資源，政府遷台初期，除了必須將大部分的資源投入國防建設，以確保台海的安全外，更必須將有限的資源用於積極發展經濟。教育的發展也完全配合經濟建設的人力需求，作計畫性的培育。教育本身只是經濟發展的工具，而非以教育本身為目的。固然這種規劃可以將有限的資源作最有效的運用，避免教育投資的浪費，但相對的也限縮了大學教育的功能，大學教育的功利性色彩變得相當濃厚。政府在教育資源的配置上，也形成重科技而輕人文的現象。其後隨著大學自主意識的提升，政府逐漸放鬆管制，包括各大學的系所增設、調整，乃至招生名額之規劃，均給予各大學更大的彈性調整空間。大學不再只是配合經濟發展的工具，大學教育也能兼顧本身的自主性，以教育的理念規劃各項教育的措施。

✳ 人才培育：就業取向轉為博雅教育

　　教育機會的公平是促成社會階層流動最重要的機制。大學教育一向

具有很強的功利性色彩，一般人接受大學教育的目的即在於獲取更好的就業機會。政府在規劃大學系所增設及招生名額時，一向也以就業市場的人力供需作為依據。因此當大學教育快速擴增時，社會上也不時有高學歷、高失業率之質疑。很顯然的是，民間經濟日趨富裕，今日大學教育的功能已經不純然是，也不應只是，為了就業的目的。教育應與個人的生活更緊密結合，期藉由教育提升生活的品質，充實個人的內涵。

✳ 規範主體：政府規範轉為學校自主

為了減輕政府的財政負擔，並維持高等教育品質以追求社會的持續發展，各國高等教育的發展方向有了顯著的轉變。首先，各國逐漸調整以往由政府主導高等教育的方式，解除對公私立大學的各項管制，賦予高等教育機構更大的自主空間。換言之，政府和高等教育之間的互動已經由國家控制模式，轉向國家監督模式；其次，政府將市場邏輯引入高等教育，讓競爭與價格機制引導高等教育機構回應市場的需求，以增加彈性，提升效率。最後，政府積極建立有關高等教育機構教學與研究的評鑑制度，一方面提供高等教育消費者更充分的資訊，另一方面也形成高等教育必須注意品質及績效責任的壓力。

早期大學教育幾乎完全由政府主導，系所之設置、招生名額固然由政府決定，即使課程、學生學籍、學位之授予、教師資格之認定，乃至學校的組織、員額編制及行政運作，也完全由政府規範。而政府所主導之各項規範，適用於各大學。由政府主導一體之規範可利於管理及基本教育品質的維繫，但也阻礙各校發展各自的特色，同時造成教育無法配合社會快速變遷之需求。一九八七年政府宣布解除戒嚴，政府對民間的管制大幅放寬，民間的活力逐漸獲得釋放。在教育的部分，大學教育首當其衝。大學教育改革促進會在大學法修正過程中高度關切，也相當程度主導修法的方向。一九九四年大學法公布實施，強調學術自由、大學自主及教授治校的精神，大學教育逐漸轉化強調自由市場的競爭。

✳ 學習特色：一元特質轉為多元發展

由於早期大學教育以菁英教育為主，同時由政府主導規劃，因而重視形式的公平性及單一的價值標準。入學考試以智育成績作為取捨；教師的聘任及升等均以學位及學術研究成果作為唯一衡量的依據；課程規劃也強調全國一致性的標準。教育附和主流社會的價值，缺乏足夠之包容性，將無法成為凝聚多元社會的主要動力。隨著社會的開放，對於多元價值的尊重，也影響到大學教育。更由於大學教育機會的擴增，也使得各大學必須在開放競爭的市場中，尋求各自不同的發展定位，兼顧多元的需求。

✳ 學習功能：一次受用轉為終身教育

早期的社會，環境的變遷相當緩慢，一技在身終身受用。個人只要學得一技之長，即可成為終身的職業。教育的規劃也只重視一次性的教育，人生的規劃把教育視為職前的準備階段，當完成學校教育投入社會，即不再有接受教育的需要。隨著社會的快速變遷、資訊的暴增，個人對於教育的需求已經不僅限於人生的某一階段，而是終其一生都必須不斷接受新的資訊、學習新的技能，以適應快速變遷的社會。在教育的體系上也必須配合終身學習的需要加以調整。大學必須提供回流教育的機會，讓人生中每一階段需要學習的個人，都有機會進入大學學習所需的知識。教育制度的設計也將變得更為彈性，除了學校的學習外，非屬正規學校之校外學習型組織與學校教育，也將形成更緊密的結合，建構成一個終身學習的社會。

第二節　世界高教的發展

近些年來，面對全球性的競爭，世界各國紛紛把目光投向教育，希

望寄託在高等教育的改革和未來人才培養上。為此，高等教育的改革正呈現出如下幾個方面的態勢。

✳ 高等教育結構的多元化

　　高等教育朝著多樣化方向發展，從單一結構向多種結構演化，這是當今先進國家高等教育改革的重要方向之一。現代經濟發展對高等教育改革提出了新的要求，各國對人才的需求與日俱增，高等教育必須建立適應現代經濟發展需要的合理的人才結構，除擴充原有的大學外，大力發展學制不同的制度，以使培養目標互異和教學方法靈活多樣。從世界上很多國家高等教育的結構層次來看，其中的短期大學和技職教育尤為受到重視，並獲得了很大發展。如目前美國的初級學院或社區學院已發展到一千五百多所，學生註冊人數達六百五十萬，約占全美大學學生總數的50%以上。德國的技職教育發展也很快，已經成為高等教育體系的重要組成部分。據統計，目前德國共有八百五十所初級技術大學，占其高等學校總數的一半左右。日本的短期大學從一九八○年的二百七十所、在校生三十萬人，增加到一九九四年的六百二十五所、在校生一百九十萬人。由於各國短期大學和初級學院都以培養目標明確、學制短、收費低、區域性強、就業容易而見長，因而頗受各企業生產部門和人才勞務市場的歡迎，促進了其自身的規模和數量的迅速發展。

✳ 高等教育課程的整合化

　　現代科技與生產的發展，是以整合化為基本特徵的，反映到高等教育中就是課程的整合化。所謂課程的整合化，就是使基礎教育和專業教育、應用研究和開發研究相互統合，目的在於培養學生適應社會發展的需要和具有解決複雜課題的能力。一九九一年，美國政府頒布了《關於發展高等教育和提高專門人才方案》，強調：加強專門人才的能力，是當前高等教育探討發展的基本方針。為此，要求在課程改革上，打破原有的課程界限及框架，實行跨學科的整合探討，創設新型的綜合課程。

比如，在工程教育方面，注重工程對社會的服務，利用工程理論解決現代都市管理和建設問題，保護環境，發展經濟，從而使工程教育和社會科學、自然科學建立起以往從未有過的密切聯繫，導致許多整合性課程的產生。這類課程突破了傳統專業領域的侷限而朝向多學科整合性的方向發展。

✳ 高等教育成果的一體化

研究、教學、生產一體化，是當今世界高等教育的主軸和教育發展的模式。由於大學人才薈萃，智力密集，最能產生新知識、開發新技術，與企業合作就可以把大學的潛在生產力轉化為現實生產力，對新興產業的建立、新技術的開發，都能產生積極的推動作用。當今，許多國家都積極致力於這方面的努力，把大學作為產業的育成中心，建立以大學軸心的教學、研究和生產聯合體。美國在波士頓地區和加州地區，就是兩個成功的例子。在波士頓地區，由於哈佛大學、麻省理工學院、耶魯大學的參與，從一個以傳統工業為主的地區一躍成為「科學工業綜合體」地區；另一個是加州地區，在史坦福大學、加州理工學院、加州大學的幫助下，由一百多年前的荒蕪之地，一躍而成為聞名全球的「矽谷」電子工業基地。韓國自八〇年代中後期以來，也採取此種方式形成了「大田科技工業園區」。其他國家，如日本的「產學合作制」、瑞典的「工學交流中心」、英國的「科學公園」等，都係以同樣的發展方式。

✳ 高等教育領域的國際化

為了加強國家在經濟、科技、文化和教育諸方面的競爭力，許多國家高等教育積極朝向國際開放，以促進學術、文化和教育的交流。這主要體現在交流辦學經驗、交換資訊資料、參與國際學術活動和合作研究與開發專案、交換學者和互派留學生等方面。例如，日本為加強高等教育的國際化，以培養「國際觀的日本人」，採取了一系列舉措，用來改革現行的高等教育體制。一方面實施公費留學生派遣制度；另一方面擴

大自費留學生的數量。此外，積極參與國際機構組織的研究合作活動。美國素來重視利用自己在高等教育方面的優勢，吸引外籍教師和學生。不同國籍的教授彙聚在美國大學中執教和從事研究工作，世界各國的許多青年到美國留學，帶來了各民族最優秀的東西以及他們的聰明才智，創造出許多優秀的成果，也成為社會進步的主要動力。

✳ 高等教育宗旨的終身化

迅速多變的現代科技和生產，使社會成員要具備合理的和不斷更新的知識結構。為此，很多國家均把終身教育理論作為高等教育改革的宗旨。傳統學習的環境，係以學校教育為中心；終身學習的環境，則係以回流教育為基礎。回流教育的觀念，主張教育機會應當分布在人生的各個階段。學校教育應當向全民開放，以提升專業知能。睽諸先進國家的經驗，學校教育已逐漸向全民開放；入學管道日趨多元，且銜接暢通；學習場所不再侷限於校園，校外教學及遠距教學受到重視；課程設計及選擇愈來愈有彈性；教學策略及方法應用愈來愈多樣；非正規教育資源逐漸學校教育所運用。學校教育的改革，已逐漸呈現出終身化、開放化、科技化、多元化及個人化的特徵，成為學習社會中極為重要的一環。

第三節　高教發展的策略

為了因應高等教育環境的變動，以提升公共資源的有效利用，先進國家逐漸調整以往由政府主導高等教育的方式，解除對大學的各項管制，賦予高等教育機構更大的自主空間。政府在高等教育所扮演的角色逐漸由控制轉向監督，同時政府也將市場機制引入高等教育，讓競爭引導高等教育機構積極回應市場的需求，以增強彈性、提升效率。

面對高等教育大眾化所帶來的挑戰，世界主要先進國家高等教育的

發展策略，政府的對應措施包括：解除對高等教育體系的管制，賦予大學院校更大的自主權，刺激競爭、獎勵效率，同時發展保證教學與研究品質的新機制。

✳ 自集中管理邁向市場機制

顯然，在一九八〇年代中期之前，西歐各國政府對於高等教育都採取理性計畫與控制策略。到了一九八〇年代中期以降，才改為自我管制策略。政府不再作細部的掌控，以增加大學的自主。例如，荷蘭的高等教育向來都是由政府作詳細規劃與嚴密控制，但是在教育與科學部於一九八五年發表的〈高等教育：自主與品質〉（Higher Education: Autonomy and Quality）報告書中，就表明政府希望大幅提升高等教育機構的自主及自我負責的態度以強化其彈性及調適的能力，從而改善高等教育的品質。就高等教育而言，解除管制一方面是減少政府對公立大學的財務、人事、課程等方面的控制，將決策權下放給學校，由其自行訂定收費標準、發展人事分類系統、規劃課程、協商各類合作契約等。另一方面則在放鬆或取消那些禁止私立大學院校和公立大學競爭的規定，例如，收費標準、招生人數等。以促使公立和私立大學校院能在一個更平等的基礎上，競爭政府的研究經費和政府補助的學生費用。簡言之，解除管制就是以市場力量取代政府干預，賦予高等機構更大的管理彈性，讓它們在面對變遷及競爭時能夠更積極地即時回應。例如，日本在一九九一年所頒布的「解除大學管制法」的主要目標，就在以市場邏輯引導大學的發展，以自由、彈性、個別化及績效責任等取代干預及管制。

✳ 自封閉傳承邁向強化競爭

自一九八〇年代以降的發展來觀察，各國政府在刺激高等教育的競爭方面，首先，就強化新進者的競爭力。除了解除管制、鼓勵私人興學之外，也藉由多元化方式，促使新設大學，雖然較難和舊有大學在研究

方面競爭。但是在非研究取向的課程方面，新大學未必居於弱勢。舉例來說，美國有幾所新設立的私立大學，在短時間之內，已經發展出相當具有競爭力的非研究導向的專業課程，特別是在MBA以及法律等方面的課程有傑出表現。這些新型的高等教育供應者雖然目前在數量上偏低，但它們若持續發展下去，很可能對傳統大學在某些專業課程的費用和品質方面，形成巨大壓力。

就替代產品或服務的競爭來看。雖然大學所提供的學位和研究在目前看起來還不至於受到其他行業嚴重的挑戰，但是一些傳統上和大學並無直接競爭的機構，逐漸有提供品質更好或價格更低之替代性產品的可能性。近年以來，法國、英國及荷蘭等國政府在大學評鑑的標準中增加一些前所未見，又足以改變傳統學術排名的價值和標準。舉例來說，空中大學所開設的MBA課程因為容納學生最多，費用最低，因而超越劍橋大學，獲得最高排名。由此可見，政府所界定的學術品質不但可能使一些新興的教育科技及作法獲得合法地位，同時已動搖了傳統上以研究為導向的同儕評鑑之權威性。因此，政府對評鑑的介入不但會刺激競爭，也可能改變高等教育的理念與價值，並導致學術管理革新的風潮。另一個替代性產品的競爭來自資訊工業的快速發展，網際網路所提供即時又廉價的資訊，讓那些因為擁有龐大的圖書收藏，而在學術研究及教學方面享有比較優勢的傳統大學，受到巨大衝擊。資源較不足的小型或新興大學，只要擁有適當的資訊科技，還是有機會和歷史悠久的大學在某些領域上競爭。此外，資訊科技的發展也加速了遠距教學的可行性，其不受時空限制及個別化的優點，是傳統課堂講授所不及的。

※ 自積極保障邁向績效責任

各國高等教育機構因為競爭市場對生產效率的強調，使得其運作方式和傳統上以教授為主體的學院模式已有了顯著不同。例如，英國在一九九八年發表的報告書就建議大學的管理要更企業化，大學校長應同時肩負行政及學術領導之責，最好能接受企管方面的訓練；大學委員會最

好以董事會的形式在大學的經營上扮演更重要的角色；大學應建立表現指標並引進評鑑及績效責任作法。而為了推動大學改革，德國的「大學校長會議」在一九九四年與「伯特斯曼基金會」（Bertelsmann-Stiftung）合作設立「高等教育發展中心」。該中心的宗旨在改進大學效能、提高德國高等教育的競爭力。其主要任務包括：評鑑的設計與執行、強化大學與工業界的合作、促進國內外校際合作及其他改革計畫。

為期提升學術生產力及刺激學術人力市場競爭，高等教育機構的人事政策也有了重大變革。舉例來說，為了追求更高的人事效率，英國大學內部的學術人力配置受到嚴格的考核。在一九八六年，由「大學撥款委員會」支付的大學教師人事費用下降8.4％。一九八八年的「教育改革法案」更規定所有新聘及未升等的教師都不能獲得長聘，以強化高等教育機構「聘用與解聘」的彈性。

提升效率的目標也促使許多政府改變高等教育的經費政策。有的政府大幅刪改高等教育經費，不足的部分需要以募款、推廣教育、建教合作等方式提供。舉例來說，愈來愈多日本大學，包括以往財源充裕的國立大學必須尋求和私人企業合作的管道。英國政府自一九八九年開始運用價格機制，以加速高等教育機構降低學生的單位成本。根據估計，在價格機制的運作之下，學生的單位成本在五年內已經下降28％，高等教育機構的經費則因學生人數的增加而弭平，甚至增加。委員會認為經費分配方式的改變除了可以刺激競爭及多樣化之外，還可將提升效率訊息傳遞給大學所有的成員。

※ 自自主運作邁向品質確保

高等教育品質的提升成為許多國家在面臨新世紀挑戰時，高等教育政策的重點之一。曾任英國教育部長的Sir Keith Joseph在一九八四年就宣稱高等教育的主要目標在於「品質和物超所值」。法國也在同年設立「全國評鑑委員會」。荷蘭政府則在一九八五年的報告書〈高等教育：自主與品質〉中強調高等教育品質的重要性。此外，丹麥、瑞典、

西班牙等國亦紛紛發展高等教育品質控制的機制。德國大學也採取評鑑與品質保證措施，加強大學教師的教學能力，「教育人員工會」甚至設計了一百六十餘種教學法訓練課程，提供大學教授選修，以提高教學品質。先進國家強調高等教育品質保證的主要原因有三：(1)高等教育體系的擴張導致學生人數的暴增、系所及新大學的快速設立，引發有關公共支出用於高等教育的額度及其經濟效益的相關問題；(2)許多國家公共支出的擴張已達上限，經費的緊縮自然引發有關高等教育品質的探討；(3)經濟的發展日益以科技為基礎，更加重高等教育的發展方向及品質的重要性。由此可見，近年來驅使政府注意高等教育品質控制的主要是經費、經濟發展等外部壓力。這種強調高等教育的績效責任，亦即高等教育應該對包括政府、學生、家長、研究的購買者負責的發展趨勢，也就是社會大眾不再認為大學校院的所有活動是自我滿足的，而社會對高等教育的期望愈高，這種「檢視」的需求也就愈大。

✳ 自教學研究邁向產學合作

高等教育機構之所以積極尋求和工業界合作的主要原因和各國政府在一九八〇年代刪減高等教育經費有關。第二次世界大戰之後的嬰兒潮所帶來的高等教育擴張壓力，到了一九七〇年代已經得到了相當的紓解。各國政府預估高等教育學生數到了一九八〇年代將顯著減少，因此紛紛採取縮減高等教育經費的政策。為了彌補公共經費的不足，高等教育機構必須認真思考增加經費的各種管道。除了募款之外，高等教育最常考慮的就是將其研發的知識商品化，可採取的方式包括：提供短期的專業課程、各種類型的繼續教育、技術諮詢、契約研究、設立新公司、發展科學園區等。除了高等教育機構主動尋求和工業界合作之外，工業界本身也因為必須依賴先進科技，才能在競爭激烈的國際市場獲得立足之地，因此也樂於與高等教育機構合作，已獲得新的專業知識和技術，並降低耗時費力的前瞻性研究所帶來的風險。在互蒙其利的吸引之下，產學合作在一九八〇年代之後蓬勃發展。以美國為例所作的調查發現，

約有50％的研究型大學從事和工業界合作的研究計畫案，此一比例在一九九〇進行的另一項研究中已經上升到82％。在歐洲也有類似的發展，愈來愈多政府視大學為技術發展、創新及轉移的重鎮，鼓勵大學從事應用性高的研究，一方面配合經濟發展，另一方面也可擴展非政府經費的來源。

各國產學合作的模式不盡相同，不過大致可分為下列五種方式進行：

1. 技術諮詢：學術界對理論的深入瞭解，可以協助產業界解決特定的研發和管理問題，是產業界和學術界之間最常見的互動方式。
2. 契約研究：大學接受企業委託，對特定問題進行研究。
3. 合作研究：企業提供資金讓高等教育機構進行前瞻性的研究。藉此獲取先導性的專業知識，並吸收參與研究的優秀畢業生。
4. 育成中心：輔導新創之中小企業。
5. 在職訓練：高等教育機構可依照企業的需要，開設在職專班課程，以提升人力素質。

✳ 自本土觀點邁向國際視野

隨著全球化趨勢的發展，各國高等教育機構逐漸面臨新一波國際化的壓力。此一國際化包括兩個面向：其一是課程的國際化；其二是學生的國際流動。

■ 課程的國際化

未來的高等教育機構將不能只專注於專業知識的傳授，而必須培養學生對其他國家的興趣與瞭解，並體認世界各國其實是禍福與共的夥伴，是牽一髮動全身的全球村成員。除了共創世界未來的理想之外，促使高等教育機構提升學生國際視野及能力的另一個主要動力，是經濟的全球化趨勢，例如，跨國公司的大量設立、全球經濟分工、資金的全球

性操作等。在這種情況之下，學生所需要的除了專業知識與能力之外，還需要所謂的「全球性能力」，包括使用外國語言的能力、外國文化的知識、國際關係及事務的認識、專業領域的國際性議題。

■ 學生的國際流動

隨著全球化腳步和交通的便捷，學生的國際流動顯著的增加，第二次世界大戰以來至今，全球的留學生已經超過一百萬人。造成這種現象的主要原因有四：

1. 全球知識的生產集中在工業先進國家，為了加速現代化過程，邊陲國家必須繼續派遣留學生以獲取先進知識。
2. 第二次世界大戰之後，各國對高等教育的需求日殷。但是某些國家高等教育擴張的速度遠落後於社會需求，因此允許學生至外國求學不失為可行之道。
3. 學術交流被認為具有擴大國家在國際間之影響力的功能，因此有些國家制定優惠辦法以吸引外國學生。
4. 留學生帶來的實質利益，包括學費收入、提供廉價助教、研究助理等使高等教育成為一項重要工業，不但促使大學積極招收外國學生，也改變美、英、澳洲等主要留學地主國家的外國學生政策，解除外國學生市場的管制，允許各校直接招收外國學生。

※ 自傳統思維邁向創新作為

在面臨社會情境的急速變化，大學無法一成不變，體制外的創新可以近年興起的營利大學和虛擬大學為代表。顧名思義，營利大學是將大學當成營利事業來經營，課程和學位是其主要產品，目的在創新企業利潤。可視為高等教育商品化最極端的例子。美國近年興起的菲力克斯大學（Flex University）即標榜以營利為目的、以效率為宗旨。菲大只開設大學部課程，以兼任教師為主要師資，以成年人為主要招生對象，以

低學費為誘因。雖然菲大被視為「文憑工廠」，其所提供的服務被視為「麥當勞式教育」。但是不可否認的，就其創立目標而言，菲大已獲得相當成功，在十幾個州和波多黎各設有六十餘個分校。菲大所標榜的低成本、高效率，除了完成機構營利的目標之外，也給其他正統大學的經營帶來壓力。

由美國「西部州長協會」的十七位州長在一九九六年發起設立「西部州長大學」，是高等教育體制外革新的另一個例子。這所新型態的大學原稱為虛擬大學，本身並不開設課程，也沒有專任教師，主要在整合其他高等教育機構所提供的課程，協助學生透過網際網路學習。西部州長設立這所虛擬大學主要是因為高等教育對各州的經濟發展十分重要，州民對高等教育的需求也不斷上升，但是傳統高等教育成本太高，且在學分數、開課的時間及地點、評量方法等方面較無彈性，不能滿足成年學生，特別是在職學生的需求。為了克服資源不足及傳統大學缺乏彈性的困難，「西部州長協會」決定利用先進的科技，特別是電腦網路進行教與學，一方面降低成本，另一方面也提供學生不受時地限制的學習機會。因此「西部州長大學」的特色有二：第一，承認學生利用非正式教育管道包括在家及工作場所，藉由高科技學習獲得的知識和技能；第二，以學生實際的知識與能力，而非學分數和上課時數，作為評量及頒授學位的基礎。

與我們現有的大學大為不同，它們是沒有校園的大學，是沒有「學人社會」的大學。無論是否喜歡這樣的大學，但它們會有生存發展的巨大空間。它們會是「另類」的大學，但不會是二十一世紀大學的主流。無論如何，二十一世紀的大學系統將比二十世紀更為多元化，大學的功能將更為區隔化，大學的素質將更為層級化，而大學之理念與角色也將會在新的社會條件上有新的思考。

第四節　高等教育的願景

　　現代的大學，源自歐洲中古世紀，有其深厚傳統與獨特精神。惟自工業革命以來，社會變遷加速，尤其近十年來，科技進步神速，經濟成長繁榮，政治自由民主，社會價值多元，因而衍生許多問題，形成一股洶湧澎湃的浪潮，衝擊著大學的門牆，迫使大學走出學術的「象牙塔」，面對社會的挑戰；於是大學教育的功能擴張，必須重建大學的體制，才能適應時代的脈動和社會的需要。

　　一九九四年大學法揭示，大學的任務為：研究學術、培育人才、提升文化、服務社會、促進國家發展。在上述多重目標引領下，大學教育成為政治、經濟、社會和文化等交織互動的機構。因此，當外在的政治、經濟、社會和文化價值有所變化時，大學教育即受到相當程度的衝擊。儘管如此，大學教育的若干基本理念仍有其一脈相承的不變性。

　　第二次世界大戰以後，大學教育在世界各地蓬勃發展，尤其是美國大學更以驚人的快速成長，顯現其對高等教育之重視以及國力之發展。美國先進大學一方面有德國大學重視研究之精神，另一方面也承接了英國大學注重教學之傳統。近年來各國大學均積極地求新，適應社會之變遷。由於知識爆炸，社會各行業之發展均依賴專業知識之進步，大學也變成了「知識工業」之重地。今日大學功能不只是「傳道、授業、解惑」而已，它更肩負「發展知識」、「創造技術」的功能，甚而把新創的知識傳播，運用到社會及企業。

　　早在一九六五年管理大師彼得‧杜拉克就已經提出，知識將取代機器、土地、資金、原料或勞力，成為最重要的生產要素。而社會學家貝爾（D.Bell）在一九七三年發表《後工業社會的來臨》一書中，亦提及知識將成為後工業社會發展的軸心。這些前瞻的見解，協助人們明瞭世界經濟主流已朝「知識經濟」的方向而走。美國麻省理工學院經濟學家梭羅在其專著《新國富論》中預示了「知識經濟」時代的來臨。人力資

源將是經濟發展與國家競爭力的重要條件。英國政府在一九九八年十二月出版的《十年國家競爭力白皮書》，就是「建構一個知識為原動力的經濟社會」為標的。在未來數年中，英國政府將增加預算以提升大學、研究機構學生及研究人員的創業精神，並提供創業幫助。英國教育就業部亦撥款協助學校加強與企業往來，讓學生充實企業知識。可預見的，在知識經濟世紀中，大學與社會的關係將更形緊密。面對社會的日益競爭，大學在建構發展願景時，須秉持著變與不變的原則，強調大學肩負了培育人才、創新知識、傳遞知識的功能。

✳ 鑽研學術，關懷社群

大學是研究學問的場域，必須崇尚學術，致力於真理的探索。是故，大學向以「學術真誠」作為學者的典範。藉由發明新學說，創造新文化，實現新理想，達成對社群關懷的職志。

✳ 尊重專業，學術自主

學術研究必須有尊重專業的態度，才能持續發展，產生高品質且有創意的成果。學術自由的理想，大學在教學與研究上，有權自做決定，免於外力干預，這是現代大學的努力目標。大學既是社會公器，且由學術社群組成，自應予以尊重，使大學朝向民主與效率，提升大學自主。在尊重學術自由與大學自主之餘，尤應加強學術工作的責任，嚴守學術道德規範，增加研究與教學工作的自我評量，才能提高大學的績效。此外，品質的維護乃是大學的重要工作，除教學、研究與推廣服務外，尚包括學生素質的提升與學術環境的維護與改善。

✳ 提升品質，建立特色

因為今日的大學生，是明日社會的骨幹，大學教育中要有崇高理想的色彩，不但在知識上追求「創造性的學問」，也要培育完美的人格，亦即培養一種擁有人文素養、有品德、有品味、有品質的人，能享受生

命，過有意義的生活。尤其是，二十一世紀乃是知識經濟與數位化的時代，追求高等教育的卓越化，更是知識經濟時代必須掌握的先機。在面對國際競爭壓力下，大學能依本身所具備的條件，選擇重點發展方向，營造各校特色，不斷追求進步。

✳ 終身教育，永續發展

為迎接知識經濟時代的來臨，強化人力素質與提升國家競爭力乃是現代社會的對應之道。面對這樣的經濟時代，每一個人都必須是終身學習者，才能擷取新知識，充實新能力，以配合新社會的脈動，不致於被快速的社會變遷所淘汰。因此大學教育應提供成人再學習的機會，以獲得大量新知識，並激勵民眾不斷成長，進而全面提升人民的生活、社會的生存和國家的發展。

大學教育乃促使社會變遷的要素，誘發社會進步的動力，地位至為重要。近年來，大學教育在民主化、全球化的衝擊下，過去傳統式的菁英教育已無法滿足社會多元的需求，因此須推展終身教育觀念與規劃全人教育體系。大學教育的結構與型態，在回應社會變遷與終身學習的需求方面，逐漸朝向普及、開放、回流與多元轉變的趨勢發展。

✳ 宏觀視野，卓越導向

大學的進步，除了自發性的努力外，還要靠外來的刺激，才會更加精進。國際間的交流與合作是大學進步不可缺少的動力之一。國際化不但延長了大學的命脈，也有助於大學的永續發展。科技的進步與昌盛，縮短了國家與地區的有形距離，甚而使國界消弭於無形。大家都體認，這是一個競爭又合作的時代，大學競爭力經常被拿來衡量一個國家的實力，而國際化也被認為是一個國家競爭力的重要指標之一。大學的國際化無疑的是一個國家國際化中重要的一環。在大學邁向國際化，與外國大學交流的過程中，則必須要有堅強的學術實力做後盾，才會吸引他人前來觀摩留學。因此，推動國際化必須長期投入，並搭配具體的計畫才

會見效。為了能夠有效地回應經濟需求的責任及國際化的壓力等因素，都將促使高等教育更積極、更入世、更勇於創新。

結語

　　隨著社會的變動及產業發展，大學有了巨大的改變。原十九世紀時德國的柏林大學在洪保德（Wilhelm von Humboldt）等人的革新下，擺脫中古學術傳統，標舉大學新理念，以大學強調「研究中心」的功能，教師的首要任務是從事於「創造性的學問」，大學注重「發展知識」，而非傳授知識，賦予大學「研究」的任務，奠定大學在探索真理、創造學問的社會使命。此種理念獲得美國大學的先驅者佛蘭斯納（A. Flexner）的闡揚，他特別強調「現代大學」，以別於早期紐曼所建構以博雅教育為主的「大學」。他肯定研究對大學之重要，肯定發展知識是大學重大功能之一，但他也給「教學」以同樣重要的地位，大學不止在創發知識，也在培育人才。但培育人才並非是在訓練實務人才，他反對大學開設職業訓練之課程，成為社會的「服務社群」，強調大學應嚴肅地批判並把持一些長永的價值意識（金耀基，1980）。然而隨著社會的發展，大學逐漸走向民主化、世俗化，第二次世界大戰後，大學教育在世界各地蓬勃發展，在美國尤其快速地成長。「後工業社會」，隨著新科技的進一步發展，新的時代、新型態的社會即將來臨，大學、研究機構及「知識階級」在新社會的「生產與管理機器」中占有重要的位置，在知識社會裡，大學將成為生產知識的工廠，其重要性有如今日的工廠或企業。在這種社會，研究與發展工作將愈形重要，同時龐大的國家資源將會投資到知識的開發、生產及傳播等方面，知識已取代資金而成為經濟發展的動力，改變了人們的生活方式與價值觀，知識的菁英將成為新社會的領導核心，同時高等教育將變得更為重要。

　　大學教育理念的更迭，不但反映出歐美社會變遷過程中大學教育目

標的轉變，而且也凸顯大學教育功能多元化的事實。大學自古就是一個學術的社會（academic community），以創造知識與傳遞文化為其最重要的使命，並享有充分的學術研究自由，大學的使命與性質隨著時代的腳步而有所更迭，其功能也逐漸擴大。

如今已跨入二十一世紀的門檻，必然會加劇全球化的趨勢。耶魯大學肯尼迪（Paul Kennedy）認為為了準備二十一世紀全球社會的來臨須有三要素，第一個要素就是教育。我們可以相當肯定地說，在本世紀，大學在整個教育中必然是重要的，且可能是最重要的一環。

第十三章 教育與社會問題

> 「別人同意你的看法不表示你是對的。你是對的，是因爲你的事實和邏輯是對的。」──巴菲特（W. Buffett）

　　經過十年的教育改革探索與嘗試，教育的功能並沒有顯著地在社會裡發揮；解嚴後台灣社會的多元發展與國際間各種變數的介入，使得我們的教育品質也未隨著教育改革與國際化政策之推動而逐步提升。相對地，近十餘年來台灣社會的快速變遷、人文素養的落差、價值倫理的崩潰，已成爲舉國憂心的重大議題。這種骨牌效應已明顯地反映於社會秩序的混亂、治安問題的嚴重、誠信正義的消失，以及年輕人抗壓性的低落等現象上。美國麻省理工學院達納‧米德強調：「在現代社會所揭示的十項領導人的特質中，『倫理』信念是最重要，且可扭轉乾坤的選項。」成爲我們在檢視教育與社會問題中值得深思的主張。

　　我國當前社會問題，如人口問題、社區問題、家庭問題、犯罪問題，甚至環境保護、自力救濟、賭風盛行等。要瞭解這些問題的成因和解決之道，必先用社會學的方法與技術分析我國文化背景與基本人格特質、社會態度與價值觀念，以及當前社會結構的急遽變化等。最後，教育社會學的研究對社會問題的瞭解和克服，當有一定的功能。因爲，就時代背景言，當前社會正值傳統邁入現代社會的快速變遷時期；就事實需要而言，無論教育學與社會學均須建立一套適合本國的理論體系，並應注重社會與教育方面實際問題的研究；然後尋求包括教育等有效途徑，以期妥善解決問題或減輕問題的嚴重性。

第一節　社會問題的定義

　　社會問題是指「能影響到相當多數的人們，並被視爲是不慾的一種社會情境，同時對此情境，人們感覺到是可以透過集體行動來加以解決

者。」一個社會所出現的問題，之所以被當作「社會問題」，是因為社會的大多數成員認為，導致問題發生的根本原因，在於社會，而它的解決，必須要謀求整體社會的努力。根據Fuller和Mayers對社會問題的定義，他們認為「一個社會問題即是：一種被相當數目的人們認為是與他們所持有的某些社會規範產生了偏離情形的狀況。是故，每個社會問題包含著客觀條件和主觀定義。所謂客觀條件即指：可由公正、經由訓練之觀察者確認出其存在和數量（比值）的可驗證情境，如國防狀況、出生率趨勢、失業率等；主觀定義則指：某些人體認到某種情況對其所持有之某些價值造成了威脅的情形。這種偏離情形只有靠眾人集體的行動才有去除或改善的可能，單憑一個或少數幾個人是無法做到的。」就此定義，我們可以歸結一種社會現象是否被視為社會問題？便涉及了：第一，這個現象違背了某些公認為良好的社會規範或價值，或觸犯了某些人的利益；第二，這個現象為大多數人認為是普遍存在於社會結構中的問題，且其嚴重性持續一段相當長的時間，可能對許多人產生不利的影響；第三，在絕大多數的情形下，這個現象的發生非由個人或少數人所應當負責的；第四，對此現象，人們有加以改進或去除的意願，並相信有可以改進或去除的可能，但是改進或去除並非一個人或少數人可以做到的，必須透過某種集體行動的方式才可能達成。

根據上述的定義檢視日本厚生勞動省的調查，日本有愈來愈多的「尼特族」（Not in Education, Employment, or Training, NEET），他們年約十五到三十四歲，人數大約六十萬到一百萬人。即使已經成年，也完成了學業，卻不願意獨立，還是住在家裡讓父母養活，不想踏進社會。「家裡蹲」的原因主要是沒有信心處理人際關係，以及不知道自己能夠做什麼。「尼特族」似乎不是日本所獨有的現象，美國近年來「拒絕長大」的年輕人也有增加的趨勢。追究原因，包括：就業門檻提升（高學歷、高技能），使得就業年齡延後；加上這些年輕人「心理成熟」較慢；而且他們「不成家」，所以沒有「立業」的動力。青壯年人口就業率降低，必定影響國家的生產力和競爭力，並造成一些社會問題。已在國外發生的「尼特族」這個社會現象，很值得台灣注意。在升學主義

下，家長過度重視孩子的讀書表現，輕忽了許多其他能力的培養，以至於心理不成熟、缺乏獨立性、依賴心重、不擅處理人際關係的孩子，比比皆是。如果不希望他們將來成為「尼特族」，教育的方式也必須調整。加強培養孩子的責任心、獨立性，孩子將來才不致於成為家長或社會的負擔。

第二節　社會問題的理論

　　我們可以說社會問題也就是一種社會關係的失調。由於社會的存續與發展，是建構在社會中各單元的和諧互動，並完全發揮其機能，此種關係如果因道德價值的改變、社會制度的變遷，而有所破壞，各部分不能發生適當的作用或相互矛盾，因而妨害整個或部分的順利進展，就成為社會問題。為了說明社會問題，社會學者建構了社會問題的理論。多年來社會學家對社會問題提出的研究觀點頗多，彼此之間也有相當差異。這是因為立足的角度及採取的觀點不同所致。

✳ 文化失調論

　　美國社會學家烏格朋（Ogburn）認為人類的生活是由物質文化和精神文化所組構而成，但是，文化進展速度有快慢的不同，一般是物質文化比非物質文化進展為快，於是彼此之間有失調或不能適應的現象，便產生了社會問題。此種現象也就是文化失調（culture lag）。美國傑出的教育家，也是現代美國倫理教育的推手芮理察（Richard W. Riley）明白指出教育的核心價值理念：「教育的終極目標是要培養出奉獻社會、知識廣博、慈悲為懷、克盡職守的社會公民。」為了端正六〇年代以來的美國社會亂象，如暴力、毒品、色情等亂象之氾濫，他在擔任教育部長的八年中，積極推動，並落實回歸傳統價值觀、建立家庭倫理、家長參與教育，以及外語學習等重大政策，以便與「二十一世紀教育目

標」結合，即是透過精神文化的重建，以希望能弭平文化差距。

✳ 價值衝突論

美國社會學家傅拉爾（R. C. Fuller）主張，所謂價值係指一特定社區的標準、理想和信仰，至於社會問題，卻是任何客觀的社會情境依許多人的社會價值來判斷，是要不得的或有害的。因爲社會中各團體的人，有不同的價值，它們對某種情境的判斷，便有見仁見智之別，便發生了觀念、價值和行爲上的歧異，而所謂社會問題，事實上就是價值的衝突。例如，在二十一世紀全球的主流意識與核心價值發展中，倫理信念與品德教養已經儼然在西方社會中重新找到定位。美國「大學校院協會」（Association of American Colleges and Universities）倡導與推動的大學全人教育、社會責任、自我與社會的道德反思、全球意識、終身學習與組織技能等，在在說明了通識教育對大學生以及未來社會的巨大影響。也是希望藉由價值的統合，克服社會問題。

✳ 行爲迷亂論

法國社會學者涂爾幹認爲，行爲迷亂是指社群中人們無視規範的一種狀態，這種狀態造成人們希望喪失、目標喪失、不安、自我疏離。他發現，在經濟快速發展，個人的慾望直線的上升，以往漸進式的提高生活水準方式，已不能讓人群感到滿足，因而指出，此種無限的慾望提高，趨使人群爲著能夠得到滿足，而破壞了社會原本具有的社會規範，因而造成社會問題。另外，突然的遇到不景氣、地位、角色的快速變化等，社會對於個人的慾望，所產生的控制力亦會喪失，規範對於社會控制功能顯現不足，皆是形成社會問題的主要原因。 同時美國社會學家墨頓（R. K. Merton）則援用這項觀念認爲，由文化所制度化的成功目標，與由社會所結構化的達成手段，兩者之間，產生不和諧的狀態。即某種目標受到多數的人所強調，但與達成此種目標的手段之間，不能夠保持均衡的關係，這種人群漠視社會規範，而使得規範衰敗；所呈現的

社會問題,即是行為迷亂。例如,二〇〇一年因美國能源巨人恩龍(Enron)公司與世界通訊(WorldCom)帳目內爆而引發的醜聞,震驚全美工商業,並讓企業家引以為鑑。就是在求「利潤是問,財務第一」的氛圍下,迷失了對傳統規範的謹守,所衍生的社會問題。

✳ 社會解體論

顧里認為所謂社會解體,為人性與社會的諸制度之間,不能夠調和,因此,社會秩序與規範,呈現缺憾的狀態。社會解體是為現存的社會行動基準,對各個成員所產生影響力的減退,成員之間呈現強烈的反社會態度。由於以往所具有的社會結構呈現崩壞,社會對於成員所採取的社會行動基準影響力減少,人群具有濃厚的反社會態度,大眾缺乏遵守社會規範的共識。再者,在此種解體的狀況下,社會的種種構成要素,即目標、價值標準或規範、行動模式、社會資源等相互之間,存在著不均衡的關係,全體社會、區域社會、或社會諸集團的功能產生障礙。在解體狀況的社會與團體當中,由於既有社會的整合功能出現障礙,因此,人群的不滿(discontent)、挫折(frustration)、緊張(strain),以及相對的缺乏感(relative deprivation)等特別的動機容易產生,這是導致社會問題產生的主要因素。

✳ 文化衝突論

施林(Sellin)認為,不同的團體有不同的行為規範和價值。因各團體享領不同的文化,因此產生了文化衝突。例如,教師會和家長會對於學生教育的理念和作為差異,會因為觀念差異導致文化衝突及社會問題的出現。

✳ 標籤理論

「標籤」的觀念,首先由黎默特(Edwin Lemert)提出,並由貝克(Howard Becker)衍伸說明。貝克認為,社會團體經由制訂規範而同

時創造偏差，因爲遵奉規範的反面即是偏差；應用規範來界定某些人，並指稱他們爲邊際人。偏差不全是個人行爲品質所決定的，而是他人應用規範及制裁於違犯者的結果。依據這一觀點，倘使一個人的偏差被發覺，且不被原諒時，他就變成爲被扣上標籤的偏差者。因此，他被迫接受團體所指派的偏差身分與角色。這個情境本身對個人有嚴重的影響，它會促成一種「自我實現的預言」。實際上，這個偏差的標籤或身分使個人成爲「邊際人」。因此造成對社會規範的牴觸和違背。這就如同於教育過程中，我們以負面文字描繪學習成就較低的同學所產生的現象。

第三節　社會問題的解決

　　社會控制原意是指社會經由各種規範來控制人的偏差行爲，限制人們發生不利於社會的行爲。現在通常把運用社會力量使人們遵從社會規範，維持社會秩序的過程，都稱爲社會控制。社會控制是整個社會或社會中的群體和組織，對其成員行爲是否符合社會規範進行指導、約束或制裁；社會成員之間的相互影響、相互監督和相互批評，也是社會的控制過程。沒有社會控制，就沒有正常的社會秩序和穩定的社會局面。社會控制的形式很多，概括起來說，有強制性的社會控制形式，如政權、法律、紀律等；觀念性的社會控制形式，如習俗、道德、教育、宗教等，以及自我控制形式，即人們經由社會化過程而樹立的世界觀、社會集體意識，自覺地運用社會規範來指導和約束自己的行爲。社會輿論是社會控制的一種重要工具。各種控制形式，構成了社會控制體系。每一種控制形式在社會控制中都占有一定地位，產生著不同的作用，其中強制性的控制形式，占有主導地位。一切社會控制方式，都是由該社會的經濟狀況即社會制度的性質所決定的。

　　社會問題足以威脅社會的發展，不僅爲社會科學研究者所關懷，並且企圖加以調整改善。就該問題的解決大致上可分爲下列方式：

1. 在社會快速變遷情況下，運用理性態度探求人類的生活與社會環境中所呈現的事實與問題，並爲妥善的設計與規則，圖謀社會各方面的均衡發展，才能使社會轉向於新的發展價值和目標。

2. 社會問題的發生，具有連鎖性及循環性的現象，其因素非常複雜。所以，必須先就病象事實及其內外在因素從事調查研究，並擬訂政策和計畫，進而推行積極性的改善措施。亦即，當社會問題的癥結被清楚地瞭解其性質、範圍、原因及影響後，提出具體有效的辦法，俾爲改善的依據。

3. 社會政策與社會立法的協調與配合，亦即解決社會問題的必要條件，如社會立法的順應實際需要，社會政策的健全完整，社會工作的專業化等，皆能助益於社會問題的解決工作；同時，必可減少許多原則性和片面性的行動，來影響預期的成效。

4. 社會問題之妥善與適當的解決，必將避免社會病態現象的重現，以及減輕威脅人類社會繁榮與進步的阻力，共謀維護人類的尊嚴、權益與正常的生活，增進社會的和諧發展。

5. 社會各方面之合作，社會問題是與整個社會有關的，要徹底圓滿解決，必須藉助社會的力量及各方面之合作，方能克竟事功。

　　總之，就社會學的觀點，中外古今任何社會幾無可避免會有社會問題的存在。此誠如美國社會學家尼斯比（Nisbet）所言：「不管社會是多麼簡單和穩定，沒有可以完全免除社會的失序、偏差的困擾。從人類行爲的比較研究中，我們可以清楚看出，只是這二類型的社會問題及其強度，常因文化的差異和時代的不同而略有差別而已。甚至，有些社會學者還以爲社會失序和偏差是相當正常的，它對社會生活的日常運作還具有其功能。」

第四節　教育問題的檢視

　　檢視繁冗糾葛的教育問題時，有學者係採取教育的關係結構分析方式，依據屬性將教育結構依據影響範圍區分為三個方面，由整體性到個別性分為：(1)教育作為一個有機的整體與社會系統（包括社會其他子系統）之間的關係結構，將其稱之為宏觀結構；(2)教育中具有不同功能的組織部門之間的關係結構，將其稱之為中層結構；(3)具有不同職能的組織系統內部的關係結構，將其稱之為微觀結構。由此確立了教育病理分析的基本架構，以作為教育問題探討，教育問題的關係結構和主要內容見表13-1、表13-2。

✳ 政策面──宏觀結構

　　政策是教育作為最為寬廣的部分，其包括學校的內外環境諸多因素，甚至國家的立國精神等，範圍廣及於教育資源、教育內涵和教育制度等。

■ 涉及教育資源的議題

　　教育的運行和發展必須要以一定的物質條件為基礎，才能達成教育的施為和目標。其主要問題包括：(1)空間配置是否能夠滿足教育運行及其發展的需要；(2)教育基礎設施完善的狀況；(3)教育設備的數量和種類的供給狀況；(4)教育經費的供給是否能滿足社會需求；(5)對社會提供的教育資源是否存在著浪費現象；(6)教育品質和數量能否滿足社會運行及整體發展的需要。

■ 涉及教育內涵的議題

　　教育內涵是大家普遍關切和重視，因為其影響的是教學的內容和學生的學習，乃至於學習的成效，產業的人力供需和素質。其主要的議題

表13-1　教育問題的關係結構表

結構	面向	項目	議題
宏觀結構	政策面	教育資源	資源分配的合理公允
		教育內涵	教育品質引導現代化
		教育制度	教育發展的明確目標
中層結構	規劃面	教育財務	教育機會的充分公平
		教育組織	教育專業發揮自主性
微觀結構	執行面	教育活動	高等教育與技職教育
		教育管理	學前教育與基礎教育

表13-2　教育問題的主要內容

議題	教育內容的問題
一、教育發展的明確目標	1.缺乏明確的二十一世紀人才培育目標。 2.教育尚未回歸憲法教育文化專章條文。 3.終身及永續教育目標及作法尚未確立。 4.教育政策制訂程序未足夠開放、多元。 5.在公立與私立、大學與中小學、高中與高職、城市與鄉村、強勢與弱勢族群、國際與本土等教育體制及內容上常有雙元對立情形。 6.師資培育人力供需失調。 7.私校在國小僅不到1%（二十二所），國中未達1.5%（九所）。鼓勵民間興學之條件涉及抵稅、優惠與學費管制之開放等項，尚未能具體塑造出有利及公允的條件，以鼓勵民參與辦學。 8.兩級聯考制度之改革各自為政，忽略它們皆係同一套教育體系上的兩個環節。 9.個人終身教育難以在現行體制中循序漸進。 10.在國際比較上，我國文盲比例仍屬偏高。
二、資源分配的合理公允	1.長年教育經費不足所造成之不良體質，尚未能彌補過來。 2.中小學（十倍於大專規模）教育經費，占全國教育經費比例（小於60%）低於美、日等國。 3.各縣市政府教育經費，平均約占其歲出比例50%左右，負擔沉重。 4.私校（包括國中、高中、高職、大專、特教）之平均每生教育經費，皆遠低於公立學校。

（續）表13-2　教育問題的主要內容

議題	教育內容的問題
三、教育品質引導現代化	1.國中小數理成就在國際評鑑上，高成就群名列前茅，但低成就群則與低度開發國家相若，呈兩極化之雙峰分配，顯見對低成就生（占70～80％之後段班或班後段學生）之著力甚少。 2.五育均衡未能達成；實驗、實習與術科教育未能按課表切實進行。 3.各級學校之課程標準長久以來未依時代特色與人才培育目標修改並執行。 4.教育專業自主權未建立。 5.校園暴力、藥物濫用、與不當兩性關係等行為面問題，層出不窮。
四、教育機會的充分公平	1.在私校學生中，屬中低收入家庭子女居多，且負擔較高之教育費用（如大學一年即須負擔私校十萬餘學雜費）。 2.尊重區域與族群特性的母語教學與鄉土教材，未普及落實。 3.原住民地區學校代課老師多，老師與校長流動率大；設備與經費遠遜於平地學校；以漢文化為主的教材與教學，不利於學習及認同，教材亦不符生活環境與生計需要；教師無期望，學生缺動機。 4.身心障礙學童（尤其是智障部分）只有五分之一能夠接受特殊教育。
五、教育專業發揮自主性	1.教育中央集權色彩仍極濃厚，反映在教育政策制訂、教育經費分配擬訂、給予彈性教育試探空間（包含體制外與體制內）、學位以外之學力認證方式等項上，造成不利於教育自主性發展。 2.教育權在民之觀念尚未落實；社區化之學區制規劃與大中小學法人化尚未能籌劃落實。 3.國中小校長受地方政治影響過深，校園辦學無法自主。 4.私校辦學自主性低，在招生、預算編列、收費、捐款抵免等項上皆有困難。 5.教育尚未去除泛政治化色彩，仍未去除特定之意識形態課程與政治圖騰，學生因之失去接觸各類主要思潮之機會。
六、高等教育與技職教育	1.大學未予分級（如研究大學、一般大學、社區學院），也未依分級做不同等級的資源挹注，只以學科類別做劃分。

（續）表13-2　教育問題的主要內容

議題	教育內容的問題
六、高等教育與 技職教育	2.高中與大學生分流過早，通識教育及大一、大二不分系制度皆尚未落實。大專系所難以整合，研究團隊不易建立，無法適應時代需求。 3.絕大多數大學未能提出長程校務發展白皮書，亦未籌設能發揮功能的學術發展委員會。 4.高職、五專、二專、三專與技術學院學生，仍有多數想進大學。大學插班錄取生中，大多數為五專畢業生。 5.技職教育之教學內容與產業之建教合作無法配合。 6.職校生往上繼續升學管道不夠暢通，完整證照制度尚未建立。
七、學前教育與 基礎教育	1.中小學校長長任（或輪調長任）制弊端多；不適任校長與教師難以淘汰。小班小校（國際標準約為每班三十人，每年級四班）問題，在都會區最為嚴重，平均班級人數在四十人或以上，但地區分配不均度高，省轄市以下地區較無小班小校問題。國中小平均每校學生數遠高於OECD國家。 2.師生比過低，職員不足，老師行政負擔重，無法專心教學與輔導。 3.中學功課負擔過重，每週時數近四十小時，補習風氣盛行，對處在青春期青少年之身心發展不利，且在聯考壓力下亦失去探尋自己興趣的空間。 4.幼稚教育普及率只達30％左右，其中60％以上幼童就學於未立案之幼稚園或托兒所。

包括：(1)教育的運行和發展是否提供了必要的要素；尤其是隨著社會變遷，價值混沌，使社群互動充滿著不確定性，影響群我倫理。例如，台積電董事長張忠謀表示，「從美國恩龍案來看，人如果只有聰明能力，卻沒有誠信，永遠都只是個危險人物或不定時炸彈。新世紀所需的人才，必須重振正直及誠信等舊價值，且必須具備獨立思考、跳出框框及創新等能力，以迎接新世紀的挑戰。因此，新世紀人才應具備的七種能力，以重振過去幾十年來已逐漸消蝕的舊價值。這七種能力包括了正直與誠信、獨立思考、創新、自動自發、積極進取、溝通、英語文和國際

觀等內涵。」(2)人力供需失調的問題：複雜的青年就業問題一直困擾著教育界與企業界。所謂「人力供需失調」，係指在某些工作領域中，不易找到適當人才，教育制度所培養的人力，有供不應求的現象，但另一方面，社會上仍有嚴重失業或不充分就業的情況存在，甚至還有受過高等教育者無法就業的現象。例如，由於師資培育的人力供需失調，使今日社會充斥流浪師資的問題；(3)全面提升教育素質，突出創新創業人才的培養：一個人對社會貢獻的大小，取決於一個人的全面素養。而一個人的素養最關鍵的是取決於學校的教育與培養。因此，在各層次教育中實施全人教育，是全面提高人才培養的根本措施。依照提升品質教育要求，加強教育改革。依全人教育的要求，重新設計對學生的評價指標體系，修訂教學計畫，改革課程設置及其內容，改革教學方法，採用新的考核和計分辦法，提高學生的全面素質。

■ 關於教育制度的議題

制度是行政運作的規範，亦是影響工作品質良窳的機智，教育制度在學校的運作可分為：教務、學務、總務、人事、會計、研究發展等領域，直接與辦學效能有關。其主要的議題包括：(1)正視文化對教育運行和發展的影響：例如，導正學習正常化的問題，我國社會受傳統文化的影響瀰漫著升學主義的風氣，謀職就業重視文憑，以致一般人認為「唯有升學才有前途」，為了應付社會升學主義的壓力，各校盛行不當補習；(2)社會制度對教育運行和發展的影響：社會傳統文化與教育制度所存在的落差，導致制度改革出現失調的情事；(3)科層組織行為對教育運行和發展規律的認同及尊重狀況，使彼此之間未能產生必要的融合，以形成堅實的教育團隊。

✳ 規劃面——中層結構

為了執行教育政策，必然涉及教育財務的規劃、教育組織的運作，方能順利承載政策內涵，啟動各項教育方案的作為。

■ 關於教育財務的議題

　　教育的作為必須要有財務的適當支應方可達成，在財務運用的效益考量下，就涉及到教育財務的議題，其內容包括：(1)財務狀況能否保證管理、教育和保障教育活動的運行和發展的需要；(2)校務基金和發展基金的配額比例是否合理；(3)在校務基金管理和使用過程中是否存在著過著嚴苛或是浪費現象；(4)在空間使用及各項資源的運用方面是否存在著浪費現象；(5)儀器設備能否滿足正常的教育和管理需要，有否重置或分配不當的現象。

■ 關於教育組織的議題

　　教育組織是集結參與教育運作的一群人員，組織規範的合理與否，組織運作的適切程度，皆影響教育運作的順暢程度。是以其內容涉及下列議題：(1)教育組織及運作是否可以符合教育目標；(2)教育規章制度是否能符合適合於組織合理的發展；(3)行政權利與學術權利的平衡狀態；(4)組織成員流動的合宜及具體狀態。

✳ 執行面──微觀結構

　　為了達到教育的成效，除了政策面及規劃面外，教育的作為尚賴執行面的具體篤實作為，這其中包括：教育活動和教育管理等議題。

■ 關於教育活動的議題

　　教育活動是將教育的理念和教育的規劃導入到各項教育的方案，依序按部就班的實施，就此議題，則涉及下列事項：(1)在教育、管理和保障系統內部，儀器設備的供給、應用及維護狀態：例如，高等教育科技人才培育，如何與業界人才需求相結合；(2)在教育活動中，教育內容與教育要求的協同程度：例如，大專院校理論與實務並重之教學或研發；(3)科學技術對教育活動的支持程度；(4)教育資訊流通的程度；(5)教育資訊流通的接受和反饋程度。

■ 關於教育管理的議題

　　管理是為使各項機制能有效運作，人員能有預期成效，並達成組織設置的原意本旨。在教育管理的機能上則包括下列事項：(1)教育、管理和環境系統之間的協同問題；(2)教師不當管教學生的現象；(3)學校實行資源回收工作的成效；(4)校園建設規劃，環境設施等，是否能滿足學校發展的需要。

　　在現代社會中的教育，一方面要適應急速的社會變遷，一方面也要引導社會進步，功能日益繁多，結構常見失調；而且教育制度本身更趨複雜，教育問題層出不窮，舊的問題尚未解決，新的問題又繼續產生。

　　綜觀教育問題的診斷，教改方向、目標及原則的確立，以及教改建議事項的提出等，均是集思廣益、群策群力及腦力激盪的結果，期使能在精確的診斷與評估、全民的瞭解與共識共信、專業體系的熱忱及參與支持，以及良好制度的規劃建立之後，未來的教育能更臻理想與健全。

結語

　　社會學家孫末楠說：「民俗締造了真理，因此好與壞，或對與錯的概念，乃是靠社會秩序體系中流行的規範和具神聖意義的民俗來界定。」換言之，諸多社會現象和人類行為「好壞」、「對錯」、「善惡」的判定，是與判定者的經驗、價值、觀念、利益，以及當時流行的規範有著密切的關係。以教育問題的界定而言，具有主觀上和客觀上的認定。所謂客觀上的認定是指，部分的社會成員，其行為結果的內涵違背了某些道德、價值、標準或是利益。該問題的嚴重危害性為有識之士、社會大眾所注意，成為公眾論題，最後由特定的組織及制度來處理。至於主觀上的認定則係來自個人的意念及價值；由於人類表現在社會階層、群眾、利益、權威和知識程度等方面的差異，人們的道德、價值和觀念也可能隨之不同，因此對於一個社會現象的「問題感」的體認和確

立也有了差別。

　　面對此些日益紛雜的教育問題，社會學家強調是以「理性主義」、「人道主義」為訴求。認為運用理性主義使人們不僅能清楚界定教育問題為何，並且能更有自信的來解決該問題。而人道主義的運用則使我們發掘更多的教育問題，肯定其嚴重性，並積極促使人們對社會教育產生更多的關懷和奉獻。以此態度面對不單是使社會道德秩序得以穩定建構，同時能促發人們以更為理性、健康態度，克服社會變遷所帶來的各項問題。

第十四章 教育與社會變遷

時代在變，潮流在變，社會也隨著變遷。我們生存的環境、生活的習慣與生計的方式、個人的價值觀念和情感態度等，隨著時空情境的轉變而不斷地調整更新。社會變遷是涵蓋社會的結構與過程、型態和關係等方面一切變化的歷程。具體而言，社會變遷的範圍包括：社會制度、價值觀念、文化產物或器物發明，以及人群關係、社會團體的組織與形式等。無論是科技工藝的發明與創新、意識形態的形成與改變、價值觀念的重組與調整、政治理念的轉變與建制、經濟生活的改善與調整，以及社會權威的影響或變化等，都是形成社會變遷的原因。

教育在社群中對個人及社會皆帶來一定的影響，隨著社會變遷將使得教育制度有所調整，而教育政策的更迭亦影響整體社群；隨著人口、科技、經濟、價值、文化、全球化以及知識社群的影響，使得教育在變遷的社會中呈現許多新的風貌。在面對國內外環境情勢的改變以及國人對教育的殷切需求和期許，將使教育與社會變遷關係日益密切，也成為人類社會進步的新挑戰。

第一節　社會變遷的意義

所謂「社會變遷」，一般是指：「為既存的社會結構，隨著時間的改變，受到內在的或外在的各種因素的衝擊，以漸進或激烈的形式，出現部分或全體的變化。」學者界說「變遷」（change）乃是社會的形式、內涵與功能在時間上的不同連續。墨爾說：「社會變遷係社會結構的重要改變，包括社會規範、價值體系、象徵指標、文化產物等方面的結構變化。」《社會學辭典》解釋社會變遷是「社會關係的類型之改

變，常指發生在較大社會系統中的社會行為之重大改變，而非指發生在小團體中之微小改變。」有些學者認為社會變遷與文化變遷不同，文化變遷係指文化特徵與文化結構的改變，社會變遷是指社會生活、社會關係、社會結構的改變。但社會變遷與文化變遷兩者很難完全孤立開來，對某一特別的變遷事實卻認定其只屬社會變遷或文化變遷是不太可能的，通常同時兼而有之。因此社會學者常稱此等變遷為社會文化變遷。一般而言，社會結構是由各個部門組合而成。由於社會各部門是彼此互為關聯，因此構成社會部門的任何一個因素變動時，往往直接或間接的影響到其他的部門。如果此因素的變化速度太快，致使結構間，形成不良的整合，則會使得社會上大多數成員的生活，出現無法適應的不良後果。由此導致社會結構解體的現象。

　　未來的社會，無論在經濟、政治、科技、社會、文化、宗教和生活等方面，均將日新月異，突出創新地向著新目標飛躍發展。如何有效地理解變遷，加速自我調整，掌握機勢而開創嶄新的未來，是社會發展責無旁貸的使命和任務。在變遷的過程中人們的生活方式與價值觀也會受其影響，故我們在時代變遷的當中，應學會自我調整、掌握新知，但也應擇善固執，遵守善良、樸實的倫理道德。社會的變遷不一定是好的，有時也可能是不好的。例如，在網路的世代裡，帶給人許多的便利，但也有人藉以製造錯誤的價值觀，因此須明辨慎思，面對當前社會日趨工業化、自動化、都市化、自由化與多元化的特徵。教育社會學所探求的是，從傳統進入現代社會中，教育制度應如何調適與革新以配合社會變遷的需求，教育制度應如何發揮其功能，以導正人們的觀念與行為，而避免產生文化失調與社會脫序的現象。

第二節　教育變遷的導因

　　一般來說，一個社會文化為何會發生變遷有諸多的原因，諸如：環

境、人口、社會、戰爭、信仰、價值、規範，或是來自工藝技術等因素
所引起。

✳ 環境因素

社會的存續與外在環境息息相關，因此當環境變動自然造成社會的
變遷，一般而言，環境的變遷包括自然的事件與人為環境的突變，例
如，災難、氣候改變、資源殆盡及其它的改變。這些因素對於人類社會
的形成與變化會產生影響。例如，學校擴增後學生素質提升之壓力，過
去幾年為暢通升學管道，廣設高中、大學，造成學校學生數量快速擴
增，但教育資源並未隨比率配合成長。在齊頭式資源分配觀念下，欠缺
競爭機制，導致教育資源稀釋化，嚴重影響教育品質。

✳ 人口因素

由於社會的組成是來自於所屬的成員，因此人口是導致社會變遷的
主要因素。人口的數量及人口分布和人口組合，影響著人際之間的互
動，資源的使用和分配。因此當人口有所變動時，則整體社會也將隨著
變遷。涂爾幹說：「文明的本身，為諸社會的容量與密度出現變化，所
產生的必然結果。」便是最佳的寫照。例如，教育人口結構轉變，國人
生育率降低，二十年（一九八三～二○○三年）來年出生人數已由每年
四十萬人降到二十二萬人，學齡人口快速遞減，對各級教育供需產生嚴
重的衝擊；另外，外籍配偶人數快速激增，二○○四年由外籍配偶生育
的新生嬰兒所占比率已達七分之一，不論是配偶本人或其子女已成為我
國教育的新興課題。

✳ 經濟因素

馬克思認為，人為了維繫生存是需要靠物質，物質的生產與分配是
經濟因素。是以，經濟因素一直被認為是對社會變遷最具影響力的因
素，因為物品的生產、分配、利潤分享方式對人們生活方式有深遠的影

響力。為了達成經濟發展的目的，一個社會必須從事多種教育改革。這些教育改革的直接目的雖在人才培育，卻能間接造成經濟發展所欲獲致之社會變遷。

✳ 精神因素

聖西門認為社會的形成在於人類的精神，人類社會秩序的改變是透過精神的變化而進行，他認為人類精神法則支配一切。 其弟子孔德繼承其思想，認為人類的歷史，是受到人類精神的發展所支配，在人類歷史中發現，精神對於社會變遷的引導是基於主導地位。教育觀念常為社會變遷之動因。而每一國家均有其獨特的教育目的，實踐此種目的常可導致某種社會變遷。例如，我國長期以來的士大夫觀念，因此形成對學歷文憑的重視。

✳ 傳播因素

一個團體受其他團體或文化傳播的影響，是促使社會變遷的主要因素。文化接觸是變遷的最普遍原因，當文化內涵從一個社會擴展到另一個社會時，亦會對社會造成衝擊。面對全球化的國際競爭，人才流動沒有國界限制，取得優勢的關鍵繫於「創意」和「品質」。未來的趨勢，教育市場勢必開放，國際高等教育的競爭勢必加劇，教育政策惟有朝向更多元化與國際化，才能化危機為轉機，不但留得住本國人才，也可以吸引外國人才。

✳ 競爭因素

任何一樣為人類所需要的東西，若供不應求，必引起競爭。由於競爭便產生社會互動、社會結構的改變。競爭的種類依其目標分為十種型態：「經濟的競爭」、「政治的競爭」、「軍事的競爭」、「種族的競爭」、「宗教的競爭」、「文化的競爭」、「美術的競爭」、「體育的競爭」、「社交的競爭」、「配偶的競爭」。再者，社會資源的不足亦為促

使社會變遷的一項因素，每一個社會對資源的供應和分配都有一定的規範，但是由於資源有限，人類的慾望卻無窮，在此情況下，社會資源總是供不應求。因此，社會裡總會出現認為自己所擁有的資源，是相對稀少而感到憤憤不平者，對現有的規範和制度進行挑戰。這種挑戰乃導致社會變遷。因應知識經濟時代，調整教育內容，培養創造力，培育人文與科學素養兼具，配合並引導產業轉型升級所需之人才，都是當前高等教育規劃的重要課題。

✳ 迷亂因素

社會學家墨頓認為迷亂（anomie）係來自目標與達成方式兩者之間的矛盾或差距。社會訂立了某種目標讓人們去追求，可是社會所允許的方式卻不一定讓每一個人都能得到該目標。因此，將使得有理想，但達成目標手段不足的成員，採取社會不能認同的手段，其結果將導致社會變遷。例如，教育鬆綁後體系的調整，教育鬆綁乃教育改革的重要目的，也是手段，促使校園邁向民主化，但對教育環境與行政運作卻也產生若干調適的問題。例如，校長的行政領導、教師的專業自主與家長的參與權之關係有待釐清等。

✳ 技術因素

麥基佛（M. Maciver）認為近代社會的重要問題，全受技術變遷的衝擊而出現，或至少受其影響。法普（P. Farb）更把歷史上人類的幾項重要工藝技術的發展列成一個表，用來說明工藝技術造成人類社會發展和變遷的事實。教育常是社會變遷的反映或結果。例如，技術進步改變職業結構，職業教育制度便隨之調適。再如大眾傳播技術進步、教學輔助工具乃隨之改良，帶動數位化時代學習型態轉變。數位化時代來臨，改變傳統的學習方式，如何提供數位化學習環境，以強化各級學校教師與學生資訊應用能力，已成為迫不及待的工作。

簡而言之，教育與社會變遷的關係，包括：其一是社會變遷影響教

育；其二是教育可以形成社會變遷；其三是教育成爲某種社會變遷的條件。譬如工業化、自動化、都市化、現代化和資訊化都是某種程度和形式上的社會變遷，對於教育的目的、內容與方法、制度等均會造成影響。再者，譬如民主的教育有助於民主社會的發展，升學主義分數至上的教育形成文憑主義的社會等，均是教育形成社會變遷的顯例。此外，如果加強或重視職業技術的教育可以提高勞工的社會地位，促成商人階級的抬頭，從而改變社會的階級結構，尤其加速社會中縱向和橫向的社會流動。可見教育可以作爲形成經濟發展的原因，亦可以作爲社會階級結構改變的條件。綜合而言，教育的發展與社會變遷存在著互爲因果、交互影響的關係。

第三節　社會變遷的理論

社會變遷的型態，受到地區的特性、不同的時代，而呈現不同的風貌。但儘管如此，一個社會所出現的變遷過程與方式，由宏觀的角度來看是具有普遍性。而說明這些變遷的普遍原理，即爲社會變遷理論。

✳ 聖西門

聖西門（Henri Saint-Simon）提出了人類的進步是個「有機年代」和「批判年代」間的動態交替過程，前者指的是穩定而建設性的時代，後者指的是兩個「有機年代」間的過渡時期，這兩個年代藉相反相成的兩股力量作螺旋式的上升。聖西門堅信科學能征服未來的不確定性，而帶來人類的幸福。社會演進的法則是可循的，隨著人類知識、智慧、信仰的發展，人類的社會組織也會隨著變動，而十九世紀的人們最重要的工作就是建構起新型態的社會組織（也就是工業社會），來相應智識、信仰發展中科學實證主義的出現。

聖西門相信以知識技術超越自然的限制是人類的使命，希望能創造

出一個穩定文明，而以科學為其宗教。為達此一目的，他建議以教會的模式作基礎，創立科學教士，由他們來促進政治正義，分配社會的財富。聖西門亦強調權威必須建立於科學專長、社會計畫、專家決策等知識因素上。新社會將是由「原理原則」來加以統治。準此而論，聖西門表現出下列幾個觀念：(1)科學將成為一個新的主宰力量；(2)社會變遷是進步的，必然走向工業社會；(3)未來的社會必然是一個以技術專家為主導的社會。此觀點影響其弟子的孔德，孔德認為人類知識的成長得經過神學時期、哲學時期、實證時期三個階段。在神學時期，人類的心智在尋求自然界的起源和目標的時候，總會歸結到超自然的能力；在哲學時期，人類的心智推論有關創造萬物的抽象力量；在最後的實證或科學時期，人類心智已不再尋求宇宙萬物的起源和終點，轉而重視且運用到人類本身的法則。知識的發展和社會的發展都經過三個相同的階段。

✹ 韋伯

韋伯認為西方社會發展的最大關鍵是理性化，它藉法律、經濟、會計、教育和技術散布出去，整個生活就是一個功能效率與功能衡量的精神，是一種經濟化的制度（以最小的成本作最大的產出），這個態度不只是對物質資源，而且也及於整個生活，由於理性化的不可免，行政的科層制度將普遍滲透到各個領域，而所有社會制度的官僚化也就不可避免了。它既是資本主義制度的一個特徵，也是社會制度的一個特徵。就韋伯而言，技術知識的擴張以及工業經理和政府官僚的興起，是一種新型態的控制，將來社會是屬於官僚階級的，而不是如馬克思所言在於無產階級的手裡。

✹ 丹尼·貝爾

「後工業社會」一詞，自一九七三年為社會學家丹尼·貝爾（Daniel Bell）提出後，即引起社會科學研究者的廣泛討論。因為此種社會變遷的現象，影響的範圍廣及於經濟、政治、文化、宗教、教育等

諸多領域；並與我們日常生活關係密切。一九七三年《後工業社會的來臨》（*The Coming of Post Industrial Society*）一書的出版，貝爾對後工業社會觀念有詳盡的論述，同時，也揭開了人們對於後工業社會之社會變遷的關注。貝爾以為後工業社會的概念根本上是處理社會結構變遷的問題，也就是經濟如何的轉變、職業系統如何的調整；以及處理「經驗主義」（empiricalism）和理論（尤其是科學和技術方面）之間的新關係。而後工業社會這個概念，至少涵蓋了下列五個重要面向（dimensions）：(1)經濟部分：從財貨生產的經濟轉變到服務業經濟；(2)職業分配：專業與技術層級的優越性；(3)軸心原則：理論性知識的開拓，是社會創新與政策構成的泉源；(4)未來取向：對技術與技術評估的控制。主要的進步動力將來自於教育和技術的革新；(5)決策構定：一個新智識技術（Intellectual Technology）的產生。更進一步的，貝爾又找出論斷後工業社會出現的四個趨勢：(1)經濟發展的中心在勞務的提供而非財貨的生產；(2)基於知識和以有專家技術等科學人員為主的新階級出現；(3)私人股份有限公司臣屬於社會責任的標準下；(4)理論性知識的重要性漸增。

✳ 達倫道夫

達倫道夫在其著作《工業社會的階級與階級衝突》（*Class and Class Conflict in Industrial Society*）即宣稱：大多數的現代工業社會，已不再是個資本主義社會，而應稱之為「後資本主義社會」（post-capitalist society）。使得資本主義社會邁入後資本主義社會的關鍵性發展，依達倫道夫的見解可有下列四端：(1)階級結構的重組；(2)社會流動的普及；(3)社會平等的擴張；(4)階級衝突的制度化。

✳ 哈伯瑪斯

哈伯瑪斯對現代社會發展與變遷的看法，認為「社會建構」可分成幾個階段：其中的「原始社會」是屬於部落社會；「傳統社會」則包括

古代帝國社會和封建社會；「自由的資本主義社會」指的是十九世紀資本制度的社群；而我們這個世代的西方社會就是「計畫的資本主義社會」；其後將邁向「後資本主義社會」。該社會有兩個主要之特徵：(1)為了保護經濟體系的安全與穩定，政府開始干預市場的運作；(2)科學研究與工業技術密切配合，使科學成為最重要的生產力。勞工可透過政府的干預與工會的力量與資方抗衡以爭取福利。他認為現代社會最重要的問題是「工具理性」（instrumental rationality）膨脹所造成的意識僵化，形成「技術專家政治」（technocracy）。 於是民主制度變成了有效率的科學組織，人民只要效忠，不必參與，任憑專家安排的可憐蟲。在分析社會變遷與發展的問題上，哈伯瑪斯相信迷思、宗教到哲學與意識形態的趨勢都有其重要性，這意味著「規範性正當的要求」。亦即哈伯瑪斯所謂「合法性」（legitimation）在社會穩定與變遷上愈來愈有重要趨勢。

✳ 馬庫色

馬庫色（Herbert Marcuse）曾以「先進工業社會」一詞來描述轉變以後的社會，此階段有四個重要特徵：(1)有豐富的工業與技術能力，並大量的消費、生產與分配奢侈品，非生產性財貨的大量消費；(2)有不斷提高的生活水準；(3)有高度集中的經濟與政治權力，加上高度的組織，使政府涉入經濟活動之中；(4)為了商業與政治的目的，不論在工作或閒暇時，對私人團體行為，都有科學與偽科學的調查、控制以及操縱；(5)科技視為促成先進工業社會的原動力，並帶來高度的生活水準，人們在消遣活動的麻痺下和一些表面民主自由的甜蜜語言下忘了痛苦，產生了不容反對的單一社會系統、單一語言、單一的求知方式和單一的人類氣質，也就是說先前的「多面向社會」，已為「單面向社會」所取代。馬庫色說：「出現了一種單面向的思想與行為，任何觀念、期望與目標在內容上超越了既存的討論與行動範圍，且被化約為既定範圍的詞語。」先進工業社會導致人類精神與思想之單面性。人們的沉湎富裕，受制於「虛假性需求」，人們沒有了否定與批判的能力，失去了自由。

第四節　教育與現代社會

　　現代社會是整體社會積極朝向現代化的目標，「現代化」（modernization）是多數社會所追求的目標，我們可以列述廣狹兩種的定義：就廣義而言：「任何一個社會，只要在整體性社會結構面、科技知識面以及人際互動與個人態度面，經由轉化過程而邁向另一新紀元時，我們就可以將它稱之為現代化。」就狹義而言，所謂現代化專指：「在西方現代科技與工業文明之衝激下，任何傳統社會在邁向現代社會的轉化過程。」至於 Robert Bellah 認為現代化涵蓋了兩大面相：一是「企圖對所有物理現象與社會現象，尋求一種理性解釋的可能性。」二是「把自然界的一切事情，包括社會現象在內，視為具有一定的因果關係與某種律則或軌跡，而人類得以運用理性去瞭解、控制或改變它。」在論述現代化的類型上，李維（Levy）把現代化的類型區分為兩大類：(1)內造型：現代化的動力淵源來自該社會本身。即指現代化的動力，不但來自其社會本身，而且在現代化的轉化過程中，偏向於主動性的創意與創新，因而造成傳統與現代的明顯對比。以歐美社會為代表；(2)外塑型：現代化的動力淵源，來自外力的干擾或衝擊的結果。即指現代化的推動力，乃是來自外來科技文明的刺激，在其現代化的轉化過程中，偏向於被動性的應付與調適。以第三世界為代表。

　　社會發展的主要目的，是使所有的人都能夠獲得適當的生活水準。但是，一個國家及民族的進步，不能單用國民生產毛額及平均所得加以衡量。「發展」包括政治成熟的觀念，也包括民眾教育的普及、文藝的萌芽、建築的繁興、大眾傳播的成長，以及休閒生活的充實。事實上，發展的最後目的是人類本性的改變，這種改變一方面是促成更進一步發展的「手段」，另一方面也是發展過程中所達到的「目的」。因為在二十世紀之中，社會發展已經成為家喻戶曉的觀念，所以很多人以為它是一種單純的過程。事實並不如此，社會發展包括四種意義：(1)在工藝方

面，開發中的社會從運用簡單的傳統技術轉而應用科學知識；(2)在農業方面，開發中的社會從自給自足的耕作轉爲農產物的商業生產；(3)在工業方面，開發中的社會從人力及動物力的運用轉而應用機器的力量；(4)在社會生態方面，開發中的社會由農莊鄉村漸漸趨向都市化。

現代化社會的建構來自於社會發展的原動力，其內容則係一般民眾及該社群普遍具備下述特質：(1)強烈的向上意願；(2)優良健全的國民素質；(3)全體國民具有高度的成就動機；(4)適當選擇社會發展策略；(5)具體擬定社會發展計畫；方能促使社會發展達成人類期待的方向。這些特質均有賴教育的啓沃而達成。

在現代化的社會中，社會學提出了依賴理論、世界體系理論和聚合理論等理論家以論述：

❋ 依賴理論

依賴理論是把西方現代化的社會比喻爲核心，而那些未現代化的非西方社會，則爲一群失去其本身控制能力的邊陲，而完全依賴核心。強調今日世界正受一個由美國和歐洲所組成的核心所控制，該核心利用資本的榨取與經濟原料的剝奪等方式，來控制尚未現代化的社會。認爲未開發者若能不依賴開發國家，則其成功性更大。此核心控制嚴重地影響了當地工業之發展，也因此逼使現代化社會更加依賴核心。這種觀點是以聯合國拉丁美洲經濟委員會爲代表，這些觀點是由受過西方教育的技術官僚或知識分子所倡導，重點在於批評正統經濟理論之所以無法解釋拉丁美洲的低度開發問題，乃是因爲忽略了重要的結構因素，即拉丁美洲的低度發展，是它在世界經濟中的位置所致，也是採取自由主義式的資本主義經濟政策的結果。依賴理論是藉由馬克思對帝國主義的觀點，認爲依賴是一種制約的情境，在這種情況之下，某些國家的經濟受到另一些國家的發展和擴張所制約。在兩個或更多經濟之間，以及這些經濟與世界貿易間互賴的關係中，如果有些國家能夠自我推動和擴張，而其他國家的擴張與自立僅爲優勢國之擴張的反映，這種關係一旦建立，就

形成了依賴關係，而這種關係對依賴國隨即的發展，可能有正面或負面的影響。依賴發展論是以拉丁美洲的發展經驗，而提出依賴發展的觀念，即邊陲地區也有發展的可能性，是某種程度的資本累積及工業化。本土企業若不能與外國公司掛鉤，就會被取代，其結果在國內形成了國際化部門和非國際化部門的結構雙元性，前者依賴外國大企業而生存，後者成為從事低生產活動的邊際化部門。此觀點正如同教育社會學中盛行著西方中心主義，歐洲的哲學傳統、內容與目的，指導著教育社會學的發展；學術思維的主流聲音多來自先進的西方國家，經濟、文化及政治上的優勢使這些國家掌控智識上的霸權。一個小國家要開發自己的理論傳統、要發出自己的聲音是多麼不易！

✳ 世界體系理論

　　該理論是由社會學家華勒斯坦（Immanuel Wallerstein）所提出。其主要觀點為：以世界體系觀點為主導，認為較小的實體，其歷史、社會、政治及經濟的變遷，唯有在較大的資本主義世界體系演化脈絡中才能瞭解。這是一種新馬克思主義，企圖將第三世界關聯到馬克思學派的分析中，具有強烈的經濟決定論色彩，認為經濟是歷史發展的動力，世界體系亦即資本主義世界經濟體系之意。探討歐洲資本主義的起源及鞏固，強調世界視野所作的一種理論分析。透過資本的國際化運作，愈來愈多國家的經濟活動被納入了全球資本主義的世界體系中。依各國在此一體系中扮演角色的輕重，而有所謂核心國家（core country）、邊陲國家（periphery country）及半邊陲國家（semi-periphery country）的分野。核心國家和邊陲國家間關係，所指涉者為一剩餘價值朝著核心方向作不平等的分配（交換）。至於半邊陲國家的特徵在於它有著近似核心與近似邊陲經濟活動差不多的性格。由於世界經濟體系潛藏著三種基本的矛盾：經濟與政治間的矛盾、供給與需求間的矛盾，以及資本與勞力間的矛盾。是以，社會將不停止的變遷。至於資本主義世界的形成：首先是經濟層面的影響：邊陲地區依賴核心地區，並且受到嚴重的剝

削，不是提供勞力、農礦、資源，就是充當技術、產品的海外市場；其次為政治層面的影響：殖民時代為外人所培養的當地統治階層，在獨立後尚占有相當的政經優勢。至殖民國家留學的學生成為國外一股反傳統的主要力量，以及成為革命的動力。當傳統的勢力被打敗後，新的勢力卻無法控制局勢，亦無建國復國的能力，因此，時常造成國家內部的動盪不安，這點可由中南美洲及亞、非洲的政黨頻繁，得到印證；最後是社會文化層面的影響：受過殖民的人們，對殖民文化通常具有某種親和性，由於社會、文化及意識形態的依賴，往往不自覺地表現在日常生活之中，所以，此一層面的影響比前兩者來得既深且遠。

教育的環境中也存在著世界體系理論，西方大學處於知識網絡的中心，這一網絡包括研究機構、雜誌和出版社等傳播知識的媒介以及由科學家組成的核心思維。值得注意的是，目前世界上多數科學文獻都是用英語發表的。即使是瑞典和荷蘭等工業化國家的學者也經常發現，必須用英語來傳播其研究成果。學者和學生在世界範圍內的流動是國際知識網路的一部分，在某種意義上，甚至連「人才外流」（brain drain）也不例外。這種現象有助於傳播思想，同時也維護了一些主要核心國家的影響及其在科學研究方面的領導地位。全球有一百多萬學生在本國以外就讀。這些學生大部分來自第三世界國家以及環太平洋的新興工業化國家。他們在各工業化國家學習，其中美國、英國、德國都是主要的核心國家。日本是一個既派出留學生又接受留學生的主要國家。旅居生活的結果是，學生學到了許多東西：他們學到了專門知識，還學到了所在國家學術系統的規範和價值觀念，回國後往往按照西方方向改造本國的大學。在國外畢業的學生經常感到難以重新適應本國國情，其部分原因是他們在國外接受的先進訓練可能不易被尚欠發達的本國經濟體系所吸收。這種衝突與國外的優厚報酬一起導致了「人才外流」。但是，在當代社會，人才外流並非永久性的。例如，居住在國外的第三世界的科學家經常與本國的同行保持聯繫，貢獻出先進的知識和思想。他們經常回到本國的學術機構工作一段時間。並且還有愈來愈多的科學家在本國的社會開放的形勢時回國永久定居，他們帶回了大量的專門知識，許多人

在本國的科學界和學術機構擔任領導職務。毫無疑問，受過良好教育的人才的大規模流動對知識的遷移帶來了巨大的影響。一般來說，知識和教育機構模式是從主要的工業化國家轉讓到第三世界，甚至遷移到一些更處於邊緣地位的工業化國家。

知識網絡呈現出複雜性和多重性；儘管它的中心仍然保持非常強大的力量，在研究和生產利用方面，還是出現了更加均衡的趨向。例如，日本已經有了強有力以研究為導向的大學系統，東亞和東南亞的一些新興工業化國家也正在它們的大學中增強科學研究實力。個別國家獨領風騷的狀況可能會逐漸消失，但不平衡的狀況仍將存在於世界知識系統之中。

✳ 聚合理論

聚合理論的看法是：不論社會的現代化起點為何？所採取的途徑為何？每個社會必朝向同一終點而變遷。

不論社會在其社會化過程中，遭遇什麼樣的挫折或衝突，其最終的成功幾乎是可以保證的。此觀點是把西方社會文化視為全世界人類社會所模仿的型態，它相信只要人類欲達到現代化，則其終點目標，必然是西方的社會文化，派深思把美國社會視為新領導社會，就是這種偏見的結果。而忽略了各個社會獨有特質的存在。即使我們承認現代化的結果，必然會發展出一套類似西方社會文化的規範與生活方式，但是，類似並不就等於相同，全盤西化是不可能的。其中過分強調西方社會的同質性，所謂的西方社會只不過是一個籠統含糊的名稱。針對聚合理論的反思是一種從全球化的視角來看，文化市場的開放並非無條件的，政治與經濟的殖民者常也成為文化上的殖民者。由於各個國家與民族之間的歷史文化與社會發展有所不同，而隨著對應全球化的日益高漲，本土情境中的社會思想受到有意的強化，讓關注的焦點回到具體的、真實的、豐富的情境中，重視體現人的情感、人的思想。多元化、在地化、個人化體現的思維之中，教育社會學呈現出如俗民研究方法論的融入本土生

活，影響所及，學術思維的流變是一系列能動的、在地化的傾向。

以聚合理論的觀點而論，隨著社會變遷，「後現代」是一個世界性的文化思潮，使得當前許多文學、藝術，乃至社會思潮，也逐漸以「後現代」為名。後現代並不是現代的結束，而是現代的延續，甚至是其加深，並轉而對「現代性」（modernity）提出批判、質疑和否定。後現代主義是一個刻正方興未艾的文化思潮，為今後的文化建設與文化政策，提出了一個必須及早因應的重大挑戰。「後現代」的出現與資訊的快速發展有關，宣韋伯（W. Schram）指出現代社會由於電腦化、資訊網路的建立，資訊的傳遞愈來愈快、愈來愈大量，造成整個社會巨幅改變，資訊本身成為社會中的重大資源。在資訊化歷程中，一方面是實質上的電腦化；另一方面則是資訊概念的普及化，二者均是資訊化歷程的重要特性。「後現代主義」則代表了一種對現代否定、批判、質疑的力量。首先，它傾向於批判當道的言說，質疑西方現代的「表象文化」，批判社會普遍存在由「表象」轉成「虛擬」。換言之，無論資訊科技、傳播媒體、文學作品、電視節目等，都只是某種意象，代表作品與真實之間的極大差距，否定工具理性及單一邏輯。台灣處在全球化快速發展的洪流中，社會深受後現代思維衝擊，這股潮流勢將對教育帶來深刻而長遠的影響。

現代化既然是指傳統社會轉化為現代社會的一種過程，而其涵蓋的主要部分有：社會結構性的、社會互動性的，以及個人觀念與行為態度等層次。構成傳統農業社會的此種共同特徵或特性，就稱為傳統性。同樣地，構成現代工業社會的此種共同特徵或特性，則稱之為現代性。任何能完成現代化的社會或國家，皆具有某些共同特徵，而且進一步把這些共同性特徵合稱為現代性。因此，現代性此一概念，就成為衡量或研判一個國家或社會是否已經體現了現代化的判準。這些標準可區分為「知識」、「政治」、「經濟」、「社會」、「心理」等部分，例如，(1)成就慾望增加；(2)樂於接受變遷；(3)容忍與適應性增強；(4)相信能控制環境，而不為環境所控制；(5)贊成依據貢獻來決定報酬。這些特質多依賴教育對社會成員的導引。

第五節　全人教育的發展

　　隨著新世紀的來臨，國際間的動態競爭勢必愈演愈烈。無論先進國家，或亞太地區國家，均致力於經濟環境的改善與人力素質的提升。正如，一九九六年聯合國教科文組織（UNESCO）所強調的：未來人類要能適應社會發展，需要進行四項基本的學習：學會認知、學會做事、學會相處、學會發展。邁向開發國家的主要挑戰，在於是不是能夠提高人力素質，國家競爭的動力，來自於人力素質的不斷提高；而人力素質的持續提高，則有賴於教育機會充分且永續的提供。因此，在回應此種情景下，「全人教育」成為教育發展對應社會變遷的主要目標：

　　第一，全人教育是以人為核心，提升生活品質，適應多元文化生活的需求，亦即將「個人、生活、志業」作有效的統合，以發揮人的潛能。經濟生活改善之後，應進一步尋求精神的充實，透過不斷的學習，可以持續獲得新知識，學習新技能，建立新觀念，激發新潛能，使個人能得到圓滿的發展。社群所強調的人文關懷，就是要提供國民均等的教育機會及全人發展的理想環境，以協助每一個人開發其最大的潛能，實現圓融的人生理想。

　　第二，教育應該考量個人志業發展的需要，隨時提供必要的學習機會，達成「終身教育」的理念。學校教育在每個國民的學習歷程中，雖然扮演最重要的角色，卻只能幫助個人完成人生全程中階段性的學習，並不等同於終身教育。是以，建立學習社會，代替以學校教育為唯一學習管道的教育體制，是全人教育必然發展趨勢。

　　第三，教育方式從閉鎖式轉向開放式，全人教育是教育的願景，也是社會發展的理想，其目的在求個人自由而有尊嚴的成長，社會多元而有秩序的進步。不僅是社會發展的基石，同時也是引導個人成長的必要途徑。

　　一九七〇年代以來，先進國家社會變遷迅速，尤其是自由主義興

起，強調以自我為中心，傳統上的道德規範被揚棄，而造成社會問題叢生，引發了有識之士對道德教育的提倡。道德教育包括體貼、尊重、容忍、寬恕、誠實、合作、負責、勇敢、和平、忠心、禮貌等。面對我們今日社會的紛擾現象，我們實應經由落實全人教育加以導正，除了須對國民的價值、思維有所建制外，同時，我們社會宜責無旁貸、劍及履及地提供純淨善良的社會互動，以積極引導社會發展，則社會的未來方有可期。

　　未來人類社會變遷的步伐將會繼續加速，先進國家已經感受到某些挑戰必須加以回應：其一是資訊時代已經來臨；其二是全球化的趨勢已經形成；其三是科技知識快速影響生活；其四是人文素養社會關懷亟待加強。這些衝擊使個人與社會關係日益密切，同時國民的知識技能及教育涵養，將成為個人潛能發展及自我實現的條件，也是社會繼續發展的關鍵因素，更是衡量國家競爭力的重要指標。

　　「全人教育是人類進入二十一世紀的一把鑰匙」，「教育不是少數人的特權，而是人們隨時得以汲取的社會資源。」未來進步的社會必定是強調教育的社會，學習將成為國民生活內涵的重心。與此相對應的是，整個教育的願景中，於範圍上強調「面向的擴展」，於時間上強調「時距的延長」，形成「時時有教育、處處是學校」的目標。而此種教育的信念，是以人為主體，進行延伸，擴展多元，破除「刻板、侷限、單一」，以期培育「健康、自信、有教養、現代性、全球性、前瞻觀」的新國民，使教育與個人發展社會興革密切配合，使教育學習成為個人與社會發展的重要歷程。

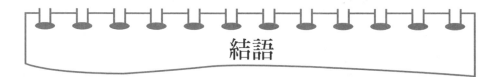

結語

　　面對教育不僅對應社會需求及環境變遷，並且也啟蒙人類良知引導時代導進的歷史使命。當社會急劇變化之際。美國哥倫比亞大學於人類

新世紀強調的是「啟發性通識教育」，以建立全人格陶養，這是一項涵蓋了傳統的中華文化（如儒、釋、道思想），並將之與當代生命科技與前瞻性生命科學等領域之研究相結合，從而培養具有人文素養、文化內涵、國際宏觀、批判思考，與倫理關懷的現代公民教育。知識是人類進步的泉源和標誌，文明的階梯是用知識鋪砌而成的。正如波普爾（K. Poper）所言：「假如物資型態的技術系統毀滅了，而精神型態的知識系統和人的學習能力還保留著，則仍然可以重建人類文明。」

「知識的尋求像人類歷史一樣古老」揭示出了知識與人類共生共榮的事實。譬如，我國平民教育導師孔子早就確定了以禮、樂、射、御、書、數（六藝）為教育內容。春秋戰國年代，《墨經》即揭示：「知，知也者，以其知過物而能貌之。若見。」表明知識來源於人的感知。而知識的獲得有三種方式，即聞知、說知和親知。至於西方，在古希臘哲學時期，已將知識範疇（knowledge）包含對外在客觀世界的瞭解和道德實踐（moral practice）兩個方面。如人們尋求知識的實質在於確立穩定的信念與具體的實踐。

隨著經濟全球化進程加快和知識社會時代的到來，社會和民眾對教育的需求愈來愈高，使個人必須不斷地更新知識。由於社會變遷時距的縮短，教育的作用，無論是在生活、工作或個人的發展上，均比過去扮演更重要的角色，發揮更積極的功能。新知帶來生活的充實，使個人不斷地開發潛能，達成自我的實現；同時新知也提供人們應用於生活及行動的指引，也是個人生存的條件。長久以來，人類以學校教育來提供個人一生所需要的知能，人生的學習活動終止於學校。但自科技發展以來，此種前端結束（front-ended）的教育型態，已不能因應當前社會情況的需要。尤其自一九七〇年終身教育思潮興起，個人在人生每一個階段都需要學習，此種教育思想改變了傳統的教育觀念。在終身學習的社會中，學校教育的主要目的在於培養個人學習的習慣、態度、方法和技巧，教學方法應側重培養個體具有自學的能力；課程應力求與生活、工作結合，教育的場所要擴及整個社會，這才是現代人對應於變遷社會時能保有鮮活能力的良策。

參考書目

一、中文部分

白秀雄（1982）。《現代社會學》。台北：五南書局。

林清江（1986）。《教育社會學》。台北：台灣商務印書館。

金耀基（1980）。《中國現代化歷程》。台北：時報出版。

孫本文（1973）。《社會學原理》。台北：台灣商務印書館。

張德勝（1986）。《社會原理》。台北：巨流出版社。

許嘉猷（1987）。《社會階層與社會流動》。台北：三民書局。

陳秉璋（1985）。《社會學理論》。台北：三民書局。

楊國樞、瞿海源（1988）。《變遷中的台灣社會》。台北：中央研究院民
    族學研究所。

葉至誠（2005）。《社會學是什麼》。台北：揚智。

葉啓政（1993）。《社會科學概論》。台北：空中大學。

蔡文輝（1982）。《社會變遷》。台北：三民書局。

蔡啓明（1981）。《發展理論之反省》。台北：巨流出版社。

龍冠海（1985）。《社會學》。台北：三民書局。

謝高橋（1982）。《社會學》。台北：巨流出版社。

二、西文部分

Appelbaum, R. P. (1970). *The Theories of Social Change*. Chicago:
    Markham Publishing.

Babbie, E. R. (1977). *Sociology by Agreement: An Introduction to
    Sociology*. Belment, California: Wadsworth.

Becker, H. S. (1963). *Outsiders: Studies in the Sociology of
    Deviance*. New York: The Free.

Bell, D. (1973). *The Coming of Post-Industrial Society*. New York: Basic Books.

Cohen, A. (1966). *Deviance and Control*. Englewood Cliffs, New Jersey: Prentice-Hall.

Cooley, C. H. (1966). *Social Process*. Carbondale: Southern Illinois University Press.

Duncan, O. D. (1960). *Toeard Social Reporting: Next Steps*. New York: Russel Sage Foundati.

Federico, R. C. (1975). *Sociology*. New York: John Wiley & Sons.

Freeman, D. M. (1974). *Technology and Society*. Chicage: Rand McNally.

Gold, T.B. (1981). "Dependent Development in Taiwan", Harvard University.

Goldscheider, C. (1971). *Population, Modernization and Social Structure*. Boston: Little, Brown.

Howard, J. (1974). *The Cutting Edge: Social Movements and Social Change in America*. New York.

Martindale, D. (1962). *Social Life and Cultural*.Princeton, New Jersey: D.Van Nastrand Co., Inc.

Mead, G. H. (1934). *Mind, Self and Society*. Chicago: University of Chicago Fress.

Mills, C.W. (1956). *The Sociological Imagination*. New York: Oxford University Press.

Nisbet, R. A. (1969). *Social Change and History*. London: Oxford University Press.

Popenoe, D. (1977). *Sociology*. New Jersey: Prentice-Hall.

Scott, W. R. (1992). *Organizations: Rational, Natural and Open Systems*. Englewood Cliffs, New Jersey: Prentice-Hall.

Shepard, J. (1990). *Sociology*. Minneapolis: West Publishers.

Smelser, N. J. (1981). *Sociology.*Engelwood Cliffs, New Jersey: Prentice-Hall.

Tonnies, F. (1963). *Community and Society.* New York: Happer and Row.

Turner, J. H. (1978). *The Structure of Sociological Theory*, revised ed.. Homewood, Illinois: Dorsey.

Weber, M. (1958). *The Pretestant Ethic and the Spirit of Capitalism.* New York: Charler Scribner's Sons.

教育社會學　　　　　　　　　　　社會社工系列 1

著　　者／葉至誠

出 版 者／威仕曼文化事業股份有限公司

發 行 人／葉忠賢

總 編 輯／閻富萍

執行編輯／吳曉芳

地　　址／台北市新生南路三段 88 號 5 樓之 6

電　　話／(02)2366-0309

傳　　真／(02)2366-0310

E - m a i l ／service@ycrc.com.tw

郵撥帳號／19735365

戶　　名／葉忠賢

印　　刷／大象彩色印刷製版股份有限公司

初版一刷／2006 年 4 月

定　　價／新台幣 350 元

Ｉ Ｓ Ｂ Ｎ／986-81734-7-7

國家圖書館出版品預行編目資料

教育社會學 / 葉至誠著. -- 初版. -- 臺北市
：威仕曼文化, 2006 [民 95]
　　面；　公分. -- （社會社工系列；1）
參考書目：面
ISBN 986-81734-7-7（平裝）

1. 教育社會學

520.16　　　　　　　　　　95001631